西宁海关年鉴

2022

《西宁海关年鉴（2022）》编纂委员会——编著

中国海关出版社有限公司
·北京·

图书在版编目（CIP）数据

西宁海关年鉴.2022/《西宁海关年鉴（2022）》编纂委员会编著.—北京：中国海关出版社有限公司，2023.3

（中国海关史料丛书）

ISBN 978-7-5175-0677-5

Ⅰ.①西⋯　Ⅱ.①西⋯　Ⅲ.①海关—西宁—2022—年鉴　Ⅳ.①F752.55-54

中国国家版本馆 CIP 数据核字（2023）第 050924 号

西宁海关年鉴（2022）

XINING HAIGUAN NIANJIAN（2022）

作　　者：《西宁海关年鉴（2022）》编纂委员会	
责任编辑：景小卫	
出版发行：中国海关出版社有限公司	
社　　址：北京市朝阳区东四环南路甲 1 号	邮政编码：100023
编 辑 部：01065194242-7527（电话）	
发 行 部：01065194221/4238/4246/5127（电话）	
社办书店：01065195616（电话）	
https：//weidian.com/?userid=319526934（网址）	
印　　刷：北京盛通印刷股份有限公司	经　　销：新华书店
开　　本：889mm×1194mm　1/16	
印　　张：17.5	字　　数：315 千字
版　　次：2023 年 3 月第 1 版	
印　　次：2023 年 3 月第 1 次印刷	
书　　号：ISBN 978-7-5175-0677-5	
定　　价：180.00 元	

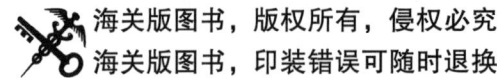

《西宁海关年鉴（2022）》编纂委员会

主 任 委 员　　尹卫锋

副主任委员　　米登发　王春阳　杨　民　柳　陲　徐　岊
　　　　　　　　朱　洪

编纂委员会委员　（按姓氏笔画排列）
　　　　　　　　马尊国　王立志　冯绍晨　朱玉红　任　锐
　　　　　　　　刘浩光　刘谊宣　孙向东　杜永胜　李连通
　　　　　　　　杨　宏　张乃愚　孟凡波　郝汉林　侯保宁
　　　　　　　　俞　浩　贾红卫　柴国贤　高　鸿　黄红先
　　　　　　　　雷　艳　雷　霆　魏玉海　魏晓婷　熊立群

《西宁海关年鉴（2022）》编辑部

总　　　编　　雷　艳

副　总　编　　李成琨　陈晓鸣

执　行　主　编　　方志玮

编 辑 部 成 员　　王文胜　张小蕾

图　片　摄　影　　仁青措

序

西宁海关是全国直属海关中较为年轻的一员。1992年7月14日，经海关总署批准，兰州海关驻青海监管组成立；1995年8月14日，国务院批准设立西宁海关，副厅（局）级，直属海关总署；经过三年的筹建，西宁海关于1998年10月8日开关，正式对外办理海关业务；2006年7月，国务院批准西宁海关升格为正厅（局）级。2018年4月，青海出入境检验检疫局管理职责和队伍划入西宁海关。

在海关总署党委的坚强领导和青海省委、省政府的关心支持下，西宁海关历届党委（党组）团结带领全体干部职工深化改革创新，服务外贸发展，业务建设逐年加强，执法水平逐年提高，内部管理逐年规范，队伍建设蓬勃向上，在维护国家政治、经济、生态安全和推动青海经济社会发展中做出了积极贡献。

西宁海关监管区域为青海省全境，总面积72万平方千米。这里是"三江之源"，是古丝绸之路、唐蕃古道的必经之地，"关市""互市监""茶马司"曾见证了驼铃马背为这片雄浑高远的大地引来的繁荣贸易。今天，西宁海关全体干部职工以习近平新时代中国特色社会主义思想为指导，始终为建设富强民主文明和谐美丽的社会主义现代化强国而忠诚把关、高效服务。

一年来，我们锚定政治强关定位，政治建设大步迈进，践行"两个维护"坚决有力。深入学习贯彻党的十九大和十九届历次全会精神，在海关总署党委的坚强领导下，全面深化政治建关、改革强关、依法把关、科技兴关、从严治关，巩固拓展口岸新冠肺炎疫情防控和促外贸稳增长成果，着力推动青藏高原生态保护和高质量发展，以实干实绩庆祝中国共产党成立100周年，各项工作取得了新成绩。

一年来，我们努力在服务融入新发展格局上迈好第一步、展现新气象。毫不放松抓好新冠肺炎疫情防控，保持打私高压态势，持续筑牢国门安全防线，聚焦开放平台建设，帮扶特色产品扩大出口，落实海关总署稽查改革，核查补税、涉检领域问题查发、办理侵犯知识产权案件均实现零的突破，成功助力青藏高原首个综合保税区——西宁综合保税区正式封关运行。

一年来，我们持之以恒加强西宁海关自身建设，努力锻造一支忠诚干净担当的高原海关队伍。深入推进"十大工程""精品工程"，树立正确的选人用人导向，持续用心用力打造"高原海关精神高地"，加大"警示教育月"活动力度，深化"治慵治懒治散"专项整顿，推动准军事化纪律部队建设，持续推进具有关区特色的廉政文化建设。继续保持"全国文明单位"荣誉称号，连续两届被评为"青海省文明单位标兵"，2020年度青海省年度目标绩效考核获评优秀等次。

这是西宁海关第一部年鉴，记录了西宁海关全体干部职工踔厉奋发、笃行不怠的一年，让我们一起领略、感受属于西宁海关的2021年。

编辑说明

一、《西宁海关年鉴》是在海关总署（以下简称"总署"）的领导下，由西宁海关编纂出版的年度资料性文献，面向国内外公开发行，一年一册。

二、《西宁海关年鉴（2022）》以马克思列宁主义、毛泽东思想、邓小平理论、"三个代表"重要思想、科学发展观、习近平新时代中国特色社会主义思想为指导，全面记述了2021年西宁海关党的建设、队伍建设、业务建设等方面的情况，系统反映了该年度西宁海关各项工作取得的成就，旨在为社会各界了解西宁海关提供基本的信息资料。

三、《西宁海关年鉴（2022）》设特载、专记、政治建设、业务建设、政务及后勤保障、直属事业单位、隶属海关单位、大事记、附录9个篇目。除个别地方外，全书总体结构基本按篇目、栏目、分目、条目4个层次编排，各层次所用标题、字号均有区别。卷首海关专题图片设领导活动、领导关怀、党的建设、服务青海、业务发展、队伍建设6个板块。

四、《西宁海关年鉴（2022）》所用稿件由西宁海关各单位、部门经审核后提供，由《西宁海关年鉴（2022）》编辑部统稿编撰。

五、《西宁海关年鉴（2022）》使用规范的现代白话文记述，行文力求严谨、朴实、简洁、流畅。本年鉴语言文字、标点符号、称谓、数字数据、时间表述、计量单位、图（照片）、表等的使用，均按国家相关规定、标准执行。

六、《西宁海关年鉴（2022）》所使用的国民经济和社会发展相关数据以国家统计部门公布数据为准，统计部门未统计的，采用业务主管部门的统计数据。

七、《西宁海关年鉴（2022）》资料收录时限为2021年1月1日至12月31日。

目 录

海关专题图片 ·········· 1

第一篇 特 载

在西宁海关2021年工作会议上的讲话 ··· 3
在西宁海关2021年全面从严治党工作
　会议上的讲话 ·········· 15
在西宁海关"现场监管与外勤执法权力
　寻租"专项整治动员部署会上的讲话 ··· 24
在关区政治工作会议上的讲话 ········ 32
在西宁海关2021年上半年党建工作暨
　党风廉政工作专题会上的讲话 ······ 39

第二篇 专 记

庆祝建党100周年和西宁海关党史学习教育
　············· 45
西宁海关学习贯彻党的十九届六中全会
　精神 ············· 53

西宁海关统筹口岸疫情防控工作 ······ 65
西宁海关促进外贸稳增长工作 ········ 67
优化口岸营商环境促进跨境贸易便利化
　············· 72
西宁海关开展国门生物安全与食品安全
　行动 ············· 74
西宁海关定点帮扶及推动乡村振兴工作
　············· 78

第三篇 政治建设

党建工作 ············· 85
　概况 ············· 85
　宣传思想文化 ·········· 85
　基层组织建设 ·········· 87
　党风廉政工作 ·········· 89
　群团工作 ············ 90
巡视巡察 ············· 94
　概况 ············· 94
　巡视工作 ············ 94
　巡察工作 ············ 94

课题研究 …………………………… 95
纪检监察 ………………………………… 96
　　概况 ………………………………… 96
　　监督检查 …………………………… 96
　　执纪问责 …………………………… 97
　　监察调查 …………………………… 97
　　以案促改 …………………………… 97
　　"现场监管与外勤执法权力寻租"
　　　专项整治 ………………………… 97
　　派驻纪检监督 ……………………… 97
队伍管理 ………………………………… 99
　　概况 ………………………………… 99
　　机构编制管理 ……………………… 99
　　专业人才队伍建设 ………………… 100
教育管理 ………………………………… 101
　　概况 ………………………………… 101
　　教育培训管理 ……………………… 101
　　培训资源管理 ……………………… 101
　　党的理论教育和党性教育 ………… 101
　　党的十九届五中全会精神培训
　　　…………………………………… 102
　　党史学习教育培训 ………………… 102
　　业务实训 …………………………… 102
　　新冠肺炎疫情防控培训 …………… 102
　　新录用公务员初任培训 …………… 103
离退休干部管理 ………………………… 105
　　概况 ………………………………… 105
　　离退休干部党建工作 ……………… 105
　　老干部服务管理 …………………… 105
　　老年文化教育及作用发挥 ………… 105
　　"光荣在党50年"纪念章首次颁发
　　　…………………………………… 106

第四篇　业务建设

法治建设 ………………………………… 109
　　概况 ………………………………… 109
　　学习宣传贯彻习近平法治思想
　　　…………………………………… 109
　　行政执法和行政处罚 ……………… 109
　　法规管理和海关总署立法后项目评估
　　　…………………………………… 110
　　开展涉检案件专题培训 …………… 110
　　查处侵犯知识产权案件 …………… 110
　　民事诉讼案件 ……………………… 110
　　"证照分离"改革 ………………… 110
　　法制协调 …………………………… 110
　　法治宣传 …………………………… 111
　　法治讲坛 …………………………… 111
业务改革与发展 ………………………… 112
　　概况 ………………………………… 112
　　业务改革协调 ……………………… 112
　　通关运行管理 ……………………… 113
　　贸易管制与技术规范 ……………… 113
　　知识产权海关保护 ………………… 113
　　"双随机、一公开"工作 ………… 114
　　隶属海关业务改革 ………………… 114
特殊监管区域管理 ……………………… 115
　　概况 ………………………………… 115
　　综合保税区通过预验收 …………… 115
　　综合保税区通过正式验收 ………… 116
　　保税监管场所管理 ………………… 116
风险管理 ………………………………… 118

概况 …… 118
风险预警 …… 118
风险分析处置 …… 118
大数据应用 …… 118
风险态势分析 …… 118
固体废物专项风险防控 …… 119
毒品风险防控 …… 119
"清邮"专项行动 …… 119
打击治理海南离岛免税"套代购"走私专项行动 …… 119
口岸风险联合防控 …… 120

关税征管 …… 121
概况 …… 121
税则税政 …… 121
估价管理 …… 121
验估管理 …… 121
税收征管 …… 121
税收风险防控 …… 122
原产地管理 …… 122
确保税收安全 …… 122
RCEP关税实施准备 …… 122
属地纳税人管理 …… 122
深化综合治税 …… 123

卫生检疫 …… 124
概况 …… 124
口岸检疫查验 …… 124
口岸传染病监测 …… 124
口岸卫生监督 …… 124
国门生物安全 …… 125
疫情监测与风险评估 …… 125
口岸核心能力建设 …… 125
国际旅行健康服务 …… 126

动植物检疫 …… 127
概况 …… 127
进出境动物检疫 …… 127
进出境植物检疫 …… 128
外来入侵物种口岸防控 …… 128
2021年青海省"清风行动" …… 128
国门生物安全监测和安全风险监控 …… 129
"国门绿盾2021"专项行动 …… 129
进出境动植物检疫能力提升工程建设 …… 129
动植检岗位资质管理 …… 130
国门生物安全主题教育活动 …… 130
服务地方经济发展 …… 130

食品检验检疫 …… 132
概况 …… 132
进口检验检疫 …… 132
出口检验检疫 …… 132
进出口食品安全监管 …… 133
监督抽检和风险监测 …… 133
防范新冠肺炎疫情通过进口冷链食品输入风险 …… 134
食品安全宣传周活动 …… 134
打造青海绿色有机农畜产品输出地 …… 135
"我为群众办实事"实践活动 …… 136
加强食品安全监管人才队伍建设 …… 136

商品检验 …… 137
概况 …… 137
进口商品检验 …… 137

出口商品检验 …………… 137
进出口商品质量安全风险监测
　　　………………………… 137
进出口危险品检验监管 …… 137
进出口商品检验监管能力提升
　　　………………………… 138
推动进出口商品高质量发展 …… 138

口岸监管 ………………………… 139
概况 ………………………… 139
安全生产 …………………… 139
机场货运 …………………… 139
中欧班列 …………………… 139
跨境电商"断链刨根"专项整治
　　　………………………… 140
口岸新冠肺炎疫情防控 …… 140

统计分析及政策研究 …………… 142
概况 ………………………… 142
统计调查 …………………… 142
贸易统计 …………………… 142
统计发布和服务 …………… 142
地方对外贸易统计分析报告 …… 143
业务统计 …………………… 143
统计数据运用和管理 ……… 143
统计新闻宣传和服务 ……… 143
政策研究 …………………… 144
监测预警 …………………… 144
学习宣传贯彻《中华人民共和国
　数据安全法》 …………… 144
发挥统计监督与政策研究职能作用
　　　………………………… 144
推进高质量统计分析工作专题会议
　　　………………………… 145

企业管理和稽查 ………………… 146
概况 ………………………… 146
企业管理 …………………… 146
海关企业信用管理制度改革 …… 146
报关单位备案全程网办、全国通办
　　　………………………… 147
海关报关单位注销 ………… 147
出口食品生产企业申请境外注册
　管理 ……………………… 147
取消部分进口收货人备案 … 148
海关报关单位备案管理 …… 148
报关企业"许可"改"备案"
　　　………………………… 148
保税监管 …………………… 148
稽查业务改革 ……………… 148
稽查推进成效 ……………… 148
核查标准化建设 …………… 148
核查分类改革 ……………… 149
"采信第三方出具报告制度"改革
　试点 ……………………… 149
属地查检 …………………… 149

查缉走私 ………………………… 150
概况 ………………………… 150
打击涉税走私 ……………… 150
打击武器弹药走私 ………… 150
打击冻品走私 ……………… 150
办理涉检案件 ……………… 150
反走私综合治理 …………… 151

第五篇　政务及后勤保障

政务管理 …………………………… 155
　概况 ……………………………… 155
　新冠肺炎疫情防控 ……………… 155
　应急值守 ………………………… 156
　政务信息 ………………………… 156
　会议管理 ………………………… 156
　公文处理 ………………………… 156
　督查督办 ………………………… 156
　保密管理 ………………………… 157
　档案管理 ………………………… 157
　政务公开 ………………………… 157
　12360服务热线 ………………… 157
　信访工作 ………………………… 157
　新闻宣传 ………………………… 158
财务管理 …………………………… 159
　概况 ……………………………… 159
　落实过"紧日子"要求 ………… 159
　节约型机关建设 ………………… 159
　新冠肺炎疫情防控保障 ………… 159
　预算管理 ………………………… 160
　决算管理 ………………………… 160
　政府采购管理 …………………… 160
　税费财务管理 …………………… 161
　涉案财物管理 …………………… 161
　涉企收费管理和国企改革 ……… 161
　基建管理 ………………………… 161
　资产管理 ………………………… 161
　装备管理 ………………………… 162

科技发展 …………………………… 163
　概况 ……………………………… 163
　信息化建设 ……………………… 163
　网络与信息安全 ………………… 163
　信息化支撑保障 ………………… 163
　特殊监管区信息化建设指导 …… 164
　重点项目工程 …………………… 164
　实验室管理 ……………………… 164
　科研管理 ………………………… 165
　制定《西宁海关信息系统异常业务
　　数据处理细则》 ……………… 165
督察内审 …………………………… 166
　概况 ……………………………… 166
　督察监督 ………………………… 166
　审计监督 ………………………… 167
　专项督察 ………………………… 167
　专项审计 ………………………… 168
　实验室专项审计调研 …………… 168
　协助编制《海关企事业单位内部
　　审计现场核查操作指南》 …… 168
　内控机制建设 …………………… 168
　HLS2017内控平台应用 ………… 169
　内控培训指导 …………………… 169
　执法评估成效 …………………… 169
　"云擎"平台应用 ……………… 169

第六篇　隶属海关单位

西宁曹家堡机场海关 ……………… 173
　概况 ……………………………… 173

政治建设 …………………… 173
　　队伍建设 …………………… 174
　　"现场监管与外勤执法权力寻租"
　　　专项整治 ………………… 175
　　党建工作 …………………… 175
　　业务建设 …………………… 175
　　卫生监督 …………………… 176
　　口岸业务建设 ……………… 176
西海海关 ………………………… 177
　　概况 ………………………… 177
　　政治建设 …………………… 177
　　全面从严治党 ……………… 178
　　党史学习教育 ……………… 178
　　"我为群众办实事"实践活动
　　　……………………………… 178
　　准军事化纪律部队建设 …… 179
　　审计整改 …………………… 179
　　开展"海关进农牧区"活动 …… 179
　　新冠肺炎疫情防控工作 …… 179
　　业务建设 …………………… 180
　　业务改革 …………………… 180
　　综合治税 …………………… 180
　　稽核查作业 ………………… 181
　　风险管理 …………………… 181
　　西宁综合保税区建设 ……… 181
　　优化口岸营商环境 ………… 181
　　税收税政调研 ……………… 181
　　"现场监管与外勤执法权力寻租"
　　　专项整治 ………………… 182
　　首次开展进境虹鳟鱼发眼卵监管
　　　作业 ……………………… 182
　　首次对企业开展经营"零干扰"核查

　　　作业 ……………………… 182
格尔木海关 ……………………… 183
　　概况 ………………………… 183
　　党建工作 …………………… 183
　　"现场监管与外勤执法权力寻租"
　　　专项整治 ………………… 184
　　队伍建设 …………………… 184
　　精神文明建设 ……………… 184
　　危险化学品专项巡察整改 …… 185
　　生态安全 …………………… 185
　　海关监管 …………………… 185
　　风险监测 …………………… 185
　　业务改革 …………………… 185
　　服务地方开放发展 ………… 185
　　国际陆港建设 ……………… 186
　　政策分类指导 ……………… 186
　　扶持特色产业 ……………… 186
　　政务办公 …………………… 186
　　民生工程 …………………… 186
　　科技建设 …………………… 186

第七篇　直属事业单位

西宁海关技术中心 ……………… 189
　　概况 ………………………… 189
　　政治建设 …………………… 189
　　人才队伍建设 ……………… 190
　　体系管理 …………………… 190
　　青海省食品安全研究重点实验室
　　　……………………………… 191

科研工作 …… 191
　　检测业务 …… 192
　　新冠肺炎疫情防控工作 …… 192
　　实验室安全生产工作 …… 192
　　动植物检疫能力提升 …… 193
　　"现场监管与外勤执法权力寻租"
　　　专项整治 …… 193
　　脱贫攻坚与乡村振兴衔接工作
　　　…… 194
青海国际旅行卫生保健中心（西宁海关
　口岸门诊部） …… 195
　　概况 …… 195
　　政治建设 …… 195
　　人才队伍建设 …… 196
　　健康体检业务 …… 196
　　口岸卫生检疫业务 …… 196
　　国际旅行健康卫生宣教 …… 196
　　质量控制体系建设 …… 196
　　实验室基础设施建设 …… 196
　　实验室质量管理体系建设 …… 196
　　新冠肺炎疫情防控工作 …… 197
西宁海关后勤管理中心 …… 198
　　概况 …… 198
　　政治建设 …… 198
　　全面从严治党 …… 199
　　党史学习教育 …… 199
　　新冠肺炎疫情内部防控 …… 199
　　安全生产工作 …… 199
　　车辆管理 …… 200
　　审计整治 …… 200
　　植树造林活动 …… 200
　　"我为群众办实事"实践活动
　　　…… 200
　　文明餐桌，消费扶贫 …… 201
　　涉案财物仓储管理 …… 201
　　经营创收 …… 201
　　后勤保障 …… 201
中国电子口岸数据中心西宁分中心 …… 202
　　概况 …… 202
　　政治建设 …… 202
　　全面从严治党 …… 203
　　党史学习教育 …… 203
　　网络系统安全 …… 203
　　技术服务保障 …… 204
　　新冠肺炎疫情防控 …… 205
　　跨境电商 …… 205
　　"关银一KEY通"业务 …… 205
　　国际贸易"单一窗口"业务应用
　　　及推广 …… 206
　　海关12360服务热线 …… 207

第八篇　大事记

2021年西宁海关大事记 …… 211

附　录

全面加快构建新格局的步伐　持续推进
　青海对外贸易高质量发展 …… 219
基于新冠肺炎疫情"十四五"期间国境
　口岸公共卫生体系建设的思考 …… 231

国门生物安全治理体系现代化建设思考
 …………………………………… 235
以机构改革为契机强化海关内控
　管理的途径 …………………… 240
2021年度荣获青海省先进名录 ……… 244

"中国海关史料丛书" 编委会

"中国海关史料丛书" 编委会 ……… 245

海关专题图片

领导活动

▲ 2021年6月25日，西宁海关党委委员向关区优秀共产党员、优秀党务工作者、先进基层党组织颁发证书

▲ 2021年6月25日，西宁海关党委委员在"学党史 忆峥嵘 诵经典"分享活动中集体进行诗朗诵

领导关怀

▲ 2021年7月6日，总署孙玉宁副署长（右二）参加西宁海关基层科室联系点主题党日活动

▲ 2021年12月20日，青海省副省长杨逢春（前排中）出席西宁综合保税区验收工作会议

党的建设

▲ 2021年1月14日,西宁海关党委召开2020年度民主生活会征求意见座谈会

▲ 2021年2月10日,西宁海关组织走访慰问关区老党员、老干部

▲ 2021年4月28日,西宁海关邀请省委党校教授开展党史学习教育专题宣讲

▲ 2021年5月27日,西宁海关组织党史学习教育主题活动,参观西路军纪念馆

▲ 2021年9月1日,西宁海关组织参观青海省廉政警示教育基地

▲ 2021年10月8日,西宁海关举行"十一"升国旗仪式

服务青海

▲ 2021年1月21日，西宁海关赴冷仓现场指导工作

▲ 2021年2月19日，西宁海关与中国银行青海省分行进行座谈

2021年4月14日,西宁海关联合青海大学开展"国门生物安全进校园"活动

◀ 2021年5月25日,西宁海关赴西宁市城南新区调研企业设立自用型保税仓库事宜

2021年7月20日,西宁海关深入青海省黄南藏族自治州开展"海关进农牧区"活动

◀ 2021年7月30日,西宁海关参加走私冻品、非法入境固体废物、走私成品油归口处置工作会

2021年8月1日,西宁海关陪同总署"现场监管与外勤执法权力寻租"专项整治工作第三检查组在格尔木海关开展实地检查调研 ▶

◀ 2021年10月13日,西宁海关组织召开西宁综合保税区预验收工作协调会议

2021年12月2日,西宁海关陪同青海省政协港澳台侨和外事委员会赴西宁综合保税区开展主题活动

2021年12月21日,西宁海关与青海省林业和草原局签署合作备忘录

业务发展

◀ 2021年2月8日，西宁海关关员指导企业人员使用线上系统办理业务

2021年3月4日，西宁海关严格依法履职，做好全国"两会"期间口岸卫生监督工作 ▶

2021年3月12日,西宁海关组织"海关关税业务"培训

2021年3月25日,西宁海关组织消防安全培训

2021年5月14日,西宁海关联合青海省反恐办等单位开展空港口岸反恐怖主义突发事件应急处置操作演练

2021年6月3日,西宁海关举办口岸建设业务座谈会

2021年6月9日,西宁海关所属西海海关关员开展中国(青海)藏毯国际展览会监管工作

2021年6月29日,西宁海关开展"七一"前安全风险隐患排查和新冠肺炎疫情防控工作督查

2021年9月26日,西宁海关参加国门生物安全科普宣传馆揭牌仪式

2021年12月10日,西宁海关举办AEO高级认证企业颁证仪式

队伍建设

◀ 2021年3月28日,西宁海关所属格尔木海关组织全体关员在格尔木烈士陵园开展"缅怀先烈 不忘初心"主题活动

▲ 2021年4月14日,西宁海关所属西海海关开展"学党史缅怀先烈 寻足迹砥砺前行"主题学习教育活动

▲ 2021年12月1日，西宁海关所属西宁曹家堡机场海关开展国家宪法日主题宣讲

第一篇 特载

在西宁海关2021年工作会议上的讲话

西宁海关关长、党委书记　扎　顿

（2021年2月4日）

同志们：

今天会议的主要任务是：深入学习贯彻习近平新时代中国特色社会主义思想，深入贯彻党的十九大和十九届二中、三中、四中、五中全会精神，落实中央经济工作会议部署，学习贯彻全国海关工作会议、全国海关全面从严治党工作会议精神，总结2020年工作成绩，分析形势，明确思路，部署2021年主要工作。

一、2020年工作总结和"十三五"时期工作回顾

历史将证明，2020年是多么不平凡的一年。面对错综复杂的形势和诸多困难挑战，我们坚持以习近平新时代中国特色社会主义思想为指导，将学习贯彻习近平总书记重要指示批示精神作为第一要务，贯彻落实党中央、国务院，总署党委和青海省委省政府的决策部署，持续打造"高原海关精神"高地，按照关区"一高五新"工作思路，自觉践行"人民海关为人民"理念，统筹推进新冠肺炎疫情防控和促外贸稳增长，各项工作取得了全面的发展。

——加强政治建设有新高度。建立"三学"机制，将学习贯彻习近平新时代中国特色社会主义思想、党的十九届五中全会精神作为首要政治任务，开展党委中心组学习23次、专题研讨6次、党委成员讲党课7次，举办处科级干部封闭培训3期。学习传达研究部署"第一议题"72项。完成督察项目13个，同比增长86%。关党委调研39次，征集整改措施75项，完成70项，提炼形成以政治建设为引领，推进西宁海关全面发展的"十大工程"。深入扎实开展巡视整改，制定140条整改措施，全部完成整改，健全完善制度机制16项，推动整改工作常态化、长效化。

——坚持强化监管有新作为。强化安全准入风险管控，持续加强口岸公共卫生、国门生物安全、进口食品和消费品安全防控体系建设，保持打私高压态势，切实筑牢国门安全防线。防控非洲猪瘟、沙漠蝗等疫情，国门生物安全监测实现全覆盖。强化进出口商品质量安全风险管理，检

▲西宁海关2021年工作会议、全面从严治党工作会议

验168批次，检出不合格14批次。加强食品安全监管，对12种产品、238个样品，检测619项次全部合格。依托风险管理，稽查作业办结率100%，办结核查指令70起，查发率61.43%。在全国打击出口骗税三年专项行动框架下，向地方经侦部门移交案件线索1条，实现了关区打击出口骗税案件零的突破。协调青海省政府完善打击走私综合治理联席会议制度，调整联席会议成员，召开打私工作会议。开展好"国门利剑2020"专项行动和严厉打击洋垃圾等专项行动。全年，刑事立案4起，其中涉嫌走私珍贵动物制品案2起，案值301万元，涉嫌走私武器案件、毒品案件各1起，抓获犯罪嫌疑人4名。

——深化改革创新有新突破。"两步申报"广泛铺开，"两段准入"稳步推进，"两类通关"不断探索实践。进、出口整体通关时间分别较2017年压缩79.86%、99.99%。行政审批事项实现全流程网上办理。强化税收进度监控和预测，全年税收入库1.46亿元。深化关税保证保险改革，为多家企业节省亿元资金占压。开展对美加征关税商品排除申请及进口申报工作，为企业减轻关税、进口环节增值税负担2,197余万元。深化原产地业务"去繁就简"，全面推行出口货物原产地证书智能审核，实现"秒过秒签"。深化"注销便利化""多证合一"改革，企业营业执照申请与报关单位备案实现全面融合。统筹推动"双随机、一公开"全面拓展，实现全链条管理"选、查、处"分离。

——服务全面开放有新举措。出台支持西宁综合保税区发展7项措施，助力综合保税区尽早建成运营。起草谋划署省合作备忘录签约事宜。深化口岸公共卫生核心能力建设。调研保税物流中心发展短板，提交建设性意见建议。出台支持中欧班列发展10项措施。支持格尔木建设国内一流陆港。助推跨境电商网购保税业务顺利开通。探索区域海关西部陆海新通道与中欧班列有效衔接。持续开展隶属海关功能化建设思考实践。开展税政调研，"硅铁"税政调整建议获总署采纳。为企业争取将铜精矿纳入先放后检商品目录。推动制定《红枸杞青海省食品安全地方标准》。向省委省政府上报综合统计分析、信息、专报22篇，2篇信息被国务院办公厅采用，1篇得到国务院领导批示。

——全面从严治关有新成就。党建主体责任进一步压紧压实，党的政治纪律、政治规矩和意识形态阵地全面守住守牢。

严格落实党的组织生活会制度，关党委带头召开民主生活会2次，各级党组织召开组织生活会29次。纠治"四风"，开展明察暗访7次、专项检查1次，细化落实为基层减负措施11项。推进"四强"党支部建设，从"基本建好"向"全面建强"发展。持续推动21个党支部品牌建设，总署党委命名了1个基层党建示范品牌和2个培育品牌。开启脱贫攻坚新路径，两个扶贫村建档立卡贫困户全部脱贫，1名驻村第一书记获评省脱贫攻坚先进个人。细化推进全面从严治党5个方面16项重点任务，推进落实"四责协同"机制，立案审查1件，实现立案审查和自主查发问题零的突破。扎实开展政治巡察，对4个部门、单位开展常规巡察和"回头看"，查找问题39项，提出立行立改建议8条。落实领导干部个人有关事项报告制度，如实报告率提升至100%。打造"高原海关精神高地"，巩固省级文明标兵单位建设成果，顺利保留"全国文明单位"荣誉称号。选拔任用18名处科级领导干部，进一步优化干部队伍结构。开展3次准军事化集训和"内务规范强化月"活动。持续整治酒驾醉驾行为，保持零发生。

——综合保障水平有新提升。科技支撑更显著。落实新冠肺炎疫情防控期间技术保障，敏感时期网络安全保障，支持开放平台信息化建设。编制科技发展规划，完成攻防演习和等级保护等级测评。获得总署科研项目立项1项。法治建设更规范。与省公安厅联合印发《国境卫生检疫行政执法与刑事司法衔接工作联系配合办法》，依法惩治妨害国境卫生检疫违法犯罪行为。压茬推进"立改废"工作，新建制度22项，修订制度29项，废止制度3项。大力开展法治宣传活动和法治工作"破冰行动"。保障工作更精细。强化预算管理，全年财政预算执行率达94.86%，稳步推进"财关库银"横向联网正常运行。启动格尔木海关干部职工周转房和保健中心改扩建、旧办公楼修缮项目。落实总署"边关22条"，后勤保障满意度稳步提升。政务服务更高效。严格落实文风会风精简高效要求，新闻宣传获得近年来最好成绩。12360热线接通率达96.82%。机关办文、办会及机要档案工作质效不断提高。督查督办全面加强，下发督办任务95项，同比增长67%。

一年来，我们坚持新冠肺炎疫情防控和促外贸稳增长两手抓，奋力夺取双胜利。

我们一手抓疫情防控，坚持人民至上、生命至上。一是闻令而动、迅速响应。第一时间建立坚强有力、高效运转的决策领导机制，制订疫情防控专项方案、预案20余个，坚持把疫情防控和物资通关顺畅作为政治任务，全面落实责任，实现关员"零感染"、数据"零漏报"、通关"零延时"，快速验放进出口防疫物资10批次、13.9万件，监管出入境航班7架次、旅客329人次，未发现阳性病例。组建防控专业梯队和防控志愿队,选派人员赴上海支援口岸疫情防控。二是外防输入、内防反弹。不折不扣落实好内外部疫情防控各项措施,强化"人、物、环境"同防,注重科学精准防控,持续完善口岸检验检疫、进口货物及冷链食品疫情防控、隔离医学观察、预防性消毒、应急处置、口岸联防联控等机制,牢牢守住国门。用好用足专项资金支持,改善卫生检疫硬件设施,配备移动方舱实验室及相关辅助设施,开展新冠病毒核酸及抗体检测和货物消毒检测。三是立足当前、着眼长远。开展"十四五"时期国门生物安全建设目标的研究与思考,加强疾病预防控制、应急科技攻关、应急物资保障等体系和人才队伍建设,进一步提升抵御疫病疫情风险能力。

我们一手抓促外贸稳增长,以政策措施的有效性应对疫情冲击的严重影响,以自身发展的确定性对冲外部环境的不确定性,以更大的工作力度切实保障企业便利、顺畅,努力在危机中育先机、于变局中开新局。一是精准施策,在出台推进落地措施上做文章。印发《西宁海关帮扶企业"做好疫情防控、复工复产"的十四条举措》等措施,深抓复工复产、促外贸、稳增长,力促产出成效。二是精准帮扶,在落实惠企之策上做文章。迅速开辟绿色通道,实行"7×24小时"预约通关,采取网上办、自助办等形式,推动不见面审批、不到场查验等6项便利措施,推行随到随验、即到即提等5项快验快放模式,畅通贸易通道;围绕完善快速通关新标准、践行"最多跑一次"新理念、实现快查快放新速度3个方面,不断深化稳外贸稳外资。三是精准发力,在解决企业关切难题上做文章。开展"海关进牧区"宣讲帮扶,把"牧区所需"与"海关所能"更好地结合。开展"一企一策"质量提升行动,农产品出口逆势增长9.4%,党参、贝母粉等道地中药材实现首次出口;解决虹鳟鱼输俄受阻难题,助推虹鳟鱼卵顺利投产;研究制定金属锂出口8项帮扶措施,顺利实现首次出口;免除出口企业检验检测费用11.67万元;减免税款及企业享受税收优惠近4,950万元;培塑青海省虫草知识产权重点保护企业,提升"三江源"等虫草品牌知名度。

▲西宁海关关员检查虫草出口

2020年,在总署党委的坚强领导下,全关同志在抗疫斗争中众志成城、守望相助,构筑起坚不可摧的海关防线;在推动发展中奋勇拼搏、砥砺前行,书写了属于西宁海关人的崭新篇章。在这里,我代表关党委，向勇于奉献、心存大爱、敢于担当的西宁海关全体干部职工、离退休老同志及你们的家人，表示最崇高的敬意和最诚挚的感谢！

同志们，2020年是"十三五"收官之年。我们完成了"十三五"海关规划的主要目标任务，"五关"建设跃上新的大台阶，在新时代助力青海改革开放发展征程上写就了浓墨重彩的一页。

回顾"十三五"，这是强化政治建关成效显著提高的五年。我们坚持以政治建设为统领，以全面从严治关为主线，凝心聚力打造"高原海关精神高地"，砥砺前行锻造忠诚干净担当的高原海关队伍。西宁海关连续两届被评为"青海省文明单位标兵"，1名干部家庭获评"全国文明家庭"荣誉称号；1名职工获评"第六届全国道德模范提名奖"；1名同志被总署党委授予"全国海关系统抗击新冠肺炎疫情先进个人"荣誉称号；青海国际旅行卫生保健中心获评"青海省抗击新冠肺炎疫情先进集体"荣誉称号。

这是助力"大美青海"国门安全显著提升的五年。开展传染病监测体检1.4万余人次；截获有害生物79种、660种次，其中3种有害生物为青海历史上首次截获；建成西宁海关国门生物安全展示馆。全面提升打私整体效能，侦办西北地区最大野生动物及其制品走私"3·06"案件，受到公安部、总署领导批示肯定，成为首个在中央电视台进行宣传报道的青海缉私案件。

这是助力青海对外开放步伐显著加快的五年。综合保税区、保税物流中心、海关监管场所、跨境电商综合试验区从无到有。机场口岸核心能力得到切实提升，实现国际航线常态化运行。落实改革惠企政策，审批减免税货值超过3.9亿美元，同比增长3.1倍；审批减免税款超过2.6亿元，同比增长2.1倍。开展质量提升行动，助力牦牛奶酪、沙棘茶、高原冷水鱼、黑蒜等27种农畜产品实现首次出口，扶持枸杞重新列入中国《有机产品认证目录》。成功创建4个国家级出口食品农产品质量安全示范区，区内食品农产品出口保持"零通报"记录。

这是助推优化口岸环境显著改善的五年。顺利实现整体通关时间压缩三分之一、国际贸易"单一窗口"主要申报业务应用率达到100%的目标。通关实现一体化，全面深化改革稳步推进，切实增强企业获得感。关检业务全面融合，实现"查检合一""多查合一"的目标。实现政务服务"一网通办"，行政审批"一个窗口"。总结形成原产地"三创三提高"工作法、减免税审批"二三四"工作法等一批有特色、有亮点、有示范的典型经验，打造优化营商环境"海关品牌"。

同志们，天道酬勤，春华秋实。我们可以清楚地看到，成绩的背后是我们把政治建关作为立关之本，切实把政治建设摆在首位，牢固树立"四个意识"，坚定

"四个自信"，做到"两个维护"，以习近平总书记重要指示批示为号令，在贯彻落实重大决策部署上凝心聚力，做到政令畅通、令行禁止；成绩的背后是我们坚持改革强关，把改革作为重大机遇，在变革中求发展，在总体风险可控的原则下，敢想敢干，勇于担当，立足青海发展宏观大局，融入青海发展方方面面，充分释放改革效能；成绩的背后是我们坚持依法把关，不断完善制度建设，不断提升治理体系和治理能力现代化水平，规范工作行为，提升工作效率，以速度求质量，以高效促发展；成绩的背后是我们坚持科技兴关，大力推进智慧海关建设，充分发挥科技优势，让专业成为海关标签；成绩的背后是我们坚持从严治关，直面问题补短板、转作风、提效能，以铁的纪律作风要求队伍、锻造队伍，形成具有特色的"高原海关精神"，为整体事业发展提供强大精神动力。

在取得显著成绩的同时，我们也应清醒地认识到发展中存在的问题与不足。学习贯彻落实习近平新时代中国特色社会主义思想和党的十九大精神不够深入，发挥政治建设和思想建设引领作用不够充分；部分党员领导干部政治判断力不强，政治领悟力不高，政治执行力缺失，缺乏用政治眼光看待问题、分析问题、解决问题的能力；队伍监督管理不够严格，基层党建工作比较薄弱，不作为、不担当问题有所表现，重要岗位、执法环节等重点领域廉洁隐患有所显现；巡视整改前紧后松、屡改屡犯；对倪岳峰署长提出的"越是小关越要严格要求，工作标准越要高"内涵认识领会不深刻、不到位，把小关与弱关划等号，缺乏小关有大作为的自信，把海拔高与要求低划等号，缺乏担当作为；创新意识不强，研究解决新形势下制约发展深层次问题眼界不够广、思路不够宽、创新举措不够多，习惯用老办法解决新问题，在促进地方外向型经济发展中缺少"金点子""硬举措"，出台政策的落地落实与政府、企业期盼还有差距，致使海关地位和作用没有得到凸显；责任心不强、精神不振、敷衍塞责、安于现状等"慵懒散"现象依然严重，交办工作最后"一分钟"、处科长当甩手掌柜现象不在少数。这些存在的问题，对我们提出了严峻挑战，是我们前进道路上的拦路虎、绊脚石，必须彻彻底底解决。

二、准确把握新发展阶段，全面推进政治强关建设

2021年是中国现代化建设进程中具有特殊意义的一年，是实施"十四五"规划的开局之年。当今世界正处于大变革大调整当中，变局中危与机并存，需准确把握新发展阶段面临的新形势新任务。作为政治机关，我们必须不断提高政治判断力、政治领悟力、政治执行力，奋发建设政治强关，统领全面推进"五关"建设，不断提高把握新发展阶段、贯彻新发展理念、

构建新发展格局的政治能力、战略眼光和专业水平，不折不扣执行党中央、国务院大政方针和总署党委决策部署，更好地促进高质量发展和高水平开放。

（一）对标海关政治属性，按照"五关"建设要求，锚定政治强关定位。

习近平总书记强调，维护党中央权威和集中统一领导，是保持党和国家事业发展正确方向的根本保证。党的十八大以来，党中央带领全党上下增强"四个意识"、坚定"四个自信"、做到"两个维护"，带领全党上下团结一心、步调一致，推动党和国家事业取得历史性成就、发生历史性变革。作为把守高原国门的海关队伍，我们更要牢牢把握海关作为政治机关的定位，将政治建设摆在首位，把绝对忠诚作为海关工作的首要政治原则，坚定政治信仰，做到"两个维护"，加强纪律作风建设，锻造忠诚干净担当的干部队伍，切实从严治关，贯彻落实习近平总书记重要指示批示精神和党中央关于"十四五"经济社会发展和二〇三五年远景目标的战略部署，按照倪岳峰署长"小关因为小，各项工作更要好上加好"的工作要求，摒弃不自信的思想意识，剔除弱的心理，立足建设政治强关定位，不断拓展"高原海关精神"时代内涵，将小关的"小"转化为"强"，全面推进"五关建设"，切实做到政治强、业务精、管理好、作风硬、廉政好、效率高。

（二）对标新发展格局建设，深化"五关"建设手段，厘清政治强关作用。

构建以国内大循环为主体、国内国际双循环相互促进的新发展格局是习近平总书记在十九届五中全会上作出的重大战略部署，是关系中国发展全局的重大战略任务。我们要顺势而为转变工作理念，主动适应新发展格局，认清西宁海关在新发展格局要求下存在的问题短板，提高政治站位，善于用政治的眼光观察和分析经济社会问题，把准政治方向，切实发挥政治强关作用，不断提升改革力度，切实增强科技保障，打造适应新发展格局的制度体系和监管机制，提升治理能力，使青海经济社会发展更好利用国内国际两个市场两种资源，探索扩大"三同"工程影响力的可行举措，实现从促进国际贸易增长向畅通国内国际双循环转变，打造安全型、效率型、智能型海关，为形成高标准的市场化、法治化、国际化营商环境，做到"管得住、放得开、效率高、成本低"。

（三）对标"一优两高"战略布局，创新"五关"建设思路，认清政治强关潜力。

受国内外大环境和历史发展的影响，青海经济增长特别是外贸发展面临的下行压力很大，开放型经济发展中的短板越发凸显，特别是青海融入"一带一路"建设不具体，现有开放平台作用发挥不充分。青海省提出"一优两高"战略部署，充分发挥自身优势，践行国家战略，因地制宜推动青海发展，将发展的差距短板转换成发展的动力，全方位推动习近平总书记"四个扎扎实实"重大要求在青海落地生根。海关作为青海经济社会发展的重要参与者，要把握高原海关位置特殊、责任重大的使命要求，坚定信心、持之以恒、锲而不舍、一以贯之，坚持一切工作以政治建设来引领、一切业务布局以政治强关来展开、一切发展举措以政治强关来校准、一切工作成效以政治强关来检验。在兜住生态安全底线的同时，强化监管、优化服务，助力将青海生态优势发挥到最大化，推动"政治强关""绿色海关"建设，发挥好国内国际双循环"交汇枢纽"的重要作用，当好双循环的"承接者"。

同志们，2021年西宁海关工作的总体要求是：以习近平新时代中国特色社会主义思想为指导，全面贯彻党的十九大和十九届二中、三中、四中、五中全会以及中央经济工作会议精神，深入学习贯彻习近平总书记视察青海时提出的"三个最大"重大要求，增强"四个意识"、坚定"四个自信"、做到"两个维护"，立足新发展阶段、贯彻新发展理念、构建新发展格局，强化政治机关意识，走好第一方阵，按照"单项创一流，综合创精品"的工作要求，以"十大工程"为主攻方向，坚持系统观念，巩固拓展新冠肺炎疫情防控和促外贸稳增长成果，扎实做好"六稳"工作、全面落实"六保"任务，助力"大美青海"绿色发展，做到"六个不放松"，

持续强化"高原海关精神高地"创建，推进政治强关建设，确保"十四五"开好局、起好步，以优异成绩庆祝中国共产党成立100周年。

三、持续铸造"高原海关精神"，为"十四五"开好局、起好步

2020年，关党委创造性地提出了推进西宁海关事业发展"十大工程"，为关区今后一个阶段事业发展指明了方向，我们要切实筑牢"高原海关精神高地"基石，全面推进"十大工程"落地落实，奋力建设西宁海关事业发展宏伟大厦。

（一）全方位强基提质，促进模范政治机关建设不放松。

把政治建设摆在首位，把"两个维护"作为第一位的政治要求，创新理论学习形式，将"第一议题"融入"三学机制"，持续深入学习贯彻习近平新时代中国特色社会主义思想和党的十九届五中全会精神。坚持问题导向、结果导向，不讲条件，不搞变通，建立"巡察监督、审计监督、党建督察、纪检监察、专项督查"多位一体监督机制，形成贯彻落实习近平总书记重要指示批示精神抓落实闭环。持续推进巡视整改工作长效化，年内开展巡视整改"回头看"，确保巡视整改落实到位、成果转化到位。

（二）持续用心用力，打造"高原海关精神"升级版不放松。

以党建带动"精神"，开创"党建＋"

工作模式，在重点工作、重点任务中，充分发挥党支部的战斗堡垒作用和党员的先锋模范作用，定期开展党建现场观摩活动。持续推动"强基提质"工程，深入推进"四强"党支部建设，在西宁海关和三个隶属海关建设标准化党员活动室，持续开展青年文明号创建提升，选树第一批"四强"党支部，以点带面，持续开展模范机关创建活动，推进党建工作标准化规范化。以文化孕育"精神"，加强机关文化建设，不断丰富"高原海关精神"时代内涵，大力开展精神文明创建工作，将"高原海关精神"锻造成推进西宁海关事业发展的强大精神力量。以活动承载"精神"。通过开展庆祝中国共产党成立100周年系列活动、创办"博雅大讲堂"活动、设立青年之家、扩大职工书屋规模、开展模范边关创建等活动，实实在在地推进"高原海关精神"活起来。

（三）强化监管效能，做到防控新冠肺炎疫情和全流程监管体系有效运行不放松。

抓紧抓实抓细新冠肺炎疫情防控工作，加快补齐疫情防控的薄弱环节，切实提升口岸疫情防控能力。继续做好进口冷链食品、高风险非冷链进口集装箱货物风险监测和预防性消毒工作，持之以恒做好内部疫情防控，确保"打胜仗、零感染"。持续提升口岸核心能力，指导口岸卫生检疫设施设备建设，实施口岸智慧精准检疫，推进智慧卫生检疫平台建设。

推进风险防控一体化，加强重点敏感领域风险防控，强化大数据模型应用，发挥风险业务协同防控机制作用，提高查验有效性，发挥风险预警先导作用，把好前置关卡。完善稽核查作业审核工作机制，落实"审查分离"制度，加强后续监管。推进人工分析布控查获率稳步提升。帮扶企业加强管理水平，提高企业认证质量。完善信用管理体系，落实差别化措施，加大联合奖惩力度。从直属关、隶属关两级深化开展知识产权保护"龙腾"行动。

深化综合治税，开展税政调研和税收形势研判，推进税收征管改革持续提升。推广税款电子支付、自报自缴、汇总征税、关税保证保险等税收征管改革，提升企业便利度，减轻企业负担。持续强化税收风险协同防控。加强关区税收风险信息收集、分析，提升验估绩效。

加强口岸监管，构建口岸监管业务运行监控体系，进一步优化、升级关区二级监控指挥中心工作模式，推进旅客行李物品监管风险防控体系建设，加强智能化监管设备在旅检设备的配置应用，因地制宜地推进"无感通关"监管模式。依托新一代查验管理系统，实现对非高风险、风险可控检疫进口货物目的地检验、检疫的无缝衔接。继续加强口岸监管环节反恐及"扫黄打非"工作能力。

加强进出口质量安全监管，落实食品安全"四个最严"要求，持续做好进出口食品化妆品安全抽样检验、动物源性食品安全风险监测。完善进出口商品安全风险预警和快速反应体系建设,优化风险监测点布局,开拓各种渠道收集风险信息,做好金属锂等危险化学品及其包装的检验监管工作,加快推进第三方采信。

强化动植物疫情疫病防控工作,完善风险防控机制,加强风险监测工作,全面开展动植物检疫风险排查,以非洲猪瘟、沙漠蝗等重大动植物疫情疫病防控为重点,严防疫情疫病传入传出和外来物种入侵。

保持打私高压态势,加强关党委对打私工作的组织领导,落实全员打私责任,扎实开展"国门利剑2021"专项行动,深化青海省打击走私综合治理联席会议制度,构建"打、防、管、控"反走私立体防线。

(四)优化营商环境,做到改革攻坚和创新工作机制不放松。

持续落地落实促外贸稳增长各项措施,创造性地落实海关全面深化改革工作任务,研究出台更加符合青海融入"一带一路"建设的监管服务举措。加强国际贸易"单一窗口"功能推广和应用,巩固压缩通关时间成效。统筹推动"双随机、一公开"。加快区域海关业务改革举措和成效本地化运转。

持续推进"两步申报""两段准入"等业务改革,扩大企业应用覆盖面,深化"放管服""多证合一""多查合一"改革,完善监管事项目录清单和政务服务事项目录清单,构建闭环式后续监管模式,进一步精简行政审批事项,优化办事流程,提升办事效率。

发挥法治引领和规范化作用,做好疫情防控和促进外贸稳增长法治保障,编制直属海关权责清单,推进行政执法三项制度的落实,充分发挥隶属海关法治工作作用,在关区范围形成上下联动、紧密协作的法治共建格局。常态化开展制度"立改废",持续推动海关制度体系建设,为改革创新筑牢制度基础。

强化科技支撑,充分发挥关区科技委员会作用,建立西宁海关科研项目库,申报署级科研项目。做好H2018新一代通关管理系统业务改革保障工作。发挥实验室技术支撑作用,加强动植检实验室检测能力建设,加快推进保健中心实验室升级改造,提高实验室信息化管理水平,提升科技执法保障能力。

(五)突出绿色生态,做到服务青海开放型经济发展不放松。

发挥海关政研优势,围绕习近平总书记"青海最大的价值在生态、最大的责任在生态、最大的潜力也在生态"重大要求,把生态文明建设与海关工作有机结合起来,围绕青海建设"绿色丝绸之路"、申建绿色生态自贸区开展可行性研究论证。针对西宁综合保税区业态发展、跨境电商业务监管、格尔木陆港建设与功能布局、青海特色优势产业发展提出建设性意见建议。筹备做好第二轮《海关总署青海省政府合作备忘录》签署工作，从更高层面推动海关工作深度融入青海开放大局。

充分挖掘对外开放平台作用，支持西宁综合保税区完成验收封关运营，服务区内产业规划及发展，引导区内企业与区外、青海曹家堡保税物流中心错位发展。助力青海曹家堡保税物流中心和机场口岸联动发展。服务跨境电商新业态发展，支持跨境电商综合试验区快速发展。优化多式联运监管，推进中欧班列国际联运本地化运营。充分发挥西部陆海新通道作用，助推格尔木国际陆港和铁路口岸建设。

服务青海特色优势产品扩大出口，围绕青海重点优势产业，用好省级农牧业发展资金，持续打造有机枸杞品牌，充分发挥枸杞、藏毯技术性贸易措施研究评议基地作用，持续提升出口质量安全示范区效能，展现高原特色农产品绿色、有机、生态优势。

服务青海重大项目建设，参与青海循环经济发展，以金属锂等为突破口，利用自身职能优势助力青海新材料、新能源及重大项目引进规划建设。服务青海会展经济，扩大青海对外开放知名度。

（六）坚持锤炼筋骨，做到精益求精强化自身建设不放松。

树立小关有大作为的自信，树牢精品意识，打造精品业务，每一项业务、每一项改革、每一票单证、每一项指标做好做细做到极致。加强高原海关队伍建设，制定关区人才队伍"十四五"发展规划，推进具有西宁海关特色的干部工作五大体系建设，加强各级领导班子和队伍建设，重视干部交流轮岗，加大优秀年轻干部培养使用力度，加强执法一线科长队伍建设。强化日常作风养成，开展"慵懒散"专项整治月活动，切实提振干事创业的精气神。坚持全员准军事化集训，丰富"内务规范强化月"内容，推动纪律严起来实起来。科学谋划制订关区2021年教育培训计划，综合运用多种形式，提升关区干部重点工作能力水平。有序推动事业单位改革，完善岗位设置、绩效工资等制度，加快事业单位岗位聘任工作。深化队伍建设综合管理平台应用，健全"三位一体考核机制"，推动干部职工想干事、能干事、干成事。持续做好离退休干部工作。

深化清廉海关建设，完善监督体系，准确把握运用监督执纪"四种形态"，加强组织协调、执纪力度、审计监督等方面工作，找准监督重点难点开展深度监督，坚持一严到底，把查处政治问题和经济问题交织的案件作为重点，紧盯关键少数，加强与地方纪委监委的相互协作，主动发现违纪线索，持续纠治形式主义、官僚主义。加强理想信念教育、廉政警示教育和廉政文化建设，筑牢拒腐防变的思想根基。制定两级党委、党支部主体责任清单，梳理执法领域、非执法领域风险点，进一步推动党风廉政建设责任制的落实，一体推进不敢腐、不能腐、不想腐。

全面提升综合保障能力，制订年度调

研工作计划，健全下沉事项准入机制，大力提升机关效能，切实为基层减负；强化信息宣传、政务公开工作；提升特殊时期应急值班、机要保密工作水平和工作要求；强化政治巡察，稳步提升巡察工作质量；加强督查工作，确保重点工作落实到位；加强内控标准化建设，健全督察审计发现问题整改长效机制；加大预算执行和绩效管理力度，强化对口支援工作，做好闲置固定资产出租出借工作，过好"紧日子"；加强隶属海关建设，解决隶属海关发展过程中存在的实际问题；协助事业单位开拓市场，增加创收能力；强化关心关爱，逐步推进"五小工程"建设，进一步优化后勤服务保障水平；支持学会开展工作。

同志们，新愿景引领新征程，新作为铸就新辉煌。让我们更加紧密地团结在以习近平同志为核心的党中央周围，在总署党委的坚强领导下，攻坚克难、开拓进取，践行"高原海关精神"，深入推进"六个不放松"，以优异的成绩迎接中国共产党成立100周年，为努力推进建设社会主义现代化新海关不懈奋斗。

在西宁海关2021年全面从严治党工作会议上的讲话

西宁海关党委书记、关长　扎　顿

（2021年2月4日）

这次会议的主要任务是，深入学习贯彻十九届中央纪委五次全会精神，落实2021年全国海关全面从严治党工作会议各项部署，回顾2020年西宁海关全面从严治党、党风廉政建设和反腐败工作成果，部署2021年工作任务。

一、学习倪岳峰署长在2021年全国海关全面从严治党工作会议上的讲话精神

倪岳峰署长首先传达了习近平总书记重要讲话和中央纪委五次全会精神。

倪岳峰署长指出，过去一年，是新中国历史上极不平凡的一年。面对错综复杂的国际形势、艰巨繁重的国内改革发展稳定任务特别是突如其来的新冠肺炎疫情，海关各级党组织以习近平新时代中国特色社会主义思想为指导，扛起管党治党政治责任，一以贯之、坚定不移全面从严治党、从严治关，清廉海关建设向纵深推进，以全面从严治党新成效促进海关制度创新和治理能力建设，为落实党中央重大决策部署提供了坚强保证。一是政治机关建设深入推进，二是纪律作风建设走深走实，三是规范权力运行更加有效，四是反腐败综合效应持续增强，五是管党治党政治责任不断压实。

倪岳峰署长强调，2021年是中国共产党成立100周年，是实施"十四五"规划、开启全面建设社会主义现代化国家新征程的第一年。站在"两个一百年"奋斗目标的历史交汇点上，既要充满信心，也要居安思危，所有工作都要围绕开好局、起好步来展开。2021年海关全面从严治党工作的总体要求是：以习近平新时代中国特色社会主义思想为指导，深入贯彻党的十九大和十九届二中、三中、四中、五中全会精神，落实十九届中央纪委五次全会部署，增强"四个意识"、坚定"四个自信"、做到"两个维护"，坚持稳中求进，立足新发展阶段，贯彻新发展理念，推动构建新发展格局，深入贯彻全面从严治党方针，充分发挥全面从严治党引领保障作用，把严的主基调长期坚持下去，以高质量发展为主题，坚持系统观念，一体推进不敢腐、不能腐、不想腐，持续深化清廉海关建设，锻造准军事化纪律部队，深入推进政治建关、改革强关、依法把关、科技兴关、从严治关，为建设社会主义现代化海关提供坚强保证，以优异成绩庆祝中国共产党成立100周年。重点做好7个方面工作：

一是全面强化政治建关，保障"十四五"规划顺利实施。二是坚持系统观念，一体推进不敢腐、不能腐、不想腐。三是深化整治形式主义、官僚主义，驰而不息转作风树新风。四是坚持高标准严要求，锻造全面过硬的准军事化纪律部队。五是全面贯彻巡视工作方针，切实提高巡视巡察监督质量。六是增强风险意识和底线思维，提升权力运行制约监督效果。七是强化压力有效传导，确保管党治党政治责任落到实处。

二、2020年工作回顾

过去一年是新中国历史上极不平凡的一年，也是西宁海关全面从严治党工作极不平凡的一年。关党委带领全体关警员以习近平新时代中国特色社会主义思想为指导，深入贯彻落实全国海关工作会议、全面从严治党工作会议精神，切实履行管党治党政治责任，坚定不移全面从严治党，深入推进清廉海关建设，奋力打造"高原海关精神高地"，为西宁海关各项工作发展提供了可靠保证。

（一）"两个维护"自觉进一步增强。 一是落实"第一议题"制度。坚持把学习贯彻习近平新时代中国特色社会主义思想作为贯穿全年工作的主线，切实增强"四个意识"、坚定"四个自信"、做到"两个维护"，做到学思用贯通、知信行统一。坚持把学习贯彻习近平总书记重要指示批示精神作为关党委会、月度例会"第一议题"制度，完善月度督办机制，确保第一时间学习研究、贯彻落实、督查问效。全年学习传达研究部署"第一议题"72项。二是贯彻落实重大决策部署。统筹做好新冠肺炎疫情防控和稳外贸稳外资工作，迅速建立关党委、防控指挥部"一体推进"领导机制，先后制订20个专项工作方案和预案，改善口岸应对重大疫情卫生检疫硬件设施，不折不扣落实好内外部疫情防控各项措施，确保"打胜仗、零感染"。继续保持打击象牙等濒危动植物及其制品、洋垃圾走私力度，做好"六稳""六保"工作，巩固脱贫攻坚成果，确保党中央、国务院重大决策部署落地落实落细。三是扎实开展政治巡察。把"两个维护"作为根本任务，年内对机场海关、后勤管理中心2个单位（部门）开展常规巡察，对西海海关和技术中心进行巡察工作"回头看"，对格尔木海关开展危险化学品专项巡察，共查找问题39项，巡察利剑作用得到有效发挥。

（二）"政治机关"意识进一步深化。一是强化理论武装。把学习《习近平谈治国理政》第三卷与第一卷、第二卷贯通起来，持续巩固深化"不忘初心、牢记使命"主题教育成果，推进党的十九届四中、五中全会精神学习教育，组织开展政治机关意识教育，让"讲政治、讲忠诚、讲奉献"成为西宁海关的底色、亮色。全年组织党委中心组学习23次、专题研讨6次，举办处科级干部封闭培训3期。二是加强政治建设。压茬推进"四强"党支部建设，深入开展"灯下黑"问题专项整治，及时组织召开2次关区意识形态分析会，全面落实意识形态工作责任制，不断提高政治判断力、政治领悟力、政治执行力。三是打造"高原海关精神高地"。举办庆"七一"系列党建活动，举行预备党员入党宣誓和全体党员重温入党誓词活动，组织开展"我心中的高原海关精神"演讲比赛。完成了第六届全国文明单位复验，继续保留"全国文明单位"荣誉称号，创建模范机关。完成群团组织换届，开展形式多样的群众性文体活动，进一步营造团结和谐、干事创业的氛围。四是充分发挥党支部战斗堡垒作用和党员先锋模范作用。第一时间号召全关各级党组织和全体党员干部，参与到新冠肺炎疫情防控、"六稳""六保"工作中，50余名青年关员递交"请战书"，在疫情最吃紧的关头，选派党员骨干驰援上海海关，让党旗党徽在国门一线高高飘扬。组织干部职工开展疫情防控自愿捐款活动，全关205名党员干部职工踊跃自愿捐款，个别党员交纳特殊党费。1名同志获评全国海关系统抗击新冠肺炎疫情先进个人，保健中心获全省抗击新冠肺炎疫情先进集体。

（三）管党治党责任进一步压实。一是做好统筹谋划。召开全面从严治党工作会议和党风廉政建设工作分析部署会，制定《西宁海关党委进一步贯彻落实全面从严治党要求的意见》，印发关党委、党委书记、其他党委成员全面从严治党主体责任清单，促进各责任主体同向发力、同频共振，推进清廉海关建设。二是健全关区两级党委领导体制，下放西宁海关党委管理事权19项，既完善了上下贯通、执行有力的组织体系，又为基层减负赋能、激发活力。作为首家中央驻青单位与青海省纪委监委签订工作协作配合办法，实现了纪律监督与监察监督一体贯通。三是扎实做好巡视整改工作。持续把抓整改融入日常工作、融入深化改革、融入全面从严治党、融入班子队伍建设，一件一件抓，一件一件改，全面落实总署党委巡视整改工作要求，38项问题已全部整改到位。四是增强风险意识，继续深化"制度＋科技"运用，在"两步申报""两类通关"等重大改革环节嵌入风险防控措施，扎实推进行政执法"三项制度"，完善"双随机、一公开"监管实施细则，着力提升权力运行的监督制约效能。

（四）纪律作风建设进一步加强。一是推动精准问责、规范问责。对履行全面从严治党责任不力的1名隶属海关关长和1名曾任隶属海关关长分别给予提醒谈话和诫勉谈话，对4名隶属海关党委委员分别进行约谈和提醒谈话，对1名主持工作的副科长给予诫勉谈话，对1名部门主要负责人进行立案审查，实现立案审查零的突破。二是强化日常警示监督。召开全关警示教育暨作风整治大会，不断提高警示教育的针对性和有效性。锲而不舍落实中央八项规定精神，在年节假期开展明察暗访7次，开展专项检查1次，持续整治形式主义、官僚主义。压茬推进处级领导干部规范工作，抓好领导干部个人有关事项查核和专项整治，对未严格落实个人事项申报要求的人员提醒18人次、诫勉1人次，有力发挥了纪律震慑作用。三是加大准军事化纪律部队建设。组织3期准军事化集训，完善内务督察机制，开展"内务规范强化月"活动，强化雷厉风行、令行禁止的作风养成。

在肯定成绩的同时，我们也要清醒地看到，部分领导干部对政治建关认识不深、把握不准、政治敏感性不强，政治判断力、政治领悟力、政治执行力还需要强化。有的党组织落实管党治党政治责任还没有完全压紧压实，执行制度不够"严紧硬"，形成持续震慑方面不够有力。落实准军事化纪律部队建设要求还存在差距，抓反复、反复抓持续用力不够。作风建设短板依然存在，"慵懒散"还不同程度地存在等。这些问题要引起高度重视、加以解决。

一是深刻把握"全面从严治党首先要从政治上看"的根本要求，认识清楚全面从严治党的极端重要性。习近平总书记强调"全面从严治党首先要从政治上看"，不断提高政治判断力、政治领悟力、政治执行力。海关作为政治机关，要把讲政治作为海关的生命线，关党委旗帜鲜明地提出建设"政治强关"，对突出政治建设提出了系统要求，全面从严治党更要突出政治引领，确保沿着正确的方向前行，把我们这支队伍建设得更加坚强有力。

二是深刻把握关区面临的新形势，认识清楚全面从严治党的极端重要性。当前，在总署党委的正确领导下，关区全面从严治党形势是不错的，但从2021年隶属海关发生的违反规定使用执法车辆、违规印制纪念邮册以及审计、巡视、线索查处等情况来看，关区全面从严治党依然有问题、有隐忧、有风险。关区条件差绝不意味着可以放松自我要求，开放型经济发展欠发达绝不意味着没有案件发生，业务量相对较少绝不意味着可以不作为慢作为乱作为。全面从严治党是海关作为执法机关始终不变的要求。长期的工作实践充分证明，我们存在的很多问题都是因为全面从严治党没有抓紧、没有抓实造成的，关区工作开展好的时候恰恰是纪律作风抓得紧的时期，全面从严治党只能不断加强，决不能放松。

三是深刻把握打造"高原海关精神高地"的目标要求，认识清楚全面从严治党的极端重要性。倪岳峰署长在听取对西宁海关巡视情况汇报时，明确指出西宁海关工作要实现"更好更精"，关党委和广大党员干部也对打造"高原海关精神高地"有强烈的期待。我们要将内涵学军、新青海精神等核心价值有机融入"高原海关精神"创建活动中，引导全体党员干部甘于奉献、自信图强、追求精品、勇于超越。全关各级党组织和广大党员干部要坚持把自己摆进去，把职责任务摆进去，从严从实从高要求，力争西宁海关从"一个不倒、一个不少"实现"各个都好、各个都优"的转变，把"高原海关精神高地"的底色擦得更亮、品牌叫得更响。

四是深刻把握新发展阶段海关工作的发力点，认识清楚全面从严治党的极端重要性。我们要立足"两个大局"，心怀"国之大者"，所有工作都要围绕"十四五"开好局、起好步来展开。促进关区高质量发展、推动青海高水平开放、主动服务构建新发展格局等工作，对我们的要求更高、承担的任务更重、工作难度更大。但从2020年工作中暴露出的问题来看，关区纪律作风建设、干部能力建设仍有较大短板，突出表现在部分干部精气神不足、责任心不强、能力水平不高，"慵懒散"的顽疾依然不同程度的存在。同志们，任务越重，越要加强作风纪律；挑战越大，越要强化能力建设。

三、2021年主要工作任务

习近平总书记强调，全面从严治党永远在路上，不能有任何喘口气、歇歇脚的念头。我们要深入学习领会习近平总书记的重要讲话精神，进一步提高思想认识，不断增强推进全面从严治党的责任感、紧迫感。

2021年西宁海关全面从严治党工作的总体要求是：以习近平新时代中国特色社会主义思想为指导，深入贯彻党的十九大和十九届二中、三中、四中、五中全会精神，增强"四个意识"、坚定"四个自信"、做到"两个维护"，把严的主基调长期坚持下去，落实全国海关全面从严治党工作会议部署，坚持系统观念，持续建设清廉海关，深入推进"五关"建设，打造"高原海关精神高地"，促进"十大工程"落地见效，为西宁海关各项工作提供坚强保证，以优异成绩庆祝中国共产党成立100周年。

（一）一以贯之突出政治建关，努力保障"十四五"规划开好局、起好步。

海关作为政治机关，要坚定不移地走好"第一方阵"，不断提高政治判断力、政治领悟力、政治执行力，以政治建关的实际成效努力保障"十四五"开局各项工作。一是全面落实"第一议题"制度，时刻关注党中央和习近平总书记强调什么、要求什么，将"第一议题"与"三学"机制贯通起来，形成党委班子及时学习贯彻、党委中心组深入学习贯彻、基层党支部普遍学习贯彻的工作机制，形成"第一议题"的学习贯彻上下有序衔接、梯次推进、步步深化的局面，形成关区鲜明的特色。完善落实效果评估、督查问责机制，确保贯彻落实习近平总书记重要指示批示精神坚决迅速、有效有力。二是把党的全面领导贯穿到促进国内国际双循环、强化监管优化服务等各项工作中去，充分发挥两级党委管大局、把方向、促落实的作用，毫不放松抓好常态化疫情防控，保持打击象牙等濒危动植物及其制品、洋垃圾走私力度，推动外贸高质量发展，巩固脱贫攻坚成果等各项重点工作，为"十四五"发展开好局、起好步做出贡献。三是根据总署党委和省直机关工委要求部署，谋划开展庆祝中国共产党成立100周年系列活动，把学习习近平新时代中国特色社会主义思想同学习党史、新中国史、改革开放史、社会主义发展史贯通起来，引领党员干部加强党性锻炼、党性修养，坚定理想信念。四是进一步强化顶层设计，与时俱进丰富"高原海关精神"时代内涵，充分动员发挥基层力量，持续打造"高原海关精神高地"，教育引导全体党员干部做到"为一域增光、为全局添彩"。五是落实意识形态责任制，充分发挥意识形态工作领导小组作用，定期开展分析研判，把工作抓到点子上，把想法落实到行动上。六是抓好学习贯彻党的十九届五中全会精神轮训，持续巩固深化"不忘初心、牢记使命"主题教育成果，开展"党旗在基层一线高高飘扬"活动，增强"两个维护"的自觉性、坚定性，增强履职尽责的责任感、使命感。

（二）一以贯之坚持标本兼治，一体推进"三不腐"机制。

准确把握"惩、治、防"辩证统一关系，加大"惩"的力度，完善"治"的举措，提升"防"的效果，做到系统施治、标本兼治。一是继续保持高压态势，既要紧盯"关键少数"、重点领域和关键岗位，对受贿索贿、以权谋私、放纵走私等腐败问题严惩不贷，也要聚焦"小微权力"，整治推诿扯皮、吃拿卡要等群众身边腐败和作风问题，对顶风违纪、不收敛不收手的严肃处理。二是拓展打私反腐"一案双查"，深化问题线索移交、案件办理反馈等工作机制。坚持一案一总结，深入剖析案发原因，找管理漏洞，找制度空隙，找责任缺位，推进标本兼治。三是严肃查处诬告陷害行为，对失实检举控告及时澄清正名。增强以案促改实效，坚持严惩腐败和严密制度、严格要求、严肃教育紧密结合，开展案件审查的同时，同步启动以案促改，分析案发原因，查找深层次问题，做到查处一案、警示一片、治理一域。四是发挥廉政教育基础性作用。加强海关廉政文化建设，继续开展警示教育月活动，以发生在身边的违纪违法案例为反面教材，引导党员干部知敬畏、存戒惧、守底线。五是落实政治巡察要求，聚焦"四个落实"，把常规巡察与专项巡察和巡察"回头看"贯通起来、穿插使用，提高全覆盖质量。推动巡察与纪律、派驻、组织、审计等各类监督贯通融合，形成监督合力，增强监督治理效能。不断提升巡察工作规范化水平，建立关区巡察工作人才库，强化对巡察工作全面支持保障力度。六是推动巡视整改，深化巡视整改和成果运用，扎实做好巡视整改"后半篇文章"，强化纪检监察、组织人事部门的巡视整改日常监督责任和完善监督检查机制，建立整改评估机制，切实推动巡视整改成果落地见效。

（三）一以贯之加强作风建设，着力涵养新风正气。

作风建设既是攻坚战，也是持久战，必须以"马不离鞍、缰不松手"的态度常抓不懈、一抓到底。一是锲而不舍落实中央八项规定及其实施细则精神，严打苗头性倾向性问题，毫不松懈纠治"四风"，防反弹回潮、防隐形变异、防疲劳厌战。对反复出现、普遍发生的问题，从制度机制上找原因，促进完善制度规范。开展"治慵治懒治散"专项活动，及时纠正和解决工作中的顽瘴痼疾，努力开创西宁海关工作新局面。二是树立过"紧日子"思想，2021年行政经费进一步压缩，要以此为契机完善预算执行的问效考核，加大预算执行的科学性、规范性。开展节约型机关创建行动，推动形成浪费可耻、节约光荣的氛围，杜绝公款消费中的违规违纪违法现象。针对西宁海关事权下放、财务独立等情况，开展调查研究，主动分析存在的风险隐患和实际问题，强化指导培训，防范廉政风险。三是深入整治形式主义、官僚主义，纠正不用心不务实、工作拖沓推诿、不担当慢作为等问题，深化整治文山会海、检查考核过多过频、工作过度留痕等困扰基层问题，健全基层减负常态化机制，尝试建立基层减负负面清单制度，保持对精文简会的刚性约束，开展"指尖上的形式主义"排查，着力解决政策执行"一刀切"、层层加码问题。四是继续深化"放管服"改革，加大力度推进"单一窗口"建设，扎实推进跨境贸易便利化专项行动，用好12360服务热线，推进政务服务"好差评"系统建设，完善现场服务规范。深化海关政风建设，组织召开西宁海关特约监督员聘任仪式暨工作座谈会，充分发挥特约监督员开展监督、桥梁纽带、舆论引导的有效作用。开展"我为群众办实事"主题实践活动，不断增强企业群众获得感，把"人民海关为人民"理念落实在具体工作中。

（四）一以贯之深化准军事化纪律部队建设，锻造全面过硬的纪律部队。

一是狠抓日常养成，灵活开展视频检查、"内务规范强化月"等活动，抓好仪式教育，强化号令意识，做到令行禁止。结合关内干部队伍现状，既培养专业技术人才，也培养复合型"通才"，建立一支符合关区各项工作发展需要的干部队伍。二是发挥基层党组织政治功能和组织功能，坚持"严"字当头、全面从严，全方位管思想、管工作、管作风、管纪律。推进事业单位党建工作标准化、规范化，着力解决聘用党员管理问题。有效发挥机关纪委作用，严格干部管理监督，精准规范运用"四种形态"特别是"第一种形态"；加大干部个人有关事项申报核实力度，继续规范领导干部配偶、子女及其配偶从业，加强"八小时"内外监督，常态化纠治酒驾醉驾问题。三是从严从实做好选人用人工作，注重在重大关头、关键时刻考察识别干部，大力培养选拔优秀年轻干部，配强配齐处科级领导班子，以正确用人导向引领干事创业导向。四是深入开展党的优良传统和作风教育，大力弘扬伟大抗疫精神、劳模精神、工匠精神，开展优秀共产党员、优秀党务工作者和先进基层党组织评选活动，培育新时代海关职业精神。采取专家授课、读书分享、学习交流等形式，强化文化建设；充分发挥"夏都金钥匙"微信公众号宣传阵地的作用，强化思想引领；发挥"工青妇"的作用，广泛开展文体活动，打造活力海关。做深做细思想政治工作，围绕"急难险重"工作任务，注重心理疏导，不断增强人文关怀，不断增强干部职工的职业荣誉感归属感。

（五）一以贯之强化担当作为，抓紧抓实管党治党政治责任。

一是做好"四责协同"。两级党委要对照全面从严治党主体责任清单抓好责任落实，加强对全面从严治党正风反腐各项工作的领导和管理监督。各部门、单位"一把手"作为第一责任人要敢抓真管，班子成员要履行"一岗双责"。纪检监察部门要切实承担党内监督专责，聚焦党中央重大决策部署、全面从严治党责任落实等方面，持续强化监督执纪问责，通过重大事项请示报告、提出意见建议、监督推动党委决策落实等方式，协助党委推进全面从严治党、加强党风廉政建设。职能部门要主动承担起职责范围内和所管辖业务领域全面从严治党相关工作。二是建立全面从严治党主体责任检查考核制度，完善指标体系，抓实考核检查，强化结果运用。加强对党委"一把手"和领导班子监督，推动上级"一把手"抓好下级"一把手"，用好约谈提醒、述责述廉、民主生活会监督等方式，使监督和被监督成为自觉。三是要提高问责质量。聚焦政治责任，盯住"关键少数"，突出重点领域，精准规范开展问责。坚持"三个区分开来"，落实容错纠错机制，严格执行党员权利保障条例，鼓励党员干部敢于担当、踏实做事。四是加强"制度＋科技"应用，开展重点领域风险排查，深入分析把握职权变化、深化改革所伴生的各种风险，从制度机制层面加强风险整体防控和精准防控。高度重视非执法领域风险，持续加强对财务管理、招标采购、信息化建设、实验室建设、基建工程等重点环节的管控，整合优化闲置资产，进一步规范事业单位管理。深化海关内控机制建设，充分发挥"新海廉"平台监督功能，防范执法风险向廉政风险转化。统筹推进制度立改废释，有效落实行政执法"三项制度"，保证依法履职、秉公用权。

潮平两岸阔，风正一帆悬！新征程新使命，让我们扬帆再出发。同志们，让我们在总署党委的坚强领导下，永葆初心、牢记使命，围绕大局、扎实工作，不断开创西宁海关全面从严治党、党风廉政建设和反腐败工作新局面，为建设社会主义现代化海关努力奋斗，以优异成绩庆祝中国共产党成立100周年。

在西宁海关"现场监管与外勤执法权力寻租"专项整治动员部署会上的讲话

西宁海关关长、党委书记　扎　顿

（2021年3月16日）

同志们：

今天的会议是关党委决定召开的。会议的主要任务是，学习贯彻总署2月26日召开的"现场监管与外勤执法权力寻租"专项整治动员部署会议精神，对西宁海关深入开展"现场监管与外勤执法权力寻租"专项整治工作进行安排，落实落细总署党委的工作部署和会议要求。

在此之前，关党委委员集体参加了总署召开的动员会，认真学习领会了会议精神；整治方案经党委成员审阅并经党委会集中讨论通过，经驻署纪检监察组审阅同意之后，确定了动员会议召开时间。刚才，白松组长代表西宁海关党委对专项整治工作作出细致安排，提出了具体要求，我都同意。请按照分工开展再动员、再安排，迅速行动，统筹落实，力争交出一份合格的成绩单。

下面，我讲几点意见：

一、深刻认识开展专项整治工作的重要意义，为政治强关奠定坚实基础

驻署纪检监察组组长陶治国在总署动员会上指出，权力寻租是海关系统多年来致力于解决但又没有解决好的问题，是制约全面从严治党向纵深发展的瓶颈。在海关系统部署开展这次专项整治工作，是贯彻落实党中央要求，促进海关中心工作，推动海关系统全面从严治党、党风廉政建设和反腐败斗争向纵深发展的通盘考量。是为了紧紧抓住"十四五"开局起步关键阶段，针对海关权力风险的典型特征，聚焦影响监管职能发挥的顽瘴痼疾动刀施药，推动提升海关治理能力现代化水平，以强监督促进严监管，以良好政治生态促进形成良好经济生态，为海关落实国家"十四五"规划排除风险、消除隐患。因此，大家一定要深刻认识到，此次专项整

治是保障落实党的十九届五中全会精神的重要举措,是深入推进全面从严治党的有力抓手,是坚守人民立场的必然要求。

海关处在国内国际双循环的"交汇枢纽",承担着守护国门安全的重大职责,在国家治理中发挥着重要职能作用。现场监管和外勤执法作为海关基础性、全局性业务,其中潜藏的权力寻租、利益输送等腐败问题,必然会对国门防线形成侵蚀,对内外循环造成阻力,必然会破坏口岸营商环境,损害社会公平正义,严重制约海关治理效能的发挥。在2021年年初召开的全国海关从严治党工作会议上,倪岳峰署长通报了去年海关系统查处违反中央八项规定精神问题有51个,处理128人;相比2019年,人数增长了82.9%。还有数据显示,在2020年海关系统查处的执法领域案件中,涉及科级及以下干部占比达到71.6%。实践证明,海关系统全面从严治党、党风廉政建设和反腐败斗争形势依然严峻复杂。

近年来,关党委带领全体关警员以习近平新时代中国特色社会主义思想为指导,切实履行管党治党政治责任,深入推进清廉海关建设,奋力打造"高原海关精神高地",为西宁海关各项工作发展提供了可靠保证。对比海关系统内查处的案例和数据分析,我们始终保持着较好的政治生态。但是,西宁海关不是世外桃源,近两年我们先后查处了违规印制纪念邮册、违反制度使用执法执勤车辆、违反财务管理制度等问题和线索,2020年突破了建关以来"零案件"的工作纪录。2021年年初,我们又收到问题线索,还是涉及2020年接受过组织提醒谈话的单位和个别领导干部,我听了之后很震惊,怎么巡视整改中提出来的问题,还没有画好句号,问题就又出现了?刚刚接受过组织提醒,本人表态也非常好,怎么时隔半年又犯低级错误?是没有制度规范,还是没有纪律意识,问题究竟出在哪里?归根结底,问题出在思想上,出在学习上,个别领导干部政治意识不足,自我警醒和约束不足,制度落实不到位,互相监督提醒不到位,学党章党规党纪浮于表面、学用脱节,对问题根源、严重性认识不足。

过去,我们对关区的政治生态有着较为乐观的评价和认识,认为人员熟悉、制度规范、业务不多、执法环境也不错,应当不会有触碰党章党纪党规的问题。但是,从近年来接受巡视、开展审计、政治巡察、线索查处的情况看,全面从严治党方面依然有隐忧、有短板。比如:有的党组织落实管党治党政治责任还没有完全压紧压实,党支部普遍未制定全面从严治党主体责任清单,基层党建工作比较薄弱;处科长当甩手掌柜现象不在少数,不作为、不担当问题有所表现,重要岗位、执法环节等重点领域廉洁隐患有所显现;落实准军事化纪律部队建设要求还存在差距,执行制度不够"严紧硬";少部分干部存在责任心不强、精神不振、敷衍塞责、安于现状、交办工作最后"一分钟"等"慵懒散"现象，一定程度上还影响到人民海关的公信力，削弱了企业和群众的获得感。所以说，大家不要片面以为有制度不执行是小问题，工作一时疏忽情理上能说得过去，组织上可以不追究！

要知道，看似小问题，往往反映出政治思想、工作作风的大问题，看似一时疏忽，往往会导致触碰"底线、红线和高压线"。这一点，关党委的认识是清醒和一致的。要将全面从严治党始终作为我们的根本要求，清醒地认识到关区条件差绝不意味着可以放松自我要求，开放型经济发展欠发达绝不意味着没有案件发生，业务量相对较少绝不意味着可以不作为慢作为乱作为。关党委旗帜鲜明提出要建设"政治强关"，就是向大家表明建设政治强关，推动从严治党"两个责任"落实的信心、决心，也希望能通过此次专项整治，一以贯之深化全面从严治党工作，抓紧抓实管党治党政治责任，永葆政治机关本色。

二、明确重点，工作推动力求做到"实""精""快""高"

整治权力寻租是深入推进海关全面从严治党和反腐败斗争的重要内容，是进一步加强关区党风廉政建设和反腐败工作的有力抓手，既是攻坚战，也是持久战。专项整治一开始，就要找准目标、明确重点，从现在做起，从最突出的问题抓起，采取符合关区实际的整治措施，将正风肃纪反腐有效延伸到海关监管执法工作的"神经末梢"，巩固多年来保持的良好政治生态。

一是工作安排要"实"。根据驻署纪检监察组下发的"专项整治重点问题参考提纲"，专项整治领导小组要立足精准整治要求，结合西宁海关业务特点、近年来线索处置实际，对关区一线执法领域廉政风险点进行梳理排查，为找准问题、解决问题建立"施工图"和"时间表"。全关动员、全员发动，没有特殊例外，必须做到全覆盖、无死角。今天的会议精神要做到"广而告知"，希望大家深挖细研、认真推动，将专项整治作为自找差距、剖析原因、自觉整改、完善机制的过程，从根本上强化"四责协同"工作。

二是工作意识要"精"。倪岳峰署长在听取对西宁海关巡视情况的汇报时明确指出，"小关因为小，各项工作更要好上加好"，实现"更好更精"。的确，我们处在经济不发达地区，人员少、业务量小的客观条件，短时间内不会发生大的改变。个别干部会把小关与弱关划等号，把海拔高与要求低划等号，缺乏小关有大作为的自信。开展专项整治，是对西宁海关全面从严治党政治责任落实情况的一次全面"体检"，也是在考验大家"用心干工作"，还是"用心眼干工作"。能不能完成好规定动作，能不能形成特色，能不能确保取得实效，与关区业务量多少、所处海拔高低等没有直接联系。我们要的是"精品意识"，不论条件如何，标准一定要高，只要用心做好每一个环节的工作，下功夫抓好落实，就一定能保质保量完成工作任务。

三是工作落实要"快"。这次专项整治的时间紧、任务重、要求高，总署还将派检查组压茬收官。党委已经研究通过的整治方案中，细化了具体工作，明确了完成时限，大家务必高度重视，确保工作进度，争取提前完成，为整改提高留好空间和时间。在动员部署、自查问题、配合检查、问题整改4个阶段中，党委纪检组作为牵头单位，随时与驻署纪检监察组做好联系协调，随时关注掌握工作报告的提前量，随时关注社会舆情、社会监督，跟进做好线索处置，提醒监督职能部门和隶属海关"快传达、快分解、快落实、快整改"。职能部门和隶属海关要主动跟进、超前谋划、超前工作，及时向分管联系的关领导汇报进展情况，及时开展业务自查和问题情况梳理，及时制定整改措施、开展整改落实，始终把握工作主动权。

四是工作站位要"高"。要认真履行全面从严治党主体责任，坚持党委带头，我本人也要当好第一责任人，推动专项整治工作持续深入推进，督促班子成员落实好"一岗双责"，高标准、严要求推进专项整治工作，用专项整治的成果体现出政治强关的要求和成效。专项整治不是一时一事的工作，也不是哪一个部门的工作，党委要组织抓好人力和资源调配，推动业务职能部门履行监管职责，加强督办，一级一级压实责任。隶属海关党委、机关各支部和直属事业单位都不能"等待""观望"，要"出实招、做实事、看实效"，不折不扣落实总署和关党委的部署安排，坚决不能出现"说了、做了、好了"的现象。

三、立足当前，以作风建设推动专项整治深入开展

2021年是"十四五"开局之年，促进关区高质量发展、推动青海高水平开放、主动服务构建新发展格局等工作，对我们的要求更高、承担的任务更重、工作难度更大，必须要有优良的作风作保障。但"慵懒散"已成为关区作风建设问题的集中表现，制约着全关各项工作高水平推进，影响着每一位干部的成长进步。全体关警员要将总署安排部署的"现场监管与外勤执法权力寻租"专项整治与关区"治慵治懒治散"教育整顿月活动紧密结合起来。要组织做好专项整治的再动员、再安排，推动全关集中精力开展工作，为专项整治找准问题、找真问题、找到问题劈山开路；利用专项整治对外公布的举报投诉电话和渠道，拓宽"治慵治懒治散"的广度深度；利用教育整顿找出的个性问题，推动职能部门精准查找风险点，排查出容易被利用寻租的业务管理薄弱环节和问题反映集中、风险点聚集的关键岗位，列出详尽的廉政风险清单，以利整改。

要善于"从生态看责任""从问题看责任""以下看上",不能简单地用基层问题代替机关问题,不能片面地用业务问题代替管理问题,而要形成以点带面、举一反三的工作意识,自觉发现问题,形成抓作风促工作、抓工作强作风的良性循环。

四、放眼长远,将专项整治与政治监督、日常监督融会贯通

专项整治"现场监管与外勤执法权力寻租",是结合海关行业特点开展的首次集中整治工作,在普遍发动、集中自查期间,务必要强化政治担当,坚定斗争精神,深入学习贯彻习近平总书记关于全面从严治党重要论述,落实落细十九届中央纪委五次全会精神。还要坚持系统思维,充分发挥全面从严治党的引领保障作用,进一步推动政治监督、日常监督与之融会贯通,确保"两个责任"有效落实。

一是强化政治监督,运用专项整治成果推动主体责任再落实。保障落实全面从严治党政治责任是政治监督的重要内容。但目前部分党支部未结合实际制定全面从严治党主体责任清单,有的党员领导干部对"四种形态"理解和运用不到位,存在不会抓、不愿抓、不敢抓的现象,内务督查流于形式,好人思想作祟。有的党组织负责人谈心谈话流于形式,有的认为管党治党以纪检监察部门为主,存在"等靠"思想,部分主体责任"打滑空转"。要综合运用专项整治的成果,从建立健全全面从严治党主体责任检查考核制度抓起,聚焦党中央重大决策部署、全面从严治党主体责任落实等方面,加强上级党委对下级党委的监督、机关党委对各支部的监督,持续强化监督执纪问责,通过重大事项请示报告、提出意见建议、监督推动党委决策落实等方式,推动"四责协同"。

二是注重"三不"一体推进,将专项整治与强化执纪结合起来。这次专项整治是要交账和兑现的,一定不能把说了当成做了,把做了当成做成了、做好了。一方面,要按要求全面排查廉政风险高发点,全面起底2012年以来现场监管与外勤执法领域的问题线索,全面梳理不靠谱、不托底的人和事,倒查八年、一个不漏,深挖细查腐败问题涉及的污染源、利益链、关系网。要见人见事发现问题、报告情况,不能遮遮掩掩、大而化之,更不能怕得罪人,对严重问题"高高举起、轻轻放下"。要综合发挥惩治震慑、惩戒挽救、教育警醒的功效,将整改成果转化为制度成果,实现综合治理、标本兼治。另一方面,要坚持客观审慎的态度,正确区分通过自查发现各类问题的性质,慎之又慎进行梳理和分类。凡是可以作为监督执纪线索的,必须按规定程序及时进行受理、处置,并向关党委汇报;符合立案审查调查条件的,一律按程序开展工作,绝不姑息。属于内部管理、制度完善、职能管理等其他问题的,要结合"治慵治懒治散"教育整顿活动一并进行整改，杜绝出现隐患。

三是坚持严的主基调，将专项整治与强化警示结合起来。综合近几年来监督检查、审查调查、政治生态研判的情况，查验等岗位始终是不法企业"围猎"的重点，外勤岗位与企业的接触机会多，执法痕迹少，执法领域和非执法领域问题交织相伴，精准监督难。个别关员还存在业务量较小、执法环境相对较好的麻痹认识，对一些不良现象，习以为常、掉以轻心。2020年，西宁海关在核查一起实名检举控告线索时，发现存在内部管理不到位、内控风险有盲区等非执法领域问题，并最终进行立案审查，进行严肃处理。要通过专项整治把查办案件与强化教育警示、堵塞制度漏洞、加强监督监管结合起来，及时曝光典型案例，用"反面镜"警醒大家，有效传递正风肃纪反腐就在身边的"刺痛感"，筑牢不想腐的思想根基。还要把思想政治工作贯穿始终，用"正面镜"引导主流，做到教育人、挽救人、感化人，形成声势、释放信号、传导压力。

四是敢于揭丑亮短，将专项整治与净化政治生态结合起来。这次专项整治不是单纯的业务检查，是总署党委对西宁海关领导班子、西宁海关党内政治生活和政治生态的深层检视，也是西宁海关党委对三个隶属海关党委班子、隶属海关党内政治生活和政治生态，包括对各个支部的再一次揭底检查。大家一定要认识到，西宁海关现在的案件线索少、立案审查案件少，不代表没有苗头，也不代表可以一劳永逸、掉以轻心。要坚决防止这些消极错误思想导致工作走偏了、"架空"了。要切实克服3种倾向：第一种是怕掀盖子、遮丑护短。把没有发现问题当作成绩，一旦发现问题要么"捂盖子""护犊子"，爱惜羽毛、掩耳盗铃；要么新官不理旧账，事不关己、高高挂起。第二种是见怪不怪、思想麻痹。认为海关执法是廉政高风险岗位，出点问题在所难免，不必大惊小怪、上纲上线，对专项整治无所用心，只求交差应付。第三种是丧失原则、做老好人。我们党委班子旗帜鲜明表态，绝不会无原则地追求"一团和气"，绝不会不敢亮剑发声，绝不会冷眼旁观、坐等出事。要通过专项整治正风肃纪，提升党委班子凝聚力、执行力、战斗力，推动关区政治生态持续向好。

五、统筹推动，确保专项整治工作取得实际效果

要大力弘扬"马上就办、真抓实干"务实作风，从现在做起，一步一个脚印，实干苦干巧干，不折不扣落实总署党委部署，各部门要做到布置检查"一把手"主抓，自查整改"一条线"贯穿，节点任务"一揽子"统筹，全关上下"一盘棋"推动，为西宁海关开启"十四五"时期新篇章开好局、起好步。

一是统筹推动要到位。西宁海关刚开完2021年度工作会议、从严治党工作会议，总署相关司局也分别召开了年度工作会议，各部门、各单位正在紧锣密鼓地安排全年的工作。要将今天动员会精神的传达落实，与关区全面从严治党工作任务分解表、年度工作任务分解表、党风廉政工作分解表的重点任务同步推进，做到一同部署、一同总结、一同考核。

二是主体责任要压紧压实。专项整治涉及职能部门和隶属海关，有对职能部门梳理业务线条风险点的明确要求，也有对隶属海关全面开展自查的具体要求，还要考虑新海关成立之前各业务条线外勤执法的实际，更有纪检监察部门对2012年以来问题线索的大起底。纵向看时间跨度大，横向看业务条线多，涉及部门多，还存在机构改革时序的衔接。需要大家统筹推动，自觉对照方案和党委纪检组的安排，落实成员单位"一把手"的责任，集中抓好本部门、单位整治工作的落实。要注重为基层减负，区分好基层与机关单位的职责。专项整治中，对做选择、搞变通、打折扣、走过场等形式主义、官僚主义问题的，要严肃追责问责，倒逼责任落实。

三是工作形式要丰富多样。要从关区实际出发，不局限于专项整治工作方案列明的提纲和内容，要结合"治慵治懒治散"教育整顿进展情况充实内容；不局限于畅通网络、电话、举报箱等社会监督形式，还可以采取新闻宣传、新闻发布会、关企联络群、利用"好差评"系统、特邀监督员座谈等"走出去、请进来"的方式；问题查找不局限于领导点、自己看、企业提，还要综合历年来总署巡视、督察审计和专项审计的结果，利用西宁海关政治巡察及"回头看"的意见，尝试借助"新海廉"系统，调取纸质单证、实地走访等多种形式，依托"一案双查""一查双析"等机制，分层分类开展自查；坚持"抓重点"和"全覆盖"相结合，力求全方位、多角度查找问题，也为相应的线索研判提供数据支持。

四是接受监督要自觉。坚持"开门搞整治"是党的群众路线的具体体现，也是拓展整治成效的重要途径。要广泛听取广大进出口企业和社会各界的意见建议，了解民声民意、民情民愿，并及时将其纳入整治内容，把执法为民的好事办好。要加强宣传引导，利用好新闻媒体，及时反映专项整治成效，接受企业和群众的评议和监督，彰显海关系统坚决惩治腐败、保护群众利益的决心和立场。要广泛开展谈心谈话，把调研走访做到位。

五是工作制度要完善。在坚持常态化开展警示教育的基础上，把整改工作与制度建设结合起来，将长期以来形成的经验性做法制度化，进一步规范相关工作程序。结合近两年开展的制度建设，对自查中发现的制度规定不完备、不全面的环节，进一步完善补充，确保制度管用。要自觉梳理本部门、本岗位适用法律、法规、规章和管理办法，自觉加强学习，力求做到纪法贯通、法法贯通，增强制度执行的刚性和自觉性。

同志们，开展专项整治工作的任务已经明确，大家一定要以对事业负责、对组织负责、对同志负责的态度，知责于心、担责于身、履责于行，集中精力开展整治工作，为推动西宁海关从严治党工作迈上新台阶做出积极的努力。

在关区政治工作会议上的讲话

西宁海关党委书记、关长　扎　顿

（2021年4月27日）

同志们：

2021年是中国共产党成立100周年，是"十四五"的开局之年。党建工作的质量成效，关系到我们以什么样的姿态庆祝党的百年华诞，以什么样的状态开启第二个百年奋斗目标新征程。2021年年初，关党委在关区工作会议上提出"政治强关"建设的要求，今天我们召开政治工作会议，是对关区各级党组织的再动员、再提醒、再"加压"、再"上劲"。

刚才西海海关党委、机场海关党委、财务处党支部负责同志作为代表进行了发言交流，王春阳副关长和柳陲主任分别作了点评，请大家互相借鉴、取长补短，一并抓好落实。柳陲主任对西宁海关政治工作进行了总结、安排。下面，我着重对关区2020年机关党的建设工作做回顾总结，并对如何做好2021年的党建工作提几点要求。

2020年，我们在总署党委的正确领导，在省直机关工委的有力指导下，坚持以习近平新时代中国特色社会主义思想为指引，紧贴"围绕中心、建设队伍、服务群众"核心任务，加强领导、统筹谋划、高位推进，全面提高西宁海关党的建设质量和水平，为西宁海关各项事业发展提供坚强保证。工作呈现五个特点：一是党建责任压得实。两级党委切实履行全面从严治党主体责任、班子成员自觉履行"一岗双责"、逐级压实各级党组织书记抓党建"第一责任人"责任。成立党建工作领导小组，深化"年初议党建、月度评党建、年度述党建"机制，研究提出"党建工作责任模式"，确保党建工作压茬推进。二是服务大局扣得紧。积极探索创新工作模式，不断完善党支部运行规则，推动各党支部紧紧围绕中心工作和职能定位谋划开展党建工作，促进党建业务深度融合，有力推动机关党建与业务工作同频共振。三是引领作用发挥得好。积极创建模范机关，开展三个方面15项具体工作，通过"一年一安排、一年一小结、半年一检查"

的方式有序推进。号召党员干部积极投身新冠肺炎疫情防控、落实"六稳""六保"等重大任务中,在大事、难事中充分发挥了党组织战斗堡垒作用和党员先锋模范作用。四是基层组织建得强。各党支部以巡视整改为契机,抓好党支部标准化规范化建设,深化"强基提质工程",争创"四强"党支部,积极开展"促百分百达标、迎党百年华诞"以评促建活动,有效提升党建工作质量,实现后进赶先进、中间争先进、先进更先进的良好局面。4月16日,省直机关"以评促建"交叉互评考评小组来西宁海关开展考核评估。参评的5个党支部以平均分94.7分的优异成绩顺利通过此次交叉互评。五是执纪监督抓得严。2020年,特别是巡视整改以来,我们不断深化全面从严治党体系建设,坚持惩前毖后、治病救人的方针,注重严管和厚爱结合、激励和约束并重,深化运用监督执纪"四种形态",开展提醒谈话5人次、约谈1人次、诫勉谈话5人次,持续维护西宁海关多年以来良好的政治生态。探索建立具有自身特色的巡察工作制度体系,综合运用常规巡察、专项巡察、巡察"回头看"等方式,2020年对5家单位开展巡察,共查找问题39项,巡察利剑作用得到有效发挥。

在肯定成绩的同时,我们必须认清工作中存在的短板和弱项,主要表现为:部分领导干部对"政治强关"建设要求认识不深、把握不准,政治敏感性不强,政治判断力、政治领悟力、政治执行力还需要强化;有的党组织落实管党治党责任还没有完全压紧压实,执行制度不够"严紧硬",形成持续震慑方面不够有力;有的党支部组织生活形式单一,执行"三会一课"制度、落实支部书记讲党课要求不规范,距离党支部标准化规范化建设要求差距较大;作风建设短板依然存在,"慵懒散"现象仍不同程度得存在,"最后一分钟"情况屡禁不止等。这些问题要引起高度重视,采取有效措施,切实改进解决。

2021年是中国共产党成立100周年,是海关实施"十四五"规划、开启建设社会主义现代化海关新征程的第一年。2021年西宁海关党的建设的总体要求是:以习近平新时代中国特色社会主义思想为指导,认真贯彻落实习近平总书记重要讲话和重要指示批示精神,增强"四个意识"、坚定"四个自信"、做到"两个维护",以推动党的建设高质量发展为主题,以党的政治建设为统领,以庆祝中国共产党成立100周年为契机,把扎实开展党史学习教育作为重大政治任务,全面落实全国海关工作会议、全面从严治党工作会议精神和西宁海关关区工作会议暨全面从严治党工作会议部署,对标"五强"要求,结合关区"十大工程"任务,坚持打造"精品工程",持续强化"高原海关精神高地"创建,为开启社会主义现代化海关建设新征程提供坚强政治保证。

关于2021年工作,会后下发的《西

宁海关2021年党的建设工作要点》将做全面部署，这里我重点强调以下几个方面的工作。

一、坚持政治统领，在全面推进"政治强关"建设上聚焦聚力

站在"两个一百年"的历史交汇点，加强和改进机关党的建设，必须贯彻新时代党的建设总要求，坚持党对一切工作的领导，切实增强"四个意识"、坚定"四个自信"、做到"两个维护"，不断强化机关党建的政治保障功能。

一要突出政治强关建设。海关作为政治机关，摆在第一位的永远是加强党的政治建设，我们必须坚持固本守正，坚定不移地走好"第一方阵"。奋发建设政治强关，统领全面推进"五关"建设，不断提高把握新发展阶段、贯彻新发展理念、构建新发展格局的政治能力、战略眼光和专业水平，不折不扣执行党中央决策部署和总署党委工作要求，将政治强关理念贯穿到西宁海关工作的全领域各方面，与打造"精品工程"、丰富"高原海关精神"新内涵、"现场监管与外勤执法权力寻租"专项整治等关区重点工作紧密结合起来，以政治强关的实际成效全力保障"十四五"开局各项工作。

二要不断提升"政治三力"。提高政治判断力，就要练就对党忠诚的过硬本领。我们必须做到始终坚定信念、站稳立场、对党忠诚，把讲忠诚、讲政治刻在心里、融入灵魂，真正做政治上的明白人，不当"两面人"，坚定不移听党话、跟党走，始终同以习近平同志为核心的党中央在思想上、政治上、行动上保持高度一致。提高政治领悟力，就要练就贯彻落实的过硬本领。全面落实"第一议题"制度，时刻关注党中央和习近平总书记强调什么、要求什么，将"第一议题"与"三学"机制贯通起来，形成"第一议题"在学习贯彻上下有序衔接、梯次推进、步步深化的局面。完善落实效果评估、督查问责机制，确保贯彻落实习近平总书记重要指示批示精神坚决迅速、有效有力。提高政治执行力，就要练就攻坚克难的过硬本领。把党的全面领导贯穿到促进国内国际双循环、强化监管优化服务等各项工作中去，充分发挥两级党委管大局、把方向、促落实的作用，毫不放松抓好常态化新冠肺炎疫情防控、保持打击象牙等濒危动植物及其制品和洋垃圾走私力度、推动外贸高质量发展、巩固脱贫攻坚成果等各项重点工作，为"十四五"发展开好局、起好步做出积极贡献。

三要抓牢抓实意识形态工作。两级党委要牢牢掌握意识形态工作的领导权、管理权、话语权，要以更坚决的态度和行动，进一步落实意识形态工作责任制，做到守土有责、守土负责、守土尽责。要加强正面宣传，唱响主旋律、弘扬正能量，教育引导党员干部始终坚持正确的政治方向、舆论导向、价值取向，切实把思想和行动统一到贯彻落实党中央和总署党委决策部署上来。要加强关区意识形态阵地建设和管理，严格执行门户网站信息、"夏都金钥匙"公众号内容审核把关制度，认真做好风险点排查和分析研判，积极稳妥做好重大突发事件和热点敏感问题舆论引导。各级党组织每半年至少分析研判本部门本单位意识形态工作1次，并向上级党委报告。

二、压紧压实责任，在形成推动党建高质量发展的合力上聚焦聚力

加强和改进机关党的建设，必须牵住责任制这个"牛鼻子"，形成上下贯通、执行有力的责任体系。

一要进一步压实管党治党责任。各级党委要发挥把方向、管大局、保落实的领导作用，全面履行领导责任，加强对关区业务工作和党建工作的领导。党委书记要认真担负起抓党建第一责任人职责，在党委部署重要工作、研究重大问题、协调重点环节、督办重大事项中，切实履行好管党治党的责任。加强对隶属海关党委"一把手"和领导班子监督，推动上级"一把手"抓好下级"一把手"，用好约谈提醒、述责述廉、民主生活会监督等方式，使监督和被监督成为自觉。班子成员要认真履行"一岗双责"，根据分工抓好职责范围内的党建工作，守好主阵地、种好责任田。机关党委要在关党委和省直机关工委的领导下，履行好协助、推进、教育、监督和引领责任，建好基本队伍、建强基本阵地、健全基本制度，抓好具体工作落实。机关纪委找准工作定位，协助关党委、机关党委推进全面从严治党、反腐倡廉工作。各党支部要按照《中国共产党支部工作条例（试行）》，切实担负起教育管理监督党员和组织宣传凝聚服务群众的职责。

二要进一步强化作风纪律建设。深入落实准军事化纪律部队建设要求，持续规范着装仪容、会议秩序、工作纪律，开展内务检查。注重"治庸治懒治散"教育整顿月成果转化，进一步建立健全转作风提效能抓落实工作举措和长效机制。持之以恒落实中央八项规定及其实施细则精神，深入纠治形式主义官僚主义，加强党员干部"八小时"内外管理监督，大力整治违规吃喝、违规收送礼品礼金、私车公养、酒驾醉驾等问题。压实主体责任，排查各类风险点，盯住管人管钱管物的重点岗位、重点人、重点事，用好"第一种形态"，坚决查处不收敛不收手问题。强化机关纪委和专兼职纪检干部作用，一体推进不敢腐、不能腐、不想腐，督促案发部门单位查找管理漏洞、补齐制度短板，以发生在身边的违纪违法案例为反面教材，开展常态化警示教育，引导党员干部知敬畏、存戒惧、守底线。

三要进一步巩固深化巡视整改成效。经过全关努力，西宁海关巡视整改工作取得阶段性成效，但巡视整改工作还需持续

用力、不断深化。我们要持续深入贯彻落实总署党委要求，坚持目标不变、标准不降、力度不减，以强烈的政治担当、责任担当和使命担当，持续推进巡视整改工作常态化、长效化。坚持高标准、严要求，以"四个融入"推进巡视整改工作，持续巩固巡视整改成果，扎实做好巡视整改后续工作。对已经完成的整改事项，巩固已取得的成效，坚决防止问题反弹；需要持续推进的，紧盯不放，举一反三，将整改个别问题与整改同类问题，解决一般性问题与解决根本性问题结合起来，在深化各项业务改革、推进全面从严治党、强化班子队伍建设方面持续用力，确保巡视整改工作抓紧抓实抓到位。

三、抓好基层建设质量，在推动基层党组织全面进步、全面过硬上聚焦聚力

党建工作难点在基层，亮点也在基层，只有增强党支部的战斗力，党的工作才有坚实的基础。我们要着力解决基层党建发展不平衡不充分的问题，切实把每一个基层党组织都建设成为坚强的战斗堡垒。

一要深化"强基提质工程"。认真贯彻新时代党的组织路线，突出抓基层强基础固基本，通过持续深化"强基提质工程"，开展"以评促建"活动等，织密织牢基层组织体系，着力增强基层党组织政治功能和组织功能。机关党委要及时认定西宁海关第一批"四强"党支部，通过结对共建、督导抽查、现场观摩等方式，推动党支部落实基本任务、健全基本制度、强化基础工作；坚持"一支部一品牌""一支部一特色"创建，激发基层党组织活力。有效发挥党建品牌、"四强"党支部的示范带动作用，建立以强带弱、结对联建的工作机制，实现互学互促、齐头并进的生动局面，运用基层鲜活经验指导基层具体实践。

二要创新党建工作方式方法。推进机关党建高质量发展，必须坚持求真务实、守正创新，准确把握机关党建特点规律，切实增强机关党建工作的针对性、实效性。创新党员教育模式，丰富教育内容、拓展教育形式，提升"三会一课"、组织生活会、主题党日活动、讲党课等党内政治生活质量，推动组织生活制度化规范化经常化；创新党建推进方式，不简单以台账全不全、记录齐不齐衡量党建工作质量，而是通过实地看、随机问、当面谈等方式，近距离了解队伍精气神，以把关服务成效和企业群众满意度评价党建工作效果；创新党务干部队伍建设，全面增强各级党组织、党建部门、党务干部抓党建的能力，加强党建专业知识培训，畅通党建部门和业务部门的交流渠道，实现贴近业务抓党建、抓好党建促业务。近期由机关党委组织、各党支部承办的"精品主题党日"活动，就是创新工作模式的成功范例，既激发了基层党组织活力，又有效促进党建业务融合。类似的好做法，还要继

续探索、继续发扬。

三要加强分类指导。关党委要认真履行党建主体责任，发挥好总揽全局、协调各方的作用，党委有关部门要各负其责、密切配合，推动形成抓党建的强大合力。针对基层党组织发展不平衡的问题，督促指导要科学精准施策，提高工作的针对性和实效性，避免"一刀切"。党委成员要坚持落实好基层党建联系点制度，每位成员调研指导基层党建每年不少于3次。机关党委要围绕"讲政治、守纪律、负责任、有效率"的要求，大力创建模范机关，深入整治"灯下黑"问题，争当"三个表率"；基层党支部要突出抓好"四强"党支部建设，强化政治功能、提升组织力，推动党建业务深度融合。

四、抓实党史学习教育，在精心组织庆祝中国共产党成立100周年系列活动上聚焦聚力

庆祝中国共产党成立100周年，是全党全国人民政治生活中的大事，也是推动做好2021年各项工作的"纲"。各级党组织要把党史学习教育作为贯穿全年的重大政治任务，围绕学史明理、学史增信、学史崇德、学史力行，分三个阶段抓好各项工作。将潜心自学作为重要基点，推动党员干部原原本本学习习近平总书记重要讲话，学好习近平《论中国共产党历史》等4本指定书目、4本参考材料，通过组织党史知识竞赛、开展党史知识宣讲、用好红色资源等方式，使党史学习教育实起来、活起来。在自学基础上组织集中学习，依托"三会一课"、精品主题党日等开展形式多样的学习活动，"七一"前党组织书记讲好专题党课、召开专题组织生活会，2021年年底召开民主生活会。深入开展"我为群众办实事"实践活动，发挥海关职能优势，围绕便民利企，聚焦进出口企业、干部群众最急最忧最盼的问题，将"党建+"工作模式作为实践活动的重要载体，确保每个支部、每位党员通过实践活动解决一个问题、做好一项工作，每个基层党支部都要有办实事的清单，明确时间表、路线图、责任人，抓好具体落实，不断增强人民群众的获得感、幸福感、安全感。

五、做好精神文明建设和群团工作，在持续打造"高原海关精神高地"上聚焦聚力

进一步强化顶层设计，与时俱进丰富"高原海关精神"时代内涵，充分动员发挥基层力量，持续打造"高原海关精神高地"，教育引导全体党员干部做到"为一域增光、为全局添彩"。深入开展党的优良传统和作风教育，大力弘扬伟大抗疫精神、劳模精神、工匠精神，开展优秀共产党员、优秀党务工作者和先进基层党组织评选活动，积极培育新时代海关职业精神。把民族团结进步创建工作作为精神文明建设的重要内容，拓宽渠道，广泛宣传，引导干部职工弘扬民族团结主旋律，传递民族团结正能量。采取专家授课、读书分享、学习交流等形式，强化文化建设；充分发挥"夏都金钥匙"微信公众号宣传阵地的作用，强化思想引领；积极发挥"工青妇"的作用，广泛开展文体活动，积极打造活力海关。做深做细思想政治工作，围绕"急难险重"工作任务，注重心理疏导，不断增强人文关怀，不断增强干部职工的职业荣誉感归属感。

同志们，奋进"十四五"，建功新时代。让我们在习近平新时代中国特色社会主义思想指引下，全面落实新时代党的建设总要求，不忘初心、牢记使命，坚定信心、锐意进取，不断开创机关党建工作新局面，以高质量机关党建推进西宁海关各项工作高质量发展！

在西宁海关2021年上半年党建工作暨党风廉政工作专题会上的讲话

西宁海关党委书记、关长 扎 顿

（2021年9月2日）

同志们：

刚才，白松组长、柳陲主任分别代表党委作了党风廉政建设、党建工作半年总结，安排部署了下半年工作，希望大家抓好贯彻落实。4位基层党组织代表分别围绕如何落实全面从严治党主体责任，如何发挥党建引领作用推动业务工作实现跨越发展，如何发挥先进基层党组织战斗堡垒作用进行了交流发言，发言有深度、有高度。希望其他党支部借鉴这几个党支部的好经验好做法，对照"四强"党支部创建标准，进一步夯实基层基础。

2021年以来，我们在完善党建责任体系、开展党史学习教育、深化"强基提质工程"、"治慵治懒治散"教育整顿、"现场监管与外勤执法权力寻租"专项整治等工作中，取得了一定的成绩，但是通过上海特派办对巡视整改工作的监督检查，关区两轮政治巡察，发现还存在思想认识不到位、执行制度不严格、模范带头作用发挥不强、党委管党治党力度不够等问题，下面我就加强关区党建和党风廉政建设工作提几点意见：

一要持续强化党的政治建设，坚决做到"两个维护"，以更大的力度推进政治强关建设。2021年年初，关党委提出了推进"政治强关"建设的目标要求，4月中旬又召开关区政治工作会议。目的就是引导全体干部职工要在任何时候、任何情况下都必须旗帜鲜明讲政治，把政治标准、政治要求贯穿和体现到各个方面，把各级党组织建设成为加强党的全面领导，践行"两个维护"的坚强堡垒。2021年以来，关区各级党组织深入学习贯彻习近平总书记"七一"重要讲话精神，深入学习贯彻习近平总书记对海关工作、青海工作的系列重要讲话和重要指示批示精神，充分结合党史学习教育、"精品工程"铸造、"政治强关"建设，围绕"十四五"海关发展规划，开展了15项政策课题调查研究，第一时间向总署党委、青海省政府报送《西宁海关关于学习贯彻习近平总书记来青考察重要讲话精神的报告》；并拟提请总署党委出台支持和服务青藏高原生态保护和高质量发展的重点措施，主动为青藏高原生态保护和高质量发展建言献策。在肯定成绩的同时，我们也清醒地看到，有的党员干部，包括一些党员领导干部缺乏政治敏锐性，对海关工作的政治要求认识不深、把握不准，在践行"两个维护"，准确把握习近平总书记重要指示批示精神的核心要义，举一反三解决好习近平总书记关心关注的问题方面做得还不够到位。特别是在2021年乡村振兴驻村干部报名时，个别部门甚至出现无人报名的现象。这就说明我们的党员干部，政治站位还不够高，从政治上把大局、看问题、想事情的能力不足，大局意识、看齐意识较弱，没有认识到自己的第一身份是党员。接下来在新冠肺炎疫情防控、乡村振兴、"我为群众办实事"实践活动等重大任务中，全体党员要切实增强政治机关意识，自觉在全面推进"政治强关"建设上聚焦聚力，在形成推动党建高质量发展的合力上聚焦聚力，在推动基层党组织全面进步、全面过硬上聚焦聚力，在持续打造"高原海关精神高地"上聚焦聚力，发扬坚持真理、坚守理想、践行初心、担当使命、不怕牺牲、英勇斗争、对党忠诚、不负人民的伟大建党精神，推进西宁海关各项工作高质量发展。

二要持续强化理论学习，学懂弄通做实习近平新时代中国特色社会主义思想。我们要坚持把深入学习贯彻习近平新时代中国特色社会主义思想作为终身必修课，学思践悟、细照笃行，不断提升把握新发展阶段、贯彻新发展理念、构建新发展格局的能力。2021年上半年以来，通过中心组学习、支部学习，采取召开读书班、研讨班、实地学习、体验学习等形式，丰富了理论学习形式，加大加深了学习力度，学习效果明显。但是，我们也发现在学习过程中，存在学得不透、学得不深、形式单一的现象，"三学"机制坚持得不好，效果不明显，学习的成果转化不理想，以业务学习代替政治学习，没能将习近平新时代中国特色社会主义思想贯穿于海关工作的全领域各方面，特别严重的是在党史学习教育活动中，极个别处室汇报材料抄袭他人材料，抄袭来的材料中名称都懒得更改。接下来我们要将学习贯彻习近平总书记"七一"重要讲话精神作为党史学习教育第二、第三阶段学习的主线，做到融会贯通学深学透。着力完善"三学"机制，带动各级党组织同频共振、上下联动，进一步完善"第一议题"制度，特别是领会和把握好习近平总书记在青海考察时的重要讲话精神，研究解决关区建设、服务发展中的突出矛盾和难点问题，以推进关区"十大工程"、打造"精品工程"为抓手，切实把学习成果转化为推动西宁海关各项工作的实际行动。

三要持续提升组织力，推动基层党组织全面进步全面过硬。提高机关党的建设质量，必须确保党支部这个基础打得牢、夯得实。各党支部要在确保"三会一课"、主题党日、讲党课等组织生活制度扎实落实的同时，深入推进模范机关建设，深化"四强"党支部创建。积极开展党建示范、培育品牌的申报，扎实推进党支部标准化、规范化建设，促进机关党建在基层落地生根。2021年上半年，我们推出的"精品主题党日"系列活动，就是一个很好的创新和优化党支部组织生活的方式，实施的"党建＋我为群众办实事"民生项目就能很好地体现以党建促业务、以业务强党建"双轮驱动"。但是，在2021年政治巡察工作中，党支部基础工作不扎实、执行党组织生活不严格、党风廉政建设落实力度不够等问题仍然突出，充分暴露出机关党委对基层党建工作检查指导不够、基层党支部书记对支部工作把关不严、党员干部责任意识不强。基层党支部工作是机关党建工作的重要基石，是党的建设工作的"最后一公里"，我们一定要夯实基层支部这个堡垒，再次对照"四强"党支部标准，明确短板、校准偏差，持续深化"强基提质工程"。有效发挥党建品牌、"四强"党支部的示范带动作用，建立以强带弱、结对联建的工作机制，实现互学互促、齐头并进的生动局面。

四要持续压紧压实责任，坚定不移推进全面从严治党向纵深发展。提高党的建设质量，必须着力营造风清气正的良好政治生态，各级党组织主要负责人要担负起政治责任，承担党建主体责任，履行好工作职责，始终坚持"严"的总基调，以永远在路上的坚韧执着，坚决扛起管党治党的政治责任。我们要始终坚持全面从严治党、全面从严治关，严肃财经纪律，把过"紧日子"的要求落到实处。深化清廉海关建设，做好"现场监管与外勤执法权力寻租"专项整治发现问题整改工作，严格落实中央八项规定及其实施细则精神，突出政治监督，强化日常监督。2021年以来，开展了"治慵治懒治散"教育整顿，"现场监管与外勤执法权力寻租"专项整治等工作，但还存在个别部门落实全面从严治党主体责任不到位、党风廉政建设分析例会流于形式等问题。接下来，要结合2021年警示教育月活动，通过多种方式组织开展纪法教育、警示教育和廉政教育，警示党员干部时刻守好底线、不碰红线，营造"不敢""知止"的氛围。运用好监督执纪"四种形态"，坚持抓早抓小，综合运用纪检、巡察、督察、审计等多种监督手段，完善监督体系，持续强化正风肃纪，推动全面从严治党各项要求落到实处、取得实效。及时开展准军事化队列训练，常态化做好内务督察，巩固"治慵治懒治散"教育整顿成果，深化"好差评"系统应用，不断改进政风行风，用准军事化作风锤炼队伍，切实增强广大党员、干部的职业荣誉感、责任感、使命感。不断深化"高原海关精神"新内涵，更好地展现海关人的精神、力量和担当，将"高原海关精神"锻造成为推进西宁海关事业高质量发展的强大精神动力。

同志们，加强和改进新形势下党的建设工作，推进全面从严治党纵深发展，任务艰巨、责任重大。希望大家强化责任担当、积极进取、开拓创新、真抓实干，以永远在路上的坚定执着，持续巩固风清气正的良好政治生态，圆满完成全年工作任务，真正做到基层党建工作有亮点、全面从严治党有力度、干部队伍建设有活力、党史学习教育有特色、"我为群众办实事"有成效。

第二篇 专记

庆祝建党100周年和西宁海关党史学习教育

2021年是中国共产党成立100周年，在全党开展党史学习教育，是以习近平同志为核心的党中央立足党的百年历史新起点、统筹中华民族伟大复兴战略全局和世界百年未有之大变局、为动员全党全国满怀信心投身全面建设社会主义现代化国家而作出的重大决策。3月16日上午，西宁海关召开党委理论学习中心组学习（扩大）会议，第一时间传达全国海关系统党史教育动员会精神，落实总署党委关于党史学习教育的工作部署，对西宁海关党史学习教育工作进行安排。

西宁海关党委要求，要深入学习习近平总书记在党史学习教育动员大会上的重要讲话精神，扎实落实总署对深化党史学习教育成果的明确要求，思想认识再深化、历史自信更坚定，扛起"红色根脉"的使命担当，当好"两个确立"的忠诚拥护者、"两个维护"的坚定践行者，推进党史学习教育总结巩固拓展工作，持续把学习成果转化为工作动力和成效，以强烈的历史主动精神建设社会主义现代化海关。

一、深化"政治强关"建设，结合实际、措施有力，扎实推动党史学习教育

西宁海关坚持把党史学习教育作为一项重大政治任务，结合庆祝中国共产党成立100周年，深入学习贯彻习近平总书记在党史学习教育动员大会上的重要讲话精神，落实党中央决策部署，按照总署党委要求，在总署党史学习教育第四巡回指导组的有力指导下，采取"五抓五学"方式，坚持打造"红色体验、情景再现、经典分享、知识竞赛、专题研讨、精品党日、联学联建、新媒传送"八位一体的"党史学习教育矩阵"，努力做到党史学习教育有特色、有载体、有平台，达到了学党史、悟思想、办实事、开新局的目的。

（一）抓住学习引领，学出政治"三力"，有力推进"政治强关"建设。

党史学习教育期间，西宁海关将深入学习贯彻习近平总书记重要讲话和重要指示批示精神作为党史学习教育的核心内容、"两个维护"的具体体现。第一时间

根据总署党委关于党史学习教育相关要求，召开专题会议，聚焦6个环节，细化18项工作举措，研究制订《实施方案》《工作安排》，建立运转高效的领导机制和衔接配套的工作机制。重点围绕习近平总书记在党史学习教育动员大会、庆祝中国共产党成立100周年大会、党的十九届六中全会上的重要讲话精神，突出党委及时学、党委中心组深入学、基层党支部普遍学的"三学"机制，组织党委理论学习中心组学习17次，专题读书班、学习班8次，专家集中授课辅导4次，专题研讨8次，持续推动党员干部深刻感悟习近平新时代中国特色社会主义思想伟力，准确把握党史学习教育根本遵循，全面领会党的十九届六中全会精神的核心要义、精神实质、丰富内涵、实践要求，确保党史学习教育走深走实走心。

（二）抓好统筹兼顾，学出知行合一，努力打造关区"精品工程"。

相继开展"红色云游线上打卡""'声'入人心学党史音乐党课""飞花令党史接龙""红色经典分享"等16次精品主题党日活动，主题鲜明、形式多样、内容精致、特色突出的精品主题党日活动成为全面推进基层党建高质量发展的重要抓手。抓实基层党组织"三会一课"，强化党委书记、党支部书记、普通党员讲党课三个维度的有机串联，精编"天空之镜下的接力棒"等微党课10余个，开创形成"党史天天学、党课人人讲"等精品党课学习模式。组织党员干部参加海关e课堂、博雅讲堂、"学史·铸魂"红色讲坛以及党史学习教育专题培训班，教育引导广大党员干部心有忠诚、行有方向。关党委委员开展讲党课8次，各级党组织书记、优秀党务工作者、优秀共产党员以及普通党员多层次宣讲56次，确保党史学习教育覆盖率达到100%。高质量开好专题组织生活会，党员干部畅谈思想认识，交流学习体会，检视问题不足，剖析根本原因，明确整改措施，推动党史学习教育成效不断转为工作实效。

▲2021年6月9日，西宁海关举办"声"入人心党史学习特色音乐党课

（三）抓实关键环节，学出担当精神，展现敢为人先、奋勇争先的主动作为。

将党史学习教育与深入学习贯彻习近平总书记对海关工作的重要指示批示精神，与扎实落实习近平总书记提出的"深入推进青藏高原生态保护和高质量发展"的重大要求结合起来，融会贯通，学思践悟。第一时间向总署党委、青海省政府报送《西宁海关关于学习贯彻习近平总书记来青考察重要讲话精神的报告》《海关支持和服务青藏高原生态保护和高质量发展的重点措施》。6名党委委员牵头开展专题调研，密集形成《在"四地"建设中精准发力推动青海经济高质量发展》等15篇调研报告，并持续推进成果转化。深入实施"三最"响应机制，切实解决服务群众最直接的问题、业务办理最根本的问题、改革攻坚最前沿的问题，着力打造"党建+我为群众办实事"工作品牌，有效实现党建与业务的相融共进。西宁海关党委确立并完成25项53条重点民生项目；三个隶属海关党委确立并完成29项89条重点民生项目。落实总署"边关22条"，启动格尔木海关职工周转房建设，改善边关干部职工住房条件；实施八一路办公区旧办公楼改造、海湖大道办公区防滑步道等项目；为两个办公区加装净水机13台；为老干部居住集中的家属楼协调安装保暖层等，切实把总署党委对基层的关心关爱落到实处。

（四）抓紧精神传承，学出初心使命，稳步打造"高原海关精神高地"。

坚持将党史学习教育与学习挖掘海关发展史、西宁海关成长史结合起来，大力发扬红色传统和高原海关精神，不断激发广大党员干部奋斗热情和奋进精神。开展"党旗在基层一线高高飘扬""永远跟党走"活动，"七一"前为3名离退休老干部颁发"光荣在党50年"纪念章。关区1名同志获评"青海省优秀党务工作者"荣誉称号，2名同志分别获评"青海省直属机关工委优秀共产党员""青海省直属机关工委优秀党务工作者"荣誉称号，西海海关业务一科党支部获评"青海省直属机关工委先进基层党组织"荣誉称号；评选表彰关区"两优一先"，激励各级党组织和广大党员坚定信念、对党忠诚、履职尽责、奋发有为。用活红色资源，赓续精神血脉，在格尔木"将军楼"、西路军纪念馆以实地情景式党史学习教育，感悟"两路精神""西路军浴血奋战历史"，增强现场教学的体验性。用心用力用情创建"高原海关精神高地"，3个隶属海关均成功创建"高原青年文明号"。加强宣传引导，在"夏都金钥匙"微信公众号、西宁海关门户网站开设党史学习教育专栏，搭建交流平台，总结推广典型经验做法，16篇信息被中央及地方媒体报道，"学习强国"、总署《金钥匙》杂志、《青海日报》等媒体多次报道西宁海关做法成效。

▲2021年5月26日，西宁海关组织关警员参观西路军纪念馆，并向西路军烈士敬献花篮

（五）抓牢纪律教育，学出严明作风，确保"治慵治懒治散"取得明显成效。

深入推进全面从严治党，持续精准整治"慵懒散"作风顽疾，以更高标准锻造"政治坚定、业务精通、令行禁止、担当奉献"的准军事化纪律部队。开展党委理论学习中心组（扩大）党建工作暨警示教育月专题读书班，传达学习总署党建专题培训会精神和典型案例，督促以案为鉴、以权明责。结合巡视巡察上下联动，召开关区党建工作暨党风廉政工作专题会，不遮不掩、直面问题，通报关区党风廉政建设工作、党建工作短板弱项，督促整改落实工作走深走实。统筹推进纪律监督、派驻监督、巡察监督、审计监督协同贯通，对12个单位、部门开展政治巡察，巡察覆盖率提升至80%，查发问题130余项，建立巡察整改评估机制，推进共性问题"一体解决"，个性问题"定点突破"，立行立改率达到93%。扎实落实准军事化纪律部队建设要求，常态化开展内务督察，组织开展"内务规范示范课"在线宣讲，进一步提升关警员对准军建设要求的直观感受和思想认识。

二、突出学习成果转化，实干为先、精准发力，有效推动党史学习教育取得成效

在全党开展党史学习教育，是以习近平同志为核心的党中央立足百年党史新起点、着眼开创事业发展新局面作出的一项重大战略决策。2021年，西宁海关广大党员干部深刻领悟我们党百年奋斗的光辉历程、伟大成就和历史经验，经受了全面深刻的政治教育、思想淬炼、精神洗礼，历史自信明显提升、党组织活力明显增强。

（一）坚持"实"字当头，做到学习党的历史与感悟思想伟力相统一。

通过党史学习教育，广大党员干部深刻感悟"两个确立"是我们党百年奋斗伟大实践得出的重大历史结论，是党的十八大以来最重要的政治成果，对新时代党和国家事业发展、对推进中华民族伟大复兴具有决定性意义。作为把守高原国门的海关队伍，深刻认识到海关作为政治机关，要将"政治强关"建设摆在首位，在学史明理、学史增信、学史崇德、学史力行中，坚定理想信念、筑牢初心使命，不断提升"政治三力"，更加坚定自觉地将捍卫"两个确立"内化于心、做到"两个维护"融入血脉，使维护意识更牢、维护能力更强、维护效果更实。在党史学习教育开展过程中，西宁海关从制度层面常态化坚持"第一议题"，完善学习贯彻习近平总书记重要指示批示精神和党中央重大决策部署任务分工、督促检查、情况通报、监督问责等机制。贯彻落实好习近平总书记关于口岸新冠肺炎疫情防控、打击象牙等濒危动植物及其制品走私、打击洋垃圾走私等重要指示批示精神。增强"四个意识"、坚定"四个自信"、做到"两个维护",在政治立场、政治方向、政治道路上同以习近平同志为核心的党中央保持高度一致。

(二)坚持"准"字发力,做到对标对表与立足实际相统一。

通过党史学习教育,广大党员干部从党的辉煌成就、艰辛历程、历史经验、优良传统中汲取精神滋养,深刻感悟到走好新赶考之路必须牢记初心使命,勇于担当作为。一年来,西宁海关紧紧围绕习近平总书记对海关工作的重要指示批示精神,把党史学习教育同推动业务工作紧密结合起来,同习近平总书记在视察青海时提出的"推进青藏高原生态保护和高质量发展"重大要求结合起来,真正做到联系实际学、结合实践悟、融入工作用,使思维方式和精神世界更好适应时代需要。实施"精品工程""十大工程",实现了"单项创精品,综合创一流"的工作目标,解决基层突出问题100余项,重点项目完成率超90%。持续推动"强基提质工程",深入推进"四强"党支部建设,巩固"治慵治懒治散"专项活动整治成果,深化"高原海关精神"新内涵,关区23个党支部实现"一支部一品牌""一支一特色"党建工作法全覆盖。强化监管优化服务,筑牢高原国门生物安全屏障,西宁综合保税区建设顺利验收,曹家堡保税物流中心健康发展,中欧班列常态化开行。在服务构建新发展格局中,西宁海关主动助力青海生态文明建设,服务青海高质量发展、高水平开放,党史学习教育成果已转化为工作成效,为走好赶考之路提供了强大动力。

(三)坚持"干"字为要,做到为民办实事与促进高质量发展相统一。

通过党史学习教育,广大党员干部深刻感悟到"江山就是人民、人民就是江山",深刻认识到海关工作必须站稳人民立场,坚持把关服务为人民,把企业和群众的利益放在第一位,从最突出的问题抓起,及时纾解"痛点"、打通"堵点"。在党史学习教育中,西宁海关把"我为群众办实事"实践活动作为党史学习教育的基本着力点,着力打造"党建+"工作品牌,持续擦亮"海关进农牧区"这一"我为群众办实事"实践活动品牌。主动对接奶制品企业,通过实施"监督抽检+现场查验+企业核查"等监督管理措施,提供"量身定制"式种牛种源减免税政策宣讲和业务指导,提升奶制品质量;开展唐卡税政调研,提高唐卡出口退税,将唐卡出口退税率从0%提高到13%的建议被总署关税征管司采纳;建立1张清单5项机制,实时跟进落实成效,力促青海民族地区特色产业发展等系列举措,推动"我为群众办实事"实践活动取得实效。例如:1—12月,地毯出口增长31.7%,农产品出口增长54.7%,其中,冻鳟鱼出口增长6.2倍;冬虫夏草增长48%。"海关进农牧区""破解金属锂出口难题"2个项目分别入选第三批、第四批总署"百佳项目",在担当作为中使企业有了实实在在的获得感。

开展党史学习教育是党的政治生活中的一件大事,必须强化政治统领,深入学习贯彻习近平总书记重要讲话和重要指示批示精神,把准学习教育正确政治方向,树立正确党史观,确保取得良好的政治效果。必须坚持领导带领,形成一级抓一级,层层抓落实的工作格局,抓好"关键少数"和青年干部两个重点,不断扩大学习成效,有力推动党史学习教育落地见效。必须坚持创新引领,继承党的十八大以来历次集中性学习教育活动好经验、好做法,创新形式载体,确保"规定动作"做到位,"自选动作"创特色,不断提高教育活动整体效果。必须坚持提升本领,结合实际、立足本职,与海关工作面临的形势任务和正在做的事情结合起来,推动高质量发展、高水平开放,不断开创社会主义现代化海关建设新局面。

三、巩固拓展学习成果,明确方向,立行立改,建立完善党史学习教育长效机制

党史学习教育是一项长期的政治任务,西宁海关全体党员干部要深入学习贯彻党的十九届六中全会精神,运用好党史学习教育的经验做法,建立常态化、长效化制度机制,不断巩固拓展党史学习教育成果,以强烈的历史主动精神奋进新征程、建功新时代。

(一)要捍卫"两个确立"、做到"两个维护"。

胸怀"国之大者",把习近平总书记重要指示批示精神和考察青海的重要讲话精神铭记在心、外化于行,坚持"第一议题"制度,完善上下贯通、执行有力的抓落实工作机制,把习近平总书记的重要指示批示精神有效转化为关区的生动实践、实际行动和现实图景,用行动诠释忠诚和担当。持续深化"政治强关"建设往深里走,抓好党的十九届六中全会精神系统培训,推动基层党组织和广大党员干部树牢政治机关意识,把习近平新时代中国特色社会主义思想作为强大思想武器,不断提高政治判断力、政治领悟力、政治执行力,切实把讲政治落实到海关工作各领域、全过程。推动形成党史学习教育常态化长效化制度机制,融入日常、抓在经常,不断厚植历史自信,树立正确党史观,赓续精神血脉,在感悟精神伟力中强志气、壮骨气、厚底气,奋力建设社会主义现代化海关。

(二)要深入践行人民海关为人民的理念,努力在为民服务办实事上取得更大成效。

坚持民心是最大的政治,站在人民立场想问题、办事情,坚持"人民海关为人民",持续优化口岸营商环境,推进"放管服"改革,出台更多支持企业发展的有力举措。总结提炼"党建+我为群众办实事"实践活动的好经验、好做法,完善

"海关进农牧区"长效机制,用心用情用力为企业群众办实事解难题,不断提升人民群众的获得感、幸福感和安全感。扎实推进巩固脱贫攻坚成果与乡村振兴有效衔接,加大机关、隶属单位基层支部联点帮扶力度,确保帮扶政策落地见效。进一步改进关党委委员下基层调研工作,察实情、讲感情、办实事,走好新时代群众路线,优化资源配置,协调推进工作,持续深化"十大工程",解决好关区干部职工面临的实际困难和问题,为基层减负担送温暖。

(三)要弘扬踔厉奋发、笃行不怠的斗志,推进青藏高原生态保护和高质量发展。

更加坚定地践行党的宗旨,全体党员干部要坚持"人民海关为人民"的理念,持续深化改革创新,推进简政放权,精简行政许可事项,出台更多支持企业发展的有力举措。贯彻落实中央经济工作会议各项部署,坚持稳字当头、稳中求进的总基调,完整、准确、全面贯彻新发展理念,统筹新冠肺炎疫情防控和促进外贸稳增长,统筹发展和安全,统筹当前和长远,发扬斗争精神,贯彻国家总体安全观,坚持科学精准做好新冠肺炎疫情防控,完善国门生物安全治理体系,严把进出口商品质量安全关,保持打私高压态势。牢固树立"绿水青山就是金山银山、冰天雪地也是金山银山"理念,筑牢国门安全防线,切实保护好地球第三极生态安全。主动对标高标准国际贸易规则,以"三智"理念引领对外开放,做好《区域全面经济伙伴关系协定》(RCEP)实施工作,巩固压缩整体通关时间成效,以高水平对外开放促进高质量发展。学习贯彻习近平总书记在青海考察时的重要讲话精神,支持西宁综合保税区运营发展,促进格尔木国际陆港建设,推动曹家堡保税物流中心发挥效用,助推粮食、水果、木材、肉类指定监管场地申建,扩大特色农产品出口,更好服务青海"加快建设世界级盐湖产业基地,打造国家清洁能源产业高地、国际生态旅游目的地、绿色有机农畜产品输出地",不断开创海关工作新局面。

(四)要勇于自我革命,弘扬伟大建党精神,不断深化全面从严治党,打造过硬准军事化纪律部队。

全面贯彻落实新时代党的建设总要求,坚持把党的政治建设放在首位,进一步压紧压实主体责任,深入贯彻《党委(党组)落实全面从严治党主体责任规定》,完善全面从严治党主体责任检查考核制度,加强对党委"一把手"和领导班子监督,推动上级"一把手"抓好下级"一把手",使监督和被监督成为自觉。持之以恒正风肃纪反腐,落实中央八项规定及其实施细则精神,持续整治形式主义、官僚主义,健全基层减负常态化机制,深化"治慵治懒治散"专项整治活动,全面加强纪律作风建设,创建"高原海关精神高地",打造过硬准军事化纪律部队。加强"制度+科技"成果运用，深化内控机制建设，一体推进"三不腐"机制，查处各类腐败案件，着力整治群众身边腐败和不正之风，打造清廉海关。高质量推动基层党建工作，深化"四强"党支部建设，完善模范机关创建、开展党建难题攻坚、健全党建制度机制，着力破解"两张皮""灯下黑"问题，实现基层党组织全面进步、全面过硬。

（撰稿人：邹晨辰）

西宁海关学习贯彻党的十九届六中全会精神

2021年11月8日至11日，党的十九届六中全会在北京举行。全会听取和讨论了习近平总书记受中央政治局委托作的工作报告，审议通过了《中共中央关于党的百年奋斗重大成就和历史经验的决议》（以下简称《决议》），审议通过了《关于召开党的第二十次全国代表大会的决议》，习近平总书记就《中共中央关于党的百年奋斗重大成就和历史经验的决议（讨论稿）》向全会作了说明。11月16日，中共中央正式印发《决议》及习近平总书记所作的说明。

这次全会是在中国共产党成立100周年的重要历史节点，在"两个一百年"奋斗目标的历史交汇期召开的一次十分重要的会议。习近平总书记所作的工作报告，展现了十九届五中全会以来党和国家事业取得的重大成就，鼓舞士气，催人奋进。习近平总书记就《中共中央关于党的百年奋斗重大成就和历史经验的决议（讨论稿）》所作的说明，深刻阐释了《决议》起草的时代背景，为我们深刻领会和把握《决议》提供了重要遵循。全会审议通过的《决议》系统总结了党的百年奋斗重大成就，尤其是全面回顾总结了党的十八大以来党和国家事业取得的重大成就，中国共产党百年奋斗的重大历史意义和一百年来积累的宝贵历史经验，科学回答了过去我们为什么能够成功、未来我们怎样才能继续成功等一系列重大理论和现实问题，是引领我们在"两个一百年"奋斗目标历史交汇的关键节点，统一思想、凝聚共识，确保全党步调一致向前进的根本指南，是具有重要里程碑意义、深刻影响党和国家事业发展方向的纲领性文献。实践证明，党确立习近平同志党中央的核心、全党的核心地位，确立习近平新时代中国特色社会主义思想的指导地位，反映了全党全军全国各族人民共同心愿，对新时代党和国家事业发展、对推进中华民族伟大复兴历史进程具有决定性意义。

一、党委高度重视，迅速就学习贯彻工作作出安排

2021年11月12日，西宁海关召开党

委会议，专题传达学习党的十九届六中全会精神。

会议认为，党的十九届六中全会是在中国共产党成立100周年的重要历史节点，在"两个一百年"奋斗目标的历史交汇期召开的一次十分重要的会议。全会审议通过的《决议》系统总结了党的百年奋斗的重大成就，尤其是全面回顾总结了党的十八大以来党和国家事业取得的重大成就，中国共产党百年奋斗的重大历史意义和一百年来积累的宝贵历史经验，是引领我们在"两个一百年"奋斗目标的历史交汇的关键节点，统一思想、凝聚共识，确保全党步调一致向前进的根本指南，是具有里程碑意义、深刻影响党和国家事业发展方向的纲领性文献。全会提出的"两个确立"对新时代党和国家事业发展、对推进中华民族伟大复兴历史进程具有决定性意义。

会议要求，一是各单位、部门要把学习贯彻全会精神作为当前和今后一个时期重要的政治任务，按照总署党委和青海省委的工作要求，组织开展全面、系统、深入的学习宣传，与党史学习教育融会贯通，准确理解和把握全会精神，以增强"四个意识"的自觉、坚定"四个自信"的主动、做到"两个维护"的忠诚，切实把思想和行动统一到全会精神上来，迅速掀起学习宣传贯彻的热潮。二是坚持和发扬理论联系实际的优良作风，学习贯彻党的十九届六中全会精神同贯彻习近平总书记对青海工作的重大要求结合起来，同做好当前重点工作结合起来，深入分析关区监管服务面临的新挑战、新要求，认清形势，理清思路，明确目标，找准工作的发力点，全面落实推动高质量发展的部署要求，以咬定青山不放松的执着奋力推进青海高水平开放。三是保持行百里者半九十的清醒，全面加强党的建设，推进政治强关建设，从政治上观察和处理问题、谋划工作，确保正确的政治方向。深化"强基提质工程"，抓好党支部标准化规范化建设，打造坚强战斗堡垒，引导广大党员干部在口岸疫情防控、维护国门安全、优化口岸营商环境等重大任务中，践行初心使命，埋头苦干、勇毅前行，在新时代新征程中创造海关人新的更大业绩。四是做好全年收尾工作，各单位、部门要对各项工作任务落实情况进行一次全面的梳理总结，查缺补漏、抓紧推进，以最大努力争取年度目标任务最好结果。扎实做好巡视、审计整改工作，不断强化基础、规范作业、提升效能，开展"我为群众办实事"实践活动，解决好基层实际困难，推动基层基础工作全面过硬。

在此基础上，西宁海关学习贯彻党的十九届六中全会精神，开好精品读书班、研讨班、学习班，组织党委中心学习组（扩大）会议进行专题研讨，举行十九届六中全会精神主题党日，由支部书记代表分专题进行领学，汇报学习体会。强化党委书记、党支部书记、普通党员讲党课三个维度的有机串联，将十九届六中全会精神的学习教育由"书本学"变"研讨学"，由"一人讲"变"大家讲"。

二、将学习贯彻党的十九届六中全会精神与学习贯彻习近平总书记在青海考察时的重要讲话精神紧密结合起来

西宁海关把学习宣传贯彻全会精神作为重要的政治任务，以全会精神武装头脑、指导实践、推动工作，深入推进政治建关、改革强关、依法把关、科技兴关、从严治关，强化监管优化服务，确保全会精神得到落实。与此同时，将持续学习贯彻习近平总书记在青海考察时的重要讲话紧密结合起来，围绕海关职能作用发挥，维护国门安全，助力青海"四地"建设（将青海省建设成为世界级盐湖产业基地、国家清洁能源产业高地、国际生态旅游目的地、绿色有机农畜产品输出地），统筹推进疫情防控和青海外向型经济高质量发展等方面提出了有益的工作措施。

一是围绕"保护好青海生态环境，是'国之大者'，要牢固树立绿水青山就是金山银山理念，切实保护好地球第三极生态"重大要求，西宁海关立足青海"三个最大"省情定位，从更高政治站位认识和理解青海生态地位的独特性、重要性和全局性，找准海关在筑牢"大美青海"生态屏障中的职责定位。实施动植物疫情和外来入侵物种监测预警工程，深入开展"国门绿盾2021"专项行动，严厉打击非法引进外来物种、非法寄递或携带种子苗木等行为。与青海省林业和草原局签订《关于加强林业生态安全促进青海省林业高质量发展合作备忘录》，深化交流合作、联防联控。用好总署实验室能力提升专项资金，加快实验室提档升级，增强国家级重点实验室及区域中心实验室技术能力，加速推动动植物实验室建设，切实做到检得出、检得快、检得准。

二是围绕"要毫不放松抓好常态化疫情防控，有效遏制重特大安全生产事故"重大要求，西宁海关慎终如始做好"外防输入、内防反弹"工作，毫不松懈抓好口岸常态化疫情防控，持续提升口岸核心能力，推进口岸智慧卫生检疫平台建设，严格落实各项入境卫生检疫措施和安全防护要求，严防埃博拉、拉沙热等口岸重点传染病疫情叠加，牢牢守住疫情防控持续向好形势。贯彻落实习近平总书记关于安全生产重要论述，落实国务院关于安全生产工作部署，按照总署工作要求，对关区各类监管场所、实验室、办公场所等进行全面安全排查，重点排查进出口危险化学品安全监管风险隐患，严格执行安全生产有关规定，切实履行安全管理责任，防止发生各类安全事故。

三是围绕"要贯彻落实党中央关于新时代推进西部大开发形成新格局、推动共建'一带一路'高质量发展的战略部署，主动对接长江经济带发展、黄河流域生态保护和高质量发展等重大战略，增强经济发展内生动力"重大要求，谋划助力青海对外开放平台建设发展，继续高度关注和大力支持西宁综合保税区的建设发展，全面支持西宁、海东跨境电商综合试验区发展，研究出台推进青海省跨境电商高质量发展的意见。加大调查研究力度，完成青海曹家堡保税物流中心（B型）"活起来"课题研究，支持西宁航空口岸开通货运航线和增开国际客运航线，推动青海曹家堡保税物流中心（B型）和航空口岸联动发展，加快服务区内产业规划起步升级，助力企业更好融入"双循环"，拓展"两个市场"。支持格尔木市作为"一带一路"枢纽型节点城市充分发挥带动作用，完成《海关视野中的格尔木国际陆港建设》课题研究，进一步助力建设国内一流陆港，创新口岸与陆港联动监管模式，力求实现口岸业务功能延伸至陆港。与口岸探索开展双向预机检作业，支持中欧班列本地化运营，完成首列"中尼"班列的监管工作。加强与西部陆海新通道区域海关的联系，探索与中欧班列多程转关的必要性及实现路径，力求推进西部陆海新通道与中欧班列的有效衔接。

四是围绕"要立足高原特有资源禀赋，培育新兴产业，加快建设世界级盐湖产业基地，打造国家清洁能源产业高地、国际生态旅游目的地、绿色有机农畜产品输出地"重大要求，完成《在"四地"建设中精准发力，推动青海经济高质量发展》课题研究。对接重大项目大型设备进口，靠前指导，提前预审，提供通关便利服务。帮扶唐卡、青绣等特色民族手工业发展，以特色文化产业带动特色旅游业发展。用好农牧业发展资金，持续助力青海有机枸杞品牌建设，发挥关区国家检测重点实验室技术优势和枸杞、藏毯技术性贸易措施研究评议基地效用，加强技贸措施应对，切实为更多"青"字号产品走向世界保驾护航。

五是围绕"要推动巩固拓展脱贫攻坚成果同乡村振兴有效衔接，加强农畜产品标准化、绿色化生产，做大做强有机特色产业，实施乡村建设行动，改善农村人居环境，提升农牧民素质，繁荣农牧区文化"重大要求，西宁海关持续深化"海关进农牧区"品牌，开展《如何做好青海有机农畜产品的品牌建设》《青海省农牧区外贸发展的问题与建议》等课题研究，挖掘地区外贸发展潜力，实现"一企一策"精准服务，有效帮扶中藏药材、有机牛羊肉等特色优势产品扩大出口。指导企业建立健全可追溯质量安全管理体系，推动青海枸杞、沙棘、蜂蜜、冷水鱼、牛羊肉等特色农畜产品优化质量，促进内外贸产品"同线同标同质"，提升出口质量安全示范区效能。培育藏毯、枸杞等出口优势产业，加大设备引进、出口申报、原产地证书签发等环节指导帮扶力度，协调解决企业通关中遇到的难题，以特色产业滋养优质企业，以企业发展带动产业提升。牢牢把巩固拓展脱贫攻坚成果同乡村振兴、绿色发展有效衔接，不断探索实践出一条人与自然和谐发展的生态脱贫、乡村振兴之路，努力引领特色农牧业、民族手工业、生态旅游业成为青藏高原的绿色产业、开放支点和富民方向。

六是围绕"青海是稳疆固藏的战略要地，要全面贯彻新时代党的治藏方略，承担起主体责任"重大要求，维护国家政治安全，落实好口岸风险管控联防联控工作机制，强化口岸监管环节反恐维稳，保持高压打私态势，主动加强与公安机关、国家安全等部门协调配合、联合行动，打击各类违禁品进境，捍卫国家政权安全、制度安全、意识形态安全。

七是围绕"要以有效举措落实以人民为中心的发展思想，实现生态保护和民生保障相协调"重大要求，西宁海关坚持一切从人民群众的需求出发，履行海关职能，切实把人民群众的利益维护好、保障好。支持关注涉及民生的重大项目建设，为进口设备提供便捷通关服务，促进项目及早开工投产。支持水果、肉类、木材、粮食等海关指定监管场地申建，开设"鲜活货物绿色通道"，实施"即到即查、即查即放"等便捷服务。深化进口食品"国门守护"行动，落实食品安全"四个最严"要求，加强进出口食品化妆品监督抽检、风险监测和重点敏感商品监管，保证人民群众吃得放心、用得安心。加强海关知识产权保护力度，打击侵权盗版、假冒伪劣，消除危害人民群众生产生活的安全隐患。

三、以党的十九届六中全会精神为引领，进一步明确新一届党委班子的工作思路

新一届党委班子提出，在历届关党委打下的坚实基础上，带领和团结全关干部职工，脚踏实地干工作、守正创新开新局，不断推动关区事业更好向前发展。

（一）讲政治、担使命，奋进新征程，坚定不移捍卫"两个确立"，做到"两个维护"。

党的二十大召开，需要保持平稳健康的经济环境、国泰民安的社会环境、风清气正的政治环境，做好2021年工作责任重大、意义深远。要心怀"国之大者"，更加自觉讲政治，海关是政治机关，是准军事化纪律部队，必须旗帜鲜明讲政治，着力形成从政治层面强化业务工作的自觉，善于从政治和大局高度审视海关工作，切实把讲政治从外部要求转化为内在主动，把习近平总书记的重要指示批示精神牢记在心上、落实在行动上、体现在成效上。要立足发展大局，更加自觉勇担当，立足海关事业发展大局，坚持稳中求进工作总基调，注重从全局看问题、想问题，注重从细节抓工作、促落实，做到思想认识上"致广大"，担当任事上"尽精微"，在建设社会主义现代化海关的具体实践中贡献西宁海关力量，做到既为一域争光、更为全局添彩。要坚定历史自信，更加自觉开新局，把学习贯彻习近平新时代中国特色社会主义思想作为首要政治任务，巩固拓

展党史学习教育成果，弘扬伟大建党精神，强化历史担当。

（二）讲政治、担使命，奋进新征程，坚定不移强化监管、优化服务。

习近平总书记指出，推动高质量发展，要坚持统筹发展和安全，在发展中更多考虑安全因素，努力实现发展和安全的动态平衡。坚持人民海关为人民的理念，牢记宗旨意识，执法为民、执法利民，巩固深化"我为群众办实事"实践活动的长效机制，切实解决服务群众最直接的问题、业务办理最根本的问题、改革攻坚最前沿的问题，增强人民群众的获得感、幸福感、安全感。坚持改革创新，坚持系统思维，围绕总署工作要求，把握推动改革的时度效，既要全面落实全国海关改革的规定动作，又要在总署的要求下做好改革的自选动作，不断增强发展动力、提升发展质效。坚持守住监管底线，落实总体国家安全观，牢记监管是海关最基本、最重要的职责，更好发挥海关职能职责优势，立足青海"三个最大"省情定位和"三个更加重要"安全地位，有效应对和化解各种风险挑战，加强监管体系和能力建设，有力维护高原国门安全。坚持稳外贸促发展，坚持稳字当头、稳中求进，落实"六稳""六保"部署，主动作为、精准施策，提升出口质量，支持扩大进口，努力打造高水平开放平台，推动外贸实现质的稳步提升和量的合理增长，服务共建"一带一路"，助力青海"四地"建设。

（三）讲政治、担使命，奋进新征程，坚定不移深入推进全面从严治党。

持续加强班子自身建设，贯彻民主集中制，时刻以党的事业为重，承担起关键责任，发挥好关键作用，努力打造政治坚强、精诚团结、务实担当、清正廉洁的领导班子，走好新时代的赶考路。持续改进队伍作风建设，我们要以永远在路上的清醒改进作风，真正动起来、干起来、比起来、热起来，破除"等、靠、要"的思想，树立"闯、创、干"的精神，营造浓厚的干事创业氛围。持续激发年轻干部活力，正如习近平总书记指出，年轻干部生逢伟大时代，是党和国家事业发展的生力军，必须练好内功、提升修养、增强本领，努力成为可堪大用、能担重任的栋梁之才。要充分发挥关区年轻干部主力军作用，关区年轻干部要发扬"不用扬鞭自奋蹄"的精神，让越来越多的潜力变成实力，让越来越多的不能变成可能。持续坚持严的主基调，发扬斗争精神，严格纪律执行，防止滋生已经严到位、严到底的情绪，深入推进从严治关，继续深化"强基提质工程"，以过硬纪律作风锻造准军事化纪律部队，凝聚起攻坚克难、砥砺前行的强大力量。

四、深入贯彻党的十九大和十九届历次全会精神，确定2022年工作主攻方向

（一）旗帜鲜明讲政治，持续强化政治机关建设。

深入学习贯彻习近平新时代中国特色社会主义思想，不折不扣落实习近平总书记重要指示批示精神，按照总署党委部署，扎实开展捍卫"两个确立"、做到"两个维护"、强化政治机关建设专项教育活动，推动关区各级党组织和广大党员干部树牢政治机关意识，把党对海关工作的绝对领导贯彻落实到各方面、全过程。推进党史学习教育常态化长效化，开展学习党的十九届六中全会精神处级领导干部轮训和党员干部系统培训，做好迎接党的二十大宣传引导和二十大精神学习贯彻。全面加强党的领导，落实意识形态等领域工作责任制，严格执行"三重一大"事项集体决策制度，加强重大部署、重要任务、重点工作组织领导，充分发挥党委把方向、管大局、保落实的作用。

（二）全面履职尽责，维护国门安全。
不断提升风险防控效能。

推进关区业务风险一体化防控，完善内部统筹协作机制，优化重大查发现场快速响应机制，开展联合分析研判，提升风险防控的精准性，稳步提高布控查获率。加大二级风险布控力度和精准度，提高动植物疫情检出率。加强风险信息体系建设，强化大数据模型应用，加强产业链供应链风险整体评估、研判和处置，深化口岸风险联防联控。

科学精准做好口岸疫情防控。加强监测预警机制建设，强化"人、物、环境"同防，强化监督考核，及时补短板、齐弱项、固基础，确保规定动作100%落实到位。按照总署最新部署和青海省属地要求，因时因势、动态调整口岸疫情防控工作方案和应急处置预案。严格实施进口冷链食品、农产品、高风险非冷链集装箱货物监测检测和预防性消毒工作，稳妥做好后续处置。持续加强内部防控，常态化开展专题培训和实战演练，提升应急处置能力。同步做好其他重大传染病口岸防控，参与联防联控，大力推进口岸公共卫生核心能力建设，加强抗疫人员、抗疫物资财务保障，提升实验室检测能力，有效应对处置重大疫情和突发公共卫生事件。

持续做好国门生物安全防范。贯彻落实习近平总书记关于生物生态安全防范和保护工作的重要指示批示精神，确保海关工作任务落实到位。强化动植物疫情疫病风险监测和预警，推进智慧动植检建设。用足用好进出境动植物检疫能力提升项目资金，加大科技投入，加快推进口岸初筛鉴定室建设，实现口岸初筛检查鉴定覆盖率和远程鉴定系统覆盖率达到70%，强化一线检疫人员的业务能力，提高动植物疫情疫病检出率。开展"国门绿盾2021"专项行动，强化外来入侵物种口岸防控，建立截获数据库，严厉打击非法引进等行为。做好入境口岸外来入侵物种普查，扎

实开展人员专业培训和岗位资质管理。在西宁海关国门生物安全展示馆成功获评"青海省党建共享阵地"基础上，争取成为青海省、西宁市科普教育基地。

落实食品安全"四个最严"要求。实施出口食品农产品安全监督抽检和风险监测计划，提高问题发现率，提升出口食品农产品企业质量安全管理水平，扩大食品农产品出口。加强进口食品源头管控，稳步推进境外食品企业全面注册工作，实施进口食品国门守护行动。严格落实进出口食品企业主体责任，严厉处罚违规行为。

严把进出口商品质量安全关。增强海关进出口商品质量安全风险管理能力，切实守住进出口商品质量安全底线。聚焦"安全卫生健康环保"要求，加强进出口重点敏感商品质量安全检验监管。推进西宁海关第三方检验结果采信工作。构建风险信息采集渠道，提升青海地区进出口商品风险评估能力。

提升税收征管质效。坚持依法科学征管，持续深化综合治税工作，做好"加法"，涵养好税源，做好"减法"，落实税收优惠政策，为企业降本增效。推广关税保证保险等便利措施。落实税收政策，聚焦国家战略、地方发展需求开展税政调研，提出税政建议。加强原产地管理，做好RCEP政策的宣介和实施工作。

切实加强口岸监管。进一步优化、升级关区二级监控指挥中心工作模式，推进旅客行李物品监管风险防控体系建设，加强智能化监管设备在旅检设备的配置应用，因地制宜地推进"无感通关"监管模式。依托新一代查验管理系统，实现对非高风险、风险可控检疫进口货物目的地检验检疫的无缝衔接。加强口岸环节监管查缉，强化反恐应急演练，做好维护意识形态安全和"扫黄打非"等工作。落实贸易领域限制管控措施，提升出口管制能力和水平。巩固提升安全生产专项整治三年行动成效。加强监管作业场所运行管理。大力加强知识产权海关保护工作。

强化企业管理和后续监管。深化落实海关企业信用管理制度改革，将信用管理嵌入海关监管全过程，构建以信用为基础的新型海关监管机制。深入实施以信用为基础的企业分级分类监管，继续开展"经认证的经营者"（AEO）海关高级认证企业培育。建立同地方部门常态化联系工作机制，扩大"多证合一"覆盖面和应用率，进一步降低企业制度交易成本。深化以"查发为导向"的稽查工作理念，加大拓宽涉检、涉税领域稽查覆盖面，开展跨关区稽查行动，加强贸易调查，提高查发率和办案水平。强化属地查检，规范执法作业。统筹推进"多查合一"。

持续保持反走私高压态势。贯彻落实全国海关缉私工作暨打私主任会议工作部署，严格履行海关打私职责，扎实开展"国门利剑2021"联合行动，进一步提升全员打私整体效能。强化缉私执法规范化建设，持续推进"智慧缉私"，大力提高办案质效，着力加强缉私专业能力建设。深化青海省打击走私综合治理工作，完善考核机制，推进打私综合治理提质增效。

（三）服务构建新发展格局，主动服务高水平对外开放。

促进对外开放平台高质量发展。贯彻落实《国务院关于促进综合保税区高水平开放高质量发展若干意见》，推进自贸试验区海关监管制度复制推广。立足省情实际，加强政策指导，强化监管、优化服务，助力西宁综合保税区高质量发展。提高保税物流中心海关管理效能，深入推进曹家堡保税物流中心业务拓展，推动跨境电商零售进出口业务发展，支持利用通关一体化模式拓展粮食、肉类、木材等保税仓储业务，开展进口商品保税展示，助推与机场口岸业务的联动发展。支持西宁双寨铁路货运中心进境粮食指定监管场地申建、格尔木国际陆港建设、中欧班列、南亚班列常态化开行、西部陆海贸易新通道建设等重点项目。发挥海关职能优势，加强政策研究，精准提出意见建议，助推青海开放型经济发展。

促进青海特色产业高质量发展。充分发挥统计分析和政研组的作用，做好特色产品出口监测预警，为特色产业发展建言献策。找准海关工作切入点，在"四地"建设中精准发力，全方位、多角度扶持特色产业高质量发展。讲好"净土青海、天然农牧"品牌故事，"一企一策"指导更多的绿色有机农畜产品按照绿色有机标准种植、养殖，帮助更多的农畜产品生产企业在国外注册。指导企业建立健全可追溯质量安全管理体系，推动青海枸杞、沙棘、蜂蜜、冷水鱼、牛羊肉等特色农畜产品提高质量；充分发挥枸杞、藏毯技术性贸易措施研究评议基地作用，强化知识产权海关保护力度，助力特色农产品扩大出口，支持藏毯、唐卡、青绣等民族传统文化产业发展，切实为更多"青"字号产品走向世界保驾护航。帮助企业完善信用保障体系，使更多的企业获得"经认证的经营者"（AEO）互认，享受更多便利通关措施。

促进产业转型升级高质量发展。对接青海盐湖产业、清洁能源产业、特色农畜业等重大项目建设，助力先进技术装备、种质资源等进口，靠前帮扶，提前介入，为重大装备引进在通关进口、检验检疫、减免税审核确认及下游产品出口提供全程政策指导和通关便利服务。帮助盐湖化工产品生产企业按照国际标准规范生产，提升产品标准和质量，推动国际质量、环境等管理体系认证，引导企业获取通往国际市场的"通行证"。以金属锂等为突破口，利用海关职能优势助力新材料、新能源及重大项目引进规划建设。服务青海会展经济，扩大青海对外开放。

持续优化口岸营商环境。深化"放管服"改革，深化"单一窗口"应用，落实精简行政许可事项，全面推广"多证合一""双随机、一公开"等海关各项便利化改革，创新监管模式，努力做到监管效能最大化、监管成本最优化、对市场主体干扰最小化。对标国际国内先进水平，不断加强报关单整体通关时间监控，巩固压缩整体通关时间成效，配合做好青海省口岸营商环境评估工作。充分发挥海关国内国际双循环相互促进重要交汇节点作用，推进更大范围、更宽领域、更深层次对外开放，促进国内国际双循环顺畅联通。依法精简进出口环节审批事项和进出口环节单证及证明材料，简化企业注册备案流程。优化通关流程，推动进出口环节监管证件和通关物流类单据单证电子化无纸化。推动口岸检疫处理工作合规化。

（四）不断激发内生动力，全面深化改革创新。

加强法治体系建设。发挥法治引领和规范化作用，做好疫情防控和促进外贸稳增长法治保障，编制权责清单。持续推进行政执法"三项制度"（行政执法公示制度、行政执法全过程记录制度、重大执法决定法制审核制度）的落实，健全关区"三项制度"工作机制。充分发挥隶属海关法治工作作用，在关区形成上下联动、紧密协作的法治共建格局。常态化开展制度"立改废"，持续推动制度体系建设，为改革创新筑牢制度基础。做好行政复议应诉工作，更好发挥公职律师作用。加强法治宣传教育和法治文化建设。

持续深入推进海关业务改革。推动全国通关一体化向海关全业务领域一体化拓展，大力提升检查异常处置效率，持续深化通关便利化改革。优化完善"业务改革问题收集反馈"工作机制，依托"问题清零"和"关企联络员"，进一步畅通关企沟通渠道，切实提升海关业务改革实效。加快推进属地查验与口岸监管、稽核查工作执法联动，高质量完成出口前监管改革。用好西部陆海新通道区域海关合作机制，推动重点业务领域跨关区协同管理。强化业务运行监控，推动实现全链条实时监控和有效预警，统筹风险整体防控和业务运行管控。

持续强化科技支撑。充分发挥关区科技委员会作用，建立西宁海关科研项目库，实现关级科研项目零的突破，申报署级科研项目，参与总署和地方科技计划项目，鼓励支持开展各种形式的科技合作，加强科技人才培养，推进科研能力提升。推进基础设施云建设，加快国产软硬件推广应用，提升自主知识产权软硬件应用能力。推广海关数字化身份安全、数据安全、应用安全、终端安全等项目应用，构建"零信任"网络安全技术体系。发挥实验室技术支撑作用，加强动植检实验室检测能力建设，加快推进保健中心实验室升级改造，提高实验室信息化管理水平。

（五）主动作为、多措并举，不断提升综合保障效能。

提高办文办会办事水平。狠抓机关效能建设，落实精文简会要求，提升工作质效。加强调查研究，提升信息报送质效。

聚焦重点工作、重大改革，拓展新闻宣传的深度和广度，力争新闻宣传取得新成绩。做好人大建议政协提案办理、值班应急、机要保密、档案管理、政务公开和信访等工作。妥善做好舆情应对处置，全面推进平安青海建设。

提高财务保障水平。把握好过"紧日子"和过好"紧日子"关系，压紧压实各单位主体责任，充分挖掘资源，盘活关区存量资金，拓宽资金收入渠道，完善预算保障机制，提升财务保障和管理质效。加大政府采购流程监督，持续规范关区政府采购行为。加强涉案财物处置，提升关区涉案财物管理水平。整合优化闲置资产，有效发挥国有资产效益。持续打造完备的关区新冠肺炎疫情防控物资保障体系。做好后勤保障工作，提升服务水平。

加大事业单位改革力度。找准事业单位发展定位，建立健全与关区事业发展相适应的机制，按照总署要求稳妥推进事业单位所属企业脱钩产权处置，探索解决事业单位财务保障问题，增强市场开拓能力，加强自身经营管理，更好地服务保障关区中心工作。

提高督察审计水平。配合国家审计工作，加大推进审计整改落实力度，压紧压实审计整改主体责任，提升整改实效。聚焦重大决策部署开展跟踪督察，创新工作模式，提高内部审计工作质效。推进海关内控体系化建设，创建推广内控科室"样板间"，加强内部控制与监督平台应用，推动各级内控主体主动落实风险防控责任，防范化解三大风险（执法风险、管理风险、廉政风险）。持续开展领导干部经济责任审计。完善海关执法评估工作模式，运用"数据+指标+分析+调研"执法评估工作模式，加快推进执法评估指标体系建设，强化执法评估结果转化应用。

（六）勇于自我革命，深入推进全面从严治党。 持续推动党建业务深度融合发展。拓展"强基提质工程"和党建品牌创建，深化"月度主题精品党日"活动，建立推进党建工作高质量发展长效机制，制定强化支部政治功能的意见措施，运用"智慧党建"系统强化日常评价和跟踪问效。加强海关文化建设，推进职工书屋建设，拓展关史馆教育引导、宣传展示的功能。发挥"工青妇"等的作用，大力开展精神文明创建工作，确保"省级文明单位标兵"申报成功，加大与兄弟海关文化共建力度。加强队伍规范化管理，深入落实准军事化纪律部队要求，抓好作风养成和经常性、实战性岗位练兵，不断锤炼队伍严谨作风和过硬本领。坚守人民情怀，持续推进乡村振兴。

加强干部队伍的选育管用。深化干部工作"五大体系"（素质培养体系、知事识人体系、选拔任用体系、从严管理体系、正向激励体系）建设，落实"好干部"标准（信念坚定、为民服务、勤政务实、敢于担当、清正廉洁），探索制定《西宁海关领导班子和领导干部政治素质考察办法》，建立政治表现纪实档案，全面提升干部政治"三力"（政治判断力、政治领悟力、政治执行力）。严格干部管理监督，特别是对各级"一把手"和领导班子的监督。深入细致做好干部工作调研，优化队伍结构和人力资源配置，加强执法一线科长队伍建设，激发队伍活力。改进方式方法持续做好干部工作，坚持"开展好每一次选任""组织好每一次培训""管理好每一本档案""测发准每一笔劳资""执行好每一次监督"的"五个一"工作法。争取援青干部机制落地，统筹总署和青海省绩效考核，强化考核引领和推动作用。用心用情做好防疫一线人员的关爱激励，用心用力做好老干部工作。

扎实推进党风廉政建设和反腐败斗争。坚持从严治党引领，严肃开展党内政治生活，坚持党委基层调研和联系点制度，严格落实"一把手"和领导班子监督责任，压紧压实各层级"两个责任"。坚持监督执纪问责，深化"四种形态"，用好"第一种形态"，一体推进"三不腐"同向发力，保持政治监督的具体化、常态化。锲而不舍纠"四风"树新风，深入整治形式主义、官僚主义顽瘴痼疾。持续拓展"制度＋科技"运用，健全工作机制、坚持源头防腐。强化警示教育震慑，建立典型案件通报分析制度，将警示教育同干部思想动态调研结合起来，深入党内生活、日常工作的方方面面，及时解决倾向性、苗头性问题。保持正风肃纪反腐政治定力，推进打私反腐"一案双查"，依规依纪依法严肃查处各类违纪违法行为，做实做细以案促改，推进精准规范问责，营造风清气正政治生态。实现巡察全覆盖，继续巩固巡视整改、专项整治成果，及时将经验做法运用到关区执法领域和非执法领域的各方面。

（撰稿人：邹晨辰）

西宁海关统筹口岸疫情防控工作

2021年，西宁海关贯彻习近平总书记重要指示批示精神，坚持"外防输入、内防反弹"总策略和"动态清零"总方针，落实党中央、国务院决策部署，按照总署党委工作要求，科学精准、严格规范实施口岸疫情防控工作，保障指挥体系高效运转，统筹推进口岸疫情防控、个人安全防护、人员调配保障等工作，织密织牢口岸疫情防控网。

一、严格执行口岸疫情防控制度

全面细化关区防疫实施方案，坚持行之有效的防控措施，不断优化常态化疫情防控机制和措施，抓紧抓实抓细常态化疫情防控工作，确保规定动作100%落实到位。下发通知类文件14份，制订更新应急预案和工作方案10份，发放《海关新冠肺炎疫情防控工作人员安全防护工作手册》3版，指导关区织密织严关区疫情防控工作。

二、针对疫情发展形势不断强化演练培训

组建关区新冠肺炎疫情防控"三级梯队"，针对性开展培训演练，全年共开展流调溯源等专题培训8期；开展关区以穿脱防护服为主的疫情防控基本技能考核2次；开展职业暴露、生物安全、接种异常反应等应急演练8次；开展进口冷链食品安全监管工作人员感染新冠肺炎情况下的内部应急处置演练1次；联合青海省卫生健康委员会等9个部门开展"西宁海关2021年度口岸新冠肺炎疫情防控应急处置联合演练"1次。

三、全面开展关区疫情防控督查工作

成立"挑毛病"专家组，通过实地走访、调取监控、调阅台账资料、现场应知应会提问等方式，针对组织保障、口岸疫情防控、进口货物监测检测和预防性消毒监督、实验室检测、安全防护、区域设置和污染控制、海关内部防控7个方面扎实开展口岸新冠肺炎疫情防控专项检查及"回头看"。共开展各类督导检查14次，为下一步科学、规范和高效做好口岸新冠肺炎疫情防控处置工作打下坚实基础。

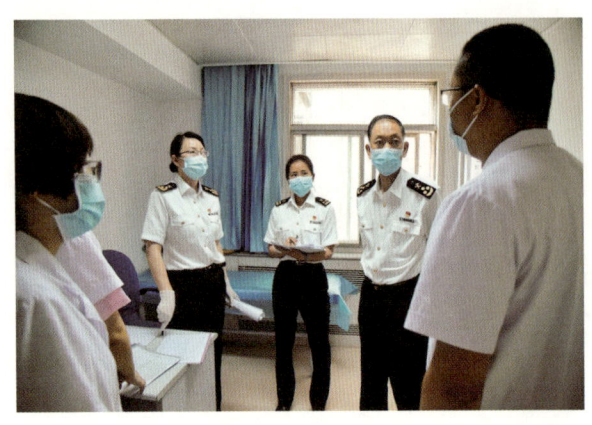

▲2021年8月11日,西宁海关开展新冠肺炎疫情防控专项监督检查

四、全面抓好个人安全防护

不断完善关区"三级"安全防护监督员队伍建设,落实直属关层级卫生检疫业务条线安全防护监督员的培训考核和备案;指导3个隶属关及保健中心建立"二级"安全防护监督员队伍,并对隶属海关个人安全防护工作进行技术指导;落实好关区干部职工新冠病毒疫苗接种工作。

(撰稿人:段宵宵)

西宁海关促进外贸稳增长工作

2021年，面对多重不利因素叠加影响，西宁海关主动作为，从讲政治的高度推进各项工作，促进外贸稳增长。

一、强化业务管理，提升通关便利化水平

主动承担《区域海关支持西部陆海新通道建设》《黄河流域生态保护和高质量发展》研究项目；做好各业务系统角色运行及维护，确保运行顺畅，完成西宁海关关区H2018通关系统3.0版的切换，协调西海海关与西宁市曹家堡机场海关顺利交接海东市属地企业海关业务。针对青海省企业2020年受国外技术性贸易措施影响及中药材出口技术性贸易措施开展专项调查，撰写调查报告2篇；持续配合地方政府做好技术性贸易措施评议基地建设，向总署报送技术性贸易措施评议基地运行报告2篇；撰写《如何做好技术性贸易措施的思考》作为"三智"工作会议材料报送总署国际合作司。组织完成西宁海关2020年海关技术规范制（修）订项目申报工作，共申报项目4项，其中2项作为参与单位予以立项。印发《西宁海关关于优化口岸营商环境进一步压缩通关时间的实施方案》，运用"新海廉"系统、全景数据展示平台等手段实时监控，持续优化口岸营商环境，进一步巩固压缩通关时间成果。2021年西宁关区进口、出口整体通关时间分别为39.99小时、3.44小时，较全国平均水平仍有差距。12月当月进口整体通关时间28.18小时，对比2017年12月压缩86.76%，对比2020年12月压缩34.28%；12月当月出口整体通关时间0.01小时，对比2017年12月压缩99.93%。

二、强化服务意识，高效服务地方经济发展大局

推进关区深化"放管服"改革、优化营商环境工作，制定任务清单落实总署及青海省委省政府优化营商环境任务，参与青海省优化营商环境评价工作。立足海关职能，分析外贸形势发展变化，为青海省委省政府准确把握外贸运行情况、制定外贸领域决策提供统计服务支持。2021年赴20余家外贸企业开展实地调研，上报统计

监测预警分析文章及专题报告20余篇,其中多篇被《青海信息》《青海政务信息》和主流新闻媒体采用。为政府单位和社会公众提供相关进出口数据80余次,为地方政府及时掌握外贸情况、精准开展外贸管理工作提供数据服务。召开青海省外贸进出口情况新闻发布会2次,微信发布青海省外贸数据稿3期,图解季度外贸进出口数据,加强舆情监测,回应社会关切,正向引导社会预期,扩大海关统计的社会影响力。持续深化与地方商务、发改、工信等部门的联系配合,完成所承担服务业、供给侧结构性改革、国际性展会等省级工作任务。助推国际贸易"单一窗口"建设,青海省国际贸易"单一窗口"主要申报业务应用率、出口检验检疫申请应用覆盖率均达到100%。

三、强化综合治税,提升税收征管工作质量

落实税收政策,主动服务国家开放大局,深入挖掘税收潜力,持续深化综合治税,完成归类、审价补税。全面及时分析新冠肺炎疫情期间关区税收波动因素,制订《税收进度监控表》,强化税收进度监控和预测。开展税收形势研判,完成总署税收指导任务,2021年,西宁海关实际入库税收4,135.82万元,其中,关税388.06万元,进口环节税3,747.76万元。落实"十四五"税收优惠政策,指导隶属海关及时规范开展减免税审批,加强业务指导和宣传,确保企业及时享受政策红利,共办理《征免税确认通知书》89份,审核确认减免税货值2,789万美元,减免税款844.10万元;发挥关税职能作用,加强与兄弟海关学习交流,顺利完成关区首例行邮物品(香烟)走私案件税款计核工作。印发《西宁海关关于推进落实属地纳税人管理工作实施方案》,明确各单位部门职责分工及联系配合机制,制定《西宁海关属地纳税人管理工作细则》,指导隶属海关发挥属地优势,开展关区重点税源商品和税源企业调研,针对企业纳税信用和申报合规实施差别化税收征管,完成30家纳税企业及4家报关企业底账建账及纳税评估工作。开展关区税政调研工作,聚焦青海支柱行业、重点商品,深度挖掘企业需求,在前期广泛征求企业意见的基础上,汇总并上报唐卡税政调整建议并被总署采用。组织各隶属海关开展形式多样的《区域全面经济伙伴关系协定》(RCEP)等自贸协定宣传工作,撰写《青海省对RCEP成员进出口分析及RCEP即将生效带来外贸发展新机遇》专题报告,指导企业用足、用好原产地优惠政策,帮助企业提升竞争力。2021年,西宁海关共签发各类原产地证书539份、同比增长70%,签证金额5,816万美元、同比增长143.40%,其中,出口至RCEP成员方的货物签发原产地证书229份,货值1,898.70万美元。

四、强化统计基础，发挥好统计分析职能作用

印发《2021年西宁海关政策研究关级课题（第一批）》，按期完成15项关级课题研究工作，及时敦促各课题组加快政研成果转化，其中1篇文章发表在《青海工作》、中国西藏网、《海关政研》，4篇专报报送政府部门。全年，高质量完成《青海对外贸易发展思路的重构》《印度新冠肺炎疫情对中印贸易的影响》《青海省对外贸易发展的瓶颈与出路》3篇关级课题。印发《西宁海关加强对外贸易形势分析研究工作的通知》，形成工作合力，强化关区贸易形势分析；建立业务形势分析约稿机制，围绕国际经贸形势变化，结合关区重点进出口、重要贸易伙伴等，组织相关单位部门开展监测、分析，共下发《业务形势分析材料约稿单》17份。制订《西宁海关学习宣传贯彻〈中华人民共和国数据安全法〉实施计划》，提升全关区人员数据安全意识。定期开展业务统计系统用户授权清理和操作日志监控，特别是加强对重点岗位和敏感数据的监控，防范安全风险。严格规范管理关区业务数据使用事项，落实海关业务数据导出层级审批制度。及时提供综合数据40余次，为关区外贸调研、宏观分析及业务改革等工作提供数据支持。加大对外提供统计服务审核把关力度，从源头上确保数据安全管理零差错、无纰漏。全面梳理和评估西宁海关与青海省商务厅等8家单位签订的数据交换事项，重新签订数据合作备忘录，明确数据安全使用约束条款，确保海关数据安全可控。加大业务运行监测力度，密切跟踪货运量、集装箱等业务统计核心指标的变化情况，每月为关区形势分析及工作督查例会提供主要业务指标情况，对关区报关单量、货运量等业务变动情况进行重点分析，为业务运行监测提供依据。编制新版关区业务统计报表，更好地展现西宁关区进出口业务情况，有效服务宏观决策和海关科学管理，年内编发12期关区业务数据统计报表，满足关区内部对统计数据的基本需求。组织开展关区统计业务专题培训，夯实各隶属海关业务统计基础工作，指导隶属海关统计人员做好业务统计指标手工填报和数据审核基础工作，确保关区业务统计数据质量。每月初组织各隶属海关完成业务统计数据上报，并指导各隶属海关开展业务统计数据核查，年内共收到总署核查指令3次。充分利用系统平台指定专人坚持每日开展报关单数据审核，每月开展报关单数据质量监控系统数据比对，完成多起核查、协查事项。扎实履行统计监督及调查职能作用，加大对先导指数样本企业的服务力度，及时协调答复样本企业反映的问题和建议，引导关区样本企业按期完成12期出口先导指数问卷调查工作。遴选关区优秀研究成果，编撰《西宁海关政策研究》共13期。

五、强化监管措施，提升进出口危险品监管效能

严格按照法律法规和相关要求，做好进出口危险化学品和危险货物包装检验工作。2021年指导隶属海关检验出口危险品41批次、1,591吨、847.20万美元，检出不合格包装1批800件。开展危险品检验监管专项巡察、风险排查和督察审计工作，共计发现7项不符合项，并要求各隶属海关立行立改。制订《进出口危险化学品检验监管安全隐患排查方案》，完成8处安全隐患跟踪整改。全年组织线上、线下培训4次，印发危险品检验监管培训教材200余册，组织3期进出口危险货物及其包装检验监管资质培训考试，12人取得相关检验资质，初步满足了"双人执法、持证上岗"的危险品岗位资质的要求。对出口的金属锂、锂电池、冰晶石、二氯硅烷等危险品检验监管工作，派出业务骨干带班作业，对查发的不合格危险品进行现场教学讲解，提升了一线人员对危险品检验监管的实践操作能力。印发《西宁海关出口危险货物包装检验监管操作规范》等2项制度，下发《执法依据目录》《合格评定记录》《风险信息应对措施表》等15项规范化操作记录表单，确保作业操作制度化、长效化。

六、加大帮扶力度，有序推进开放平台建设发展

西宁海关党委高度重视西宁综合保税区建设推进工作，及时成立建设推进工作领导小组，制订工作方案，在每月形势分析及工作督查例会上研究部署相关工作，重点推进落实。主要负责人和分管关领导多次带队到建设现场开展调研指导，协调解决相关问题和困难。出台《西宁海关支持西宁综合保税区发展七项措施》，助力西宁综合保税区尽早建成运营。职能部门加强与西宁综合保税区管委会的联系沟通，定期赴建设现场开展业务指导。通过召开新闻发布会、举办政策培训班等途径大力宣传综合保税区政策。召开党委会专题研究确定综合保税区日常管理机构和人力资源配置方案，提前开展岗位培训和跟班作业，为正式验收和封关运营做好准备。2021年12月20日，西宁综合保税区顺利通过总署等八部委验收。推进曹家堡保税物流中心及跨境电商发展，主要关领导、分管关领导多次带队深入保税物流中心开展实地调研，就业务发展及海关指定

▲2021年5月25日，西宁海关联合省商务厅召开西宁综合保税区政策解读会暨招商引资宣介会

监管场地建设等方面存在的困难，同青海省商务厅、海东市政府及运营企业充分交流，实地解决网络信息安全等级保护2.0、云平台及卡口信息化建设等相关问题，促进其高质量发展。回应保税物流中心运营企业合理诉求，主要关领导亲自与总署自贸区和特殊区域发展司沟通，推动解决仓储利用率低的问题。支持新业态发展，制订下发《西宁海关跨境电商企业对企业（B2B）出口监管试点工作实施方案》，推进跨境电商企业对企业（B2B）出口监管试点工作，助力包括海外仓企业在内的跨境电商出口企业尤其是中小微企业便利通关，支持更多青海省企业"走出去"。助力青海曹家堡保税物流中心（B型）实现出口业务零的突破，2021年10月至12月出口货值2,679万元。会同青海曹家堡保税物流中心（B型）管委会组成学习调研组，赴郑州海关学习跨境电商成熟经验和做法，形成调研报告，提出开展跨境电商网购保税创新监管试点的思路。

（撰稿人：褚维辉）

优化口岸营商环境促进跨境贸易便利化

一、深化海关业务改革

出台《西宁海关贯彻落实全国深化"放管服"改革着力培育和激发市场主体活力电视电话会议精神任务分解表》，抓早抓实抓细改革举措落实落地。印发《西宁海关深化"证照分离"改革实施方案》，落实改革新政14项，取消审批1项、审批改备案2项、告知承诺1项、优化准入服务10项，进境动植物检疫审批时间由原来的20个工作日缩短到3个工作日。完成海关系统核查领域"采信第三方出具报告制度"改革试点任务，在企业监管等级综合评分较高的前提下，通过采信第三方报告的方式，核查人员可免于实地核查，核查时间缩短为半天。推进"多查合一"改革，优化核查作业流程，统筹核查指令，对涉及同一企业的多个指令，实现一次作业完成多项任务，压缩核查下厂频次，切实减轻企业负担。

二、优化口岸营商环境

印发《西宁海关关于优化口岸营商环境进一步压缩通关时间的实施方案》，运用业务系统手段实时监控，现场工作人员票票核查，持续优化口岸营商环境，进一步巩固压缩通关时间成果。深化"双随机、一公开"改革，严格按照《海关行政执法检查事项"双随机、一公开"监管实施细则（试行）》推进关区"双随机、一公开"工作开展。持续推进核查领域"双随机、一公开"联合抽查执法，加强与青海省市场监督管理局完善措施，优化联合抽查事项。持续加强政务服务"好差评"系统运用率，持续提升政务服务质量。2021年，关区共办理评价事项2件，收到评价2次，整体"好评率"100%，未评率为零。持续开展涉企收费整治工作，通过问卷调查、现场检查等形式进行全面排查，未排查到西宁海关在口岸环节存在违规收费行为。支持青海特色产品出口，开展青海出口枸杞质量安全体系及品牌建设，帮助15家枸杞出口企业申请"柴达木枸杞"地理标志保护产品的标志使用，推动青海出口枸杞产业品牌核心竞争力；

指导24家出口枸杞企业完成"有机枸杞标准化基地"认定工作，在全省范围内建立出口枸杞质量安全综合服务云平台，连续8年保持国内外"零通报"。持续开展出口地毯类商品专项风险监测和质量提升工作，利用海关技术执法优势，协助企业查找安全隐患和薄弱环节，补齐出口地毯质量标准短板。

三、创新举措固本培基

西宁海关结合"我为群众办实事"实践活动，深入开展"海关进农牧区"活动，围绕农牧区特色产业发展，把"农牧区所需"和"海关所能"相结合，延伸服务触角，深度发掘农牧区产业发展潜力，以特色产业培育优质企业，以企业发展带动产业提升，助力青海特色产品走出国门。制订完善2021年《"海关进农牧区"活动调研方案》，着眼各州地产业特色、产品特点，宣传进出口收发货人备案、出口食品生产企业备案、出口原产地证书优惠政策，开展"一州一策"精准帮扶，指导企业高效开展进出口业务。在黄南藏族自治州开展税政调研争取提高唐卡出口退税率，快速开展企业备案支持藏香产品出口；将海南藏族自治州高原冷水鱼、牛羊肉出口纳入"绿色通道"，实行"7×24小时"预约通关，推行"网上申请+证书寄递"模式，压缩检验检疫时长，稳定企业通关预期；精简进出口环节监管证件，支持果洛藏族自治州冬虫夏草出口；指导玉树藏族自治州进口肉类产品收货人建立肉类产品进口和销售记录制度，及时向企业通报进口肉类产品安全风险信息；与海北藏族自治州政府建立联合工作机制，及时解决企业遇到的问题，制订外贸业务培训计划，手把手、面对面辅导，提升企业国际市场竞争力。指导企业紧抓"绿色有机农畜产品输出地"建设机遇，依托农牧区生态资源优势，围绕增品种、提品质、创品牌，培育一批质量效益领先的产业集群，打造一批具有核心竞争力的青海品牌，创建一批有机产品认证和质量安全示范区。如对黄南藏族自治州热贡唐卡文化特色产业，引导唐卡企业结合自身产品及业务特点，创新开展出口业务，把握好各项优惠政策带来的发展机遇，结合海关职能向总署上报《西宁海关2021年税政调研报告（唐卡）》，努力争取提高唐卡出口退税。针对农牧区外贸发展滞后、外向型经济如何服务地方农牧业发展等问题，制定农牧区"一州一策"帮扶措施，开展《如何做好青海有机农畜产品的品牌建设》《青海省农牧区外贸发展的问题与建议》课题研究并形成调研报告，促进青海农牧区外贸稳步发展。

（撰稿人：郭庆斌）

西宁海关开展国门生物安全与食品安全行动

2021年，在关党委的坚强领导下，西宁海关以习近平新时代中国特色社会主义思想为指导，深入贯彻落实习近平总书记"四个最严"要求，聚焦"筑牢口岸检疫防线"，不断强化监管，持续优化服务，防控新冠肺炎疫情通过进口冷链食品输入风险，严防重大动植物疫情跨境传播和外来物种入侵，筑牢国门生物安全防线，着力推动西宁关区进出口食品和动植检工作高质量发展。

一、强化政治统领，践行"两个维护"有力有效

贯彻落实习近平总书记视察青海时的重要讲话精神，结合党史学习教育和海关工作实际，提出12条具体贯彻落实措施；根据《西宁海关党委关于印发〈学习贯彻习近平总书记来青考察重要讲话精神重点工作任务清单〉的通知》要求，开展"国门绿盾2021"专项行动及"有机农畜产品输出地""国际生态旅游目的地"建设方面的课题研究等工作。根据《农业农村部青海省人民政府共同打造青海绿色有机农畜产品输出地行动方案》要求，印发《西宁海关打造青海绿色有机农畜产品输出地任务分解工作方案》《西宁海关打造青海绿色有机农畜产品输出地2021年工作计划》，为做好打造青海绿色有机农畜产品输出地工作做出海关贡献。制订《西宁海关动植物疫情检出率专项调查研究工作实施方案》，以动植物疫情检出率为抓手，加强动植检能力提升，对1家进境水生动物隔离场企业私自处理隔离期间非正常死亡的虹鳟鱼发眼卵事件移交缉私部门，实施立案审查，切实筑牢口岸检疫防线。

二、严格落实"四个最严"要求，加强食品安全监管

西宁海关立足青海实际，对标国际食品安全标准，制订《枸杞》和《青稞米》2项食品安全地方标准；获批立项《超临界二氧化碳萃取枸杞籽油》《超临界二氧化碳萃取沙棘籽油》《黄蘑菇》《青稞面粉》4个食品安全地方标准。严格出口企业监管，对关区18家重点食品农产品企业开展出口食品企业备案核查工作，发现8家出口食品生产企业22项问题，要求企业限时整改，进一步强化出口食品农产品企业监管，确保出口食品农产品质量安全。强化进出口食品安全风险防控，对关区1批次进口非准入食品进口商及时开展核查，未发现逃漏检等行为；共8批次出口食品在"E-CIQ主干系统"中被抽中实施监督抽检，其中2批次不合格，合格率75%，对2批不合格产品给予"不准出口"的监督管理措施，全力确保出口食品农产品质量安全；2021年对关区蜂产品、枸杞干果、羊肉、冷冻虹鳟鱼4种出口食品54个样品实施风险监测，检测111项次，合格率100%。制订《西宁海关2021年食品安全宣传周活动方案》，以"尚俭崇信守护阳光下的盘中餐"为主题，开展"进口食品安全进企业""进口食品安全进机关""进口食品安全进社区"等食品安全宣传活动，在关区内问卷调查20余人次，解决进出口食品企业存在的困难11项。充分利用微信、"钉钉"等平台，采取"线上+线下""送法+""云直播"等多种宣传形式，提升宣传效果，引导公众了解进出口食品安全及口岸食品安全监管工作，营造人人参与、共治共享的良好氛围。将食品安全法等法律法规纳入"八五"普法工作，开展《中华人民共和国进出口食品安全管理办法》《中华人民共和国进口食品境外生产企业注册管理规定》的宣贯工作，利用12360海关热线、西宁海关官网平台等渠道，开展进出口食品安全普法宣传讲解。做好进出口食品安全信息报送工作，组建由西宁海关和3个隶属海关10名信息员组成的西宁海关进出口食品安全信息工作小组，明确小组成员任务分工，邀请系统内进出口食品安全信息专家进行线上培训，18名一线关员参加线上培训。

三、加强进口冷链食品疫情防控，严而又严做好"外防输入"

根据总署最新要求，及时印发《西宁海关关于进一步加强进口冷链食品口岸新冠肺炎疫情防控和人员防护工作的通知》、修订《西宁海关进口商品风险监测工作流程（第二版）》；持续每日向总署工作专班报送各项进口商品风险监测工作信息表及进口冷链食品口岸环节预防性消毒工作情况零报告共1,460份；联合7部门开展进口冷链食品新冠肺炎疫情防控应急处置演练，提升一线关员快速反应和处置能力；配合地方监管部门工作，主动与总署就进口冷链食品相关进口单证真伪性辨别等方面加强请示沟通，协助青海省市场监督管理局解决有关问题；指导西海海关赴西宁市进口冷链食品指定监管仓协助检查进口冷链食品相关单证，严防冷链食品疫情传入风险。

四、扎实开展国门生物安全监测

制定《西宁海关2021年度国门生物安全监测实施方案（植物检疫部分）》，严格按照监测计划开展入境口岸监测调查、检疫性实蝇、外来有害杂草、梨火疫病、沙漠蝗和红火蚁等高风险外来有害生物监测调查工作。

检疫性实蝇监测。在青海省境内设置实蝇监测点 50 个。监测点主要设置在西宁机场口岸、进境水果集散地、出口基地及其相关场所等实蝇传入、发生风险较大的区域内，监测时间为 2021 年 5 月 15 日至 9 月 15 日，未发现实蝇及检疫性昆虫。

外来杂草监测。2021 年，青海地区进口 1,200 吨燕麦，对每批小麦均严格按照进口粮食调运管理规定，填写《进口粮食检疫初审联系单》《进口粮食调运联系单》《进口粮食监管回执单》，对运输、储存、加工及下脚料处理进行监管，做好 300 吨进口加拿大小麦的出库工作；根据《西宁海关 2021 年度国门生物安全监测实施方案（植物检疫部分）》要求，分别于 7 月和 10 月对青海省西宁粮食储备库、青海省大通粮食储备库、青海省西宁陶家寨粮食储备库等厂区内部、卸货区域、铁路沿线及周边区域进行杂草监测，监测共出动 10 人次，对 17 个监测点进行调查，共监测到 25 科 78 种杂草，未发现外来有害杂草。

入境口岸监测调查。对西宁曹家堡国际机场口岸开展外来有害生物的监测普查工作，利用陷阱法、黑光灯法两种常规有害生物采集方法开展有害生物监测，监测时间为 2021 年 4—11 月，每季度监测 1 次，共诱捕到 90 头有害生物，未监测到检疫性外来有害生物。

梨火疫病监测。根据监测指南要求，2021 年 7 月下旬和 10 月中旬，对西宁海关辖区内的蔷薇科植物进行监测调查，重点对苹果、梨、樱桃等植物进行苹果枝枯病的调查和检测，对 300,359 份样品进行了检测，根据田间调查和实验室检测结果判定，未发现苹果枝枯病。

红火蚁和沙漠蝗监测。共在机场口岸布点 137 个，共捕获 306 头蚁类，均无入侵物种红火蚁及其类似种。2021 年 7 月至 11 月，在西宁曹家堡机场口岸和曹家堡保税物流园区（B 型）采用网捕法开展沙漠蝗疫情监测工作，共捕获蝗虫 38 头，经鉴定均为异色雏蝗，未监测到沙漠蝗。

动物疫病监测。2021 年，西宁海关共监测进境虹鳟鱼发眼卵 5 批，监测项目 6 项，检测疫病均未检出。

五、扎实开展"国门绿盾"2021 专项行动

印发《西宁海关打击非法引进外来物种和种子苗木"国门绿盾 2021"行动实施方案》《西宁海关加强外来入侵物种口岸防控工作实施方案》《西宁海关关于进一步加强外来入侵物种防控工作的通知》，强化外来物种入侵风险分析和研究，加大各渠道检查力度，充分发挥反走私综合治理作用，有效堵截外来物种非法入境渠道。2021 年全年，关区内未发生动植物种质资源引进和科研用途动植物检疫特许审批业务。因西宁无快件、跨境电商等相关业务，且西宁曹家堡国际机场口岸受新冠肺炎疫情影响，自2020年1月29日10时起暂停所有出入境国际航班，故未在旅客携带物等渠道截获外来物种和发现非法携带种子苗木行为。

六、扎实开展非洲猪瘟重大动植物疫情防控

西宁海关对西宁曹家堡机场口岸非洲猪瘟防控情况进行督查，5次赴西宁曹家堡机场海关对西宁机场职工食堂、空港酒店和T2航站楼内的西北名优小吃城3家餐饮单位（场所）的非洲猪瘟防控工作进行检查，主要对其进货单位的相关合格供方评价信息、购进猪肉及其制品的检疫合格证明及非洲猪瘟核酸检测报告、验收环节的货证是否相符、日常预防性消毒记录等进行检查，未发现问题。与青海省农业农村厅等相关部门密切配合，共同构建立体防控网络，开展非洲猪瘟防控应急处置演练，对《西宁海关进出境重大动物疫情应急处置预案》进行实战状态下的检验，及时发布世界各国非洲猪瘟疫情和俄罗斯发生古典猪瘟疫情信息22篇，督促西宁曹家堡机场海关做好相关防控工作。

七、加强省内部门间生态安全保护协作

西宁海关与青海省林业和草原局签署《关于加强林草生态安全促进青海省林草高质量发展合作备忘录》，双方就加强林业生态安全、共同防范疫情、科技合作、帮扶省内企业以及科学合理利用森林资源等方面开展广泛合作，共同推动青海省林草高水平开放高质量发展。与青海省农业农村厅、青海省自然资源厅、青海省生态环境厅以及青海省林业和草原局等部门召开动植物疫情联防联控座谈会，形成合作机制，联合印发《青海省加强外来物种入侵防控工作方案的通知》，统筹协调打击非法引进外来物种和种子苗木等重大问题。根据《关于开展青海省"清风行动"的通知（青林护〔2021〕114号）》《青海省打击破坏野生动物资源违法犯罪协调机制办公室关于开展青海省"清风行动"督导工作的函》要求，西宁海关督导组于3月24日至25日对西宁市"清风行动"的成员单位开展督导检查，全面排查大型农贸市场、花鸟市场、餐馆等场所，开展"拉网式"突击检查，重点加强对出售、购买、运输禁止食用野生动物及其制品的巡查监测。全市共出动执法人员1.50万人次、车辆2,947辆次，累计检查超市、市场、餐饮等经营主体4.60万户次，清查各类场所40处（个），办理野生动物刑事案件2起，非法收购珍贵、濒危野生动物制品案1起，非法收购珍贵、濒危野生动物案1起。共查获国家二级重点保护野生动物制品2件（藏原羊角2根），《濒危野生动植物种国际贸易公约》附录Ⅱ动物3只（墨西哥火脚捕鸟蜘蛛2只、墨西哥红膝头捕鸟蜘蛛1只）。

（撰稿人：吴妍雯 梁莉 罗瑛）

西宁海关定点帮扶及推动乡村振兴工作

2021年，西宁海关根据青海省委、省政府关于实现巩固拓展脱贫攻坚成果同乡村振兴有效衔接的安排部署，立足新发展阶段、贯彻新发展理念、构建新发展格局，坚持以人民为中心，坚持稳中求进工作总基调，大力弘扬脱贫攻坚伟大精神，继续做好巩固拓展脱贫攻坚成果同乡村振兴有效衔接各项工作。西宁海关党委派出2支由处级领导干部担任驻村书记的工作队，于2021年7月到海西州乌兰县茶卡镇所属的2个农业村——茶卡村、巴音村开展定点帮扶。4名帮扶工作人员克服海拔高、气候恶劣、生活不便等困难，与驻在村党支部、村委会、监委会密切联系，巩固完善先期工作机制，想方设法推进乡村振兴，体现了共产党员的使命担当。

一、驻在村的基本情况

（一）茶卡镇基本情况。

"茶卡"为藏语，意为"盐海之滨"。位于乌兰县城以东75千米，是柴达木盆地和海西州的"东大门"，素有"盆地第一镇""青藏高原第一驿站"之称，镇区海拔3,100米。辖2个农业村（巴音村、茶卡村）、6个牧业村（扎布寺村、巴里河滩村、乌兰哈达村、夏艾里沟村、塔拉村、那仁村）、1个社区（茶卡社区），面积1,900平方千米，户籍人口1,920户、4,623人。现有党支部13个，党员368名。耕地面积14,270亩，可利用草场面积122.21万亩，各类牲畜存栏17.25万头（只）。境内茶卡盐湖，是全国绿色食用盐生产基地。2015年6月"天空之镜"景区经改造升级后重新开放，是当时全国盐湖类唯一一个4A级景区。2019年7月茶卡"天空壹号"景区正式开放运营，2020年1月该景区被评定为国家4A级景区。2019年10月乌兰县茶卡盐湖景区保护利用管理委员会揭牌成立。2021年被青海省乡村振兴局确认为"乡村振兴示范乡镇"。

近年来，茶卡镇立足区位优势，依托茶卡盐湖景区发展带动，以打造"国家级高原特色旅游名镇"和"青藏高原第一驿站"为载体，构建全域旅游新格局，促进三产融合发展，不断培育第三产业新的经济增长点，先后摘取了"国家特色小镇""中国最具文化价值特色小镇""国家卫生镇"及第四批"全国美丽宜居小镇"四项国家级桂冠。借力旅游业发展优势，鼓励和引导农牧民群众紧抓旅游发展机遇，开办家庭宾馆、农家乐，挖掘牦牛酸奶、茶卡羊肉等特色饮食文化，打造盐雕艺术品、盐灸保健品等特色旅游产品，不断拓宽农牧民增收致富渠道，进一步巩固了脱贫攻坚成果。2021年全镇农牧民人均可支配收入2.32万元，较2020年增加0.16万元，增长了7.90%。

（二）茶卡村和巴音村基本情况。

茶卡村是以汉族为主，回族、藏族3个民族聚居的纯农业村。全村共有5个社，户籍人口209户、709人，其中建档立卡脱贫户4户、11人。茶卡村党支部现有党员34人。全村总耕地面积3959亩，主要种植小麦、青稞、油菜等。村民主要收入来源为农作物种植、劳务输出、自主经营、开办民宿等，2021年人均可支配收入达1.90万元。近年来，茶卡村依托茶卡盐湖旅游资源，实现了从"一产"到"三产"的转型发展。2021年，茶卡村共有民宿207家，3850余张床位，农家乐5家，18户从事出租车行业。2020年村集体经济收入达10万元，主要采取入股光伏产业年终分红方式。2021年7月，根据青海省政府出台的"812"乡村示范标准，海西蒙古族藏族自治州按照"先规划后实施"原则，将茶卡村确定为"乡村振兴示范村"和"乡村旅游示范村"，按照2年期建设，把示范村打造成乡村振兴样板村。

巴音村是以汉族为主，藏族、蒙古族聚居的农业村。1969年建村，1971年从原巴音乡搬迁到位于茶卡镇以东20千米的小水桥地区，部分村民开荒农耕，部分继续放牧生活。2013年，巴音村实施统筹城乡一体化建设项目，全村整体由小水桥地区搬迁到镇区现址居住。全村户籍人口35户，114人。现有党员21名，其中女党员4名；少数民族党员3名。全村有建档立卡贫困户4户、6人，2017年年底巴音村整体脱贫，2018年7月通过国家第三方评估验收。

二、驻村工作队开展工作情况

（一）茶卡村工作队。

新一轮驻村工作队到任后，深入贯彻落实习近平总书记"绿水青山就是金山银山"的重要论断和视察青海时的重要讲话精神，按照乡村振兴战略总要求和"五大振兴"目标，紧扣全县"十四五"规划，以党建为引领，提出了"一二三四"发展思路，突出一条主线（村民增收）、实行二力促动（借助外力、激活内力促发展）、夯实三大基础（夯实基础产业、基础设施、基础工作）、提升四种能力（推动发展能力、为民办事能力、化解矛盾纠纷能力和乡村治理能力），实施乡村振兴战略，努力推动"一产抓重点，三产大发展"，促进全村经济发展良好态势。在乌兰县委组织部开展的驻村干部"大练兵大比武"活动中,经过预赛和决赛,茶卡村驻村工作队的发展思路被评为"年度最佳金点子"。

加强政治理论学习。深入学习习近平总书记重要讲话和重要指示批示精神,持续开展党史学习教育。在2021年开展的中央"1号文件"宣讲中,驻村工作队重点宣讲了党的支农惠农政策,采取集中宣讲、上门宣讲、面对面座谈等灵活多样的形式,和群众话家常、谈农事、学精神,为群众解疑释惑。开展宣讲3场,受教育群众达300余人,召开座谈会2次,走访党员群众50余人。

严格落实疫情防控措施。茶卡村按照"村干部包片,党员包户"的原则,制定了茶卡村疫情防控网格图,落实疫情期间值班制度。通过微信群及时转发省州两级有关疫情防控动态信息,引导广大村民科学应对、有效防范,督促村民及时接种疫苗,严格执行返村人员"双码"核验和登记备案制度,并对重点区域开展消杀防疫工作。

持续巩固脱贫攻坚成果。针对边缘易致贫户、脱贫不稳定户、因病因灾因意外事故特殊原因导致的基本生活严重困难户"三类人员"进行重点动态监测,跟踪其收入变化和"两不愁三保障"巩固情况。累计进村入户100余次。对9户家庭收入有明显变化的人员开展了入户信息采集工作。

▲2021年11月24日,西宁海关政治部主任柳陲带队赴驻村点开展"乡村振兴促发展 民族团结暖人心"主题党日活动

推进为民办实事活动。一是茶卡老村巴音涝池年久失修,驻村工作队在充分调研的基础上,协同茶卡镇政府向乌兰县交通和建设局申请巴音涝池维修项目160万元,对灌溉管道全部进行更换。二是协同镇政府联系帮扶单位海西州司法局,争取资金20余万元在村委会前院修建了法治文化长廊。三是茶卡村近年来家家兴办民宿,导致污水管网无法满足排放要求,驻村工作队协助开展了前期调研,在镇党委、政府的高度重视下,从乡村振兴经费中划拨468万元用于茶卡村污水管网提档升级工程项目。四是根据疫情防控需求,向西宁海关申请防疫物资,累计向村民发放口罩2,000余个,消毒液、洗手液50余桶。五是帮助脱贫户在携程、美团等各大旅游网站上注册登记,并开通抖音账号,拍摄短视频宣传特色民宿。六是定期组织党员开展村环境卫生整治工作,保持良好的村容村貌和整洁的人居环境。

协助处理党务村务工作。进一步规范了"四议两公开"工作法，修订完善了村规民约，深入开展农村发展党员违规违纪问题专项整治排查活动，主持召开茶卡村残疾人协会换届选举会议，圆满完成迎接2021年脱贫攻坚后评估和年度考核等各项工作。协助制定了茶卡村党支部书记"年度目标任务书"和"任期目标规划书"。

（二）巴音村工作队。

驻村工作队迅速熟悉村情民情，掌握相关政策，理清工作思路，适应新环境，进入新角色。为贯彻落实党中央关于常态化的驻村工作机制，巩固拓展脱贫攻坚成果与乡村振兴的有序衔接，工作队入驻后第一时间与青海省科技厅原驻巴音村工作队完成了各项工作交接。2021年7月23日，驻村工作队在巴音村主持召开了村"两委"见面会，详细了解巴音村村情民情以及脱贫攻坚期间产业发展等各项工作开展情况，为启动乡村振兴驻村帮扶工作做好前期准备。驻村工作队用心、用力、用情，扎实开展走村入户等基础性工作，深入农户、屋舍院落开展摸底走访，详细了解家庭人口、收入、生活等情况，排查"三类人员"（脱贫不稳定户、边缘易致贫户、突发严重困难户），切实做到了底数清、情况明。进驻后先后入户走访160余户次。

加强自身政治理论学习。坚持"缺什么、补什么"原则，组织开展政策理论学习，以进一步提升驻村期间政治理论和实践能力，为巴音村乡村振兴凝聚共识、储备力量。学习习近平总书记"七一"重要讲话精神、习近平总书记对深入推进农村"厕所革命"作出的重要指示、《中共中央国务院关于全面推进乡村振兴加快农业农村现代化的意见》、《中华人民共和国乡村振兴促进法》、《青海省健全防止返贫动态监测和帮扶机制实施方案》等。

宣传党的政策。一是开展新冠肺炎疫情防控工作。工作队第一时间组织巴音村学习疫情防控相关要求，切实统一思想做好疫情防控准备工作。驻村工作队和村委会对全村民宿、餐饮经营单位从业人员情况进行了摸底，并建立了经营单位联络员制度，确保疫情防控信息及时准确传达。为充分发挥巴音村"三委"和党员的带头作用，驻村工作队制订了《巴音村新冠肺炎疫情防控工作方案》，通过划片分包的方式对民宿旅客信息登记上报、村内公共区域、民宿和餐饮经营户的个人防护和消毒措施的落实进行了任务分工，确保责任到人。二是开展中央"1号文件"精神宣讲。为全面贯彻党的十九大和十九届历次全会以及中央农村工作会议精神，广泛深入宣传中央"1号文件"精神和中央农村工作会议精神，解读省委"1号文件"精神及省委州委县委农村牧区工作会议精神，巩固拓展脱贫攻坚成果，全面推进乡村振兴战略。三是深入摸排基本情况，开展防止返贫监测工作。为贯彻落实党中央关于健全常态化驻村工作机制的决策部署，巩固拓展脱贫攻坚成果与乡村振兴的有序衔接，工作队在详细了解巴音村村情民情以及脱贫攻坚期间产业发展等各项工作开展情况基础上，用心、用力、用情，扎实开展走村入户等基础性工作，深入农户、屋舍院落开展摸底走访，详细了解家庭人口、收入、生活等情况，排查"三类人员"，切实做到了底数清、情况明。

建强村党组织。巴音村村级党组织和村组织健全，2021年5月举行了换届选举，选举成立了村"两委"和村民监督委员会，共有班子成员7名，村党支部书记兼任村委会主任。贯彻落实《中国共产党章程》《中国共产党农村基层组织工作条例》和《中国共产党农村工作条例》，严格执行"三会一课"制度，充分发挥了党支部在乡村旅游中战斗堡垒作用。同步组建共青团和妇联等群团组织。

提升乡村治理水平。一是制定《村规民约》。驻村工作队根据巴音村实际，制定了《巴音村村规民约》和《巴音村红白理事会章程》，成立了红白理事会，于2021年10月20日在村民大会上通过执行。二是开展常态化扫黑除恶工作。结合中央和省委"1号文件"精神，加强对村民的扫黑除恶斗争宣传动员，采取"村级党员干部包户"的措施，将扫黑除恶斗争的政策宣传、线索摸排等工作任务进行细化，分解到每位党员干部，由党员干部进门入户做好政策宣传和线索摸排工作。同时，随时了解和化解村民间矛盾，防范矛盾积累和爆发。三是协助村"两委"开展系列活动。元旦期间，开展写春联送温暖活动；开展农村发展党员违纪违规问题排查整顿。按照茶卡镇党委工作安排，2021年9月中旬，驻村工作队与包村干部、村委组织委员对2012年以来发展的7名党员入党材料进行了查阅、问题排查，未发现违规违纪相关问题。

推进强村富民。大力发展村集体经济。巴音村村民经济收入主要有三个方面，分别是家庭宾馆、电商、劳务输出，全村2021年人均可支配收入1.90万余元。2021年，全村开办家庭宾馆及民宿30家，餐饮服务单位5家；全村共有客房328间、床位756个，餐桌120张、餐位732个。在村集体经济方面，将村集体所有的旅游扶贫资金、中央扶持村集体资金1,500余万元入股茶卡镇民宿经济示范项目建设，项目建成后，每年将会给巴音村带来村集体收益预计达30余万元，为巴音村提供了可持续的村集体经济收入，实现了村民富裕和村集体经济壮大民富村强"双赢"。2021年，村集体入股的光伏发电企业和入股的乌兰县旅游公司收益达10.20万元。

为民办事服务。落实为民办实事8项。开展"双帮"工作。组织西宁海关对口帮扶党支部对结对帮扶的脱贫户进行了慰问。驻村工作队慰问4户脱贫户。

（撰稿人：刘 洁）

第三篇

政治建设

党建工作

【概况】2021年，西宁海关坚持以习近平新时代中国特色社会主义思想为指导，围绕迎接中国共产党成立100周年和深入学习贯彻党的十九大和十九届历次全会精神，深刻认识总结党的百年奋斗重大成就和历史经验的重大意义，深刻认识"两个确立"对新时代党和国家事业发展的决定性意义。把党建工作作为强化政治机关建设的重要抓手，将"两个维护"作为政治建设的首要任务，全面加强党的领导、持续深化政治建关，做到维护意识更牢、维护能力更强、维护效果更实。

【宣传思想文化】以政治建设为引领。加大"政治强关"工作力度，进一步完善"党委班子及时学、党委中心组深入学、基层党支部普遍学"的"三学"机制，持续强化理论武装，引导广大关警员更加坚定自觉地将捍卫"两个确立"内化于心、使做到"两个维护"融入血脉。坚持将政治建设与业务工作、精神文明工作同部署、同发力、同考核，从制度层面将学习贯彻习近平总书记重要讲话、重要指示批示精神作为党委会、月度形势分析及工作督查例会的"第一议题"，第一时间学习、第一时间部署、第一时间落实、第一时间反馈，切实把讲政治落实到各领域、全过程。推动落实党委委员基层联系点制度，把思想政治工作抓在平常工作中、落在具体细节上，确保宣传思想文化建设沿着正确的政治方向前行。

强化意识形态工作。将牢牢掌握意识形态工作领导权、管理权、话语权作为重点，进一步落实意识形态工作责任制，按照守土有责、守土负责、守土尽责的要求推动具体工作。旗帜鲜明坚持党管宣传、党管意识形态，编制意识形态主体责任清单，协助构建党委带头把方向、管导向、守阵地、强队伍，党委班子结合分管工作多点发力、亮剑发声，关区各级党组织自觉领责尽责的工作格局。创新开展关区干部职工思想动态分析调研，通过问卷调研、谈心谈话、座谈交流等方式，及时了解干部职工所思所想所盼，为关党委科学研判关区意识形态工作提供依据。加强正面宣传，唱响主旋律、弘扬正能量，教育引导党员干部坚持正确的政治方向、舆论导向、价值取向，切实把思想和行动统一到贯彻落实党中央决策部署上来，统一到总署党委工作要求上来。完善"问卷调查+上下联动+定期研判+跟踪督办"党委意识形态工作机制，加强关区意识形态阵地建设和管理，严格执行门户网站信息、"夏都金钥匙"公众号内容审核把关制度，做好风险点排查和分析研判，稳妥做好重大突发事件和热点敏感问题舆论引导。各级党组织做到每半年至少分析研判本单位、部门意识形态工作1次，并向上级党委报告。

打造"高原海关精神高地"。西宁海关党委弘扬伟大建党精神，坚持自我革命，认真履行全面从严治党主体责任，以打造"高原海关精神高地"为契机，持续推动忠诚干净担当准军事化纪律部队建设，持续保持和巩固良好政治生态，达到了"一个不倒、一个不少"的工作目标。坚持将"不忘初心、牢记使命"主题教育、党史学习教育与创建"高原海关精神高地"紧密结合起来，打造"红色体验、情景再现、经典分享、知识竞赛、专题研讨、精品党日、联学联建、新媒传送"八位一体的"党史学习教育矩阵"，开创形成"党史天天学、党课人人讲"等学习模式，创新推出全关性月度"精品主题党日"，一批党员参与积极性高、教育意义大的党建工作品牌脱颖而出，为新时代高原海关精神文明建设赋予了新内涵，教育引导广大关警员心有忠诚、行有方向。连续两年获评青海省目标责任考核"优秀"等次；1名干部家庭获评"全国文明家庭"荣誉称号；1名职工获评"第六届全国道德模范提名奖"；1名同志被授予"全国海关系统抗击新冠肺炎疫情先进个人"荣誉称号；青海国际旅行卫生保健中心获评"青海省抗击新冠肺炎疫情先进集体"荣誉称号；关区1名同志获评"青海省优秀党务工作者"荣誉称号。西宁曹家堡机场海关、西海海关、格尔木海关均获评"高原青年文明号"。

构建立体宣传阵地。围绕主题主线，组织参加全国海关开展的诵读"红色家书"、观看"红色电影"、"赞歌献给党"红歌创作传唱等活动，创新开展群众性文明创建活动，打造健康文明、昂扬向上、全员参与的文化品牌，鼓励创作主题鲜明、体裁多样的反映海关历史和海关精神的文化精品，增强队伍凝聚力、向心力和竞争力。充分利用总署"金钥匙"、关区门户网站，依托"夏都金钥匙"微信公众号，开辟党史学习教育、"我为群众办实事"系列活动专栏，广泛开展宣传。2021年，在总署"金钥匙"微信公众号刊发西宁海关微信6期，《来看，海关进农牧区！》微信稿件被总署《金钥匙》杂志采用。"夏都金钥匙"微信公众号刊发各单位、部门微信72期，向总署思想政治工作办公室报送信息83篇。优化党建阵地平台建设，开展"红色云游"线上打卡、"声入人心学党史"红色音乐党课、"党的决议我来讲"等9次精品主题党日活动。坚持党建带群建，激发群团组织活力，开展"三八"展巾帼风采、"六一"亲子联谊、"诗话中秋"朗诵会等活动，提升关警员归属感。以凝聚人心、激发斗志为出发点，建立健全关心关爱干部职工长效机制，全心全意打造西宁海关"暖心"工程，逐步改善干部职工办公、生活条件，提振队伍精气神，营造和谐向上工作氛围。

▲2021年3月8日，西宁海关开展庆祝"三八"国际妇女节系列活动

【基层组织建设】统筹安排年度工作。2021年年初，在关区工作会议上，关党委提出了推进"政治强关"建设的目标要求，4月中旬召开关区政治工作会议，印发《西宁海关2021年政治部工作要点》《西宁海关2021年党的建设工作要点》，对全年工作进行系统安排，将政治建设与业务工作同部署、同发力、同考核。建立党委委员重大决策部署落实台账，紧盯党中央重大决策部署开展政治监督、审计监督和工作督办，避免缺位、错位、出位，纠正温差、落差、偏差。关党委要求，要坚持以习近平新时代中国特色社会主义思想为指导，全面贯彻党的十九大和十九届历次全会精神，增强"四个意识"、坚定"四个自信"、做到"两个维护"，做好"三个表率"、创建模范机关，以深入贯彻落实习近平总书记在中央和国家机关党的建设工作会议上的重要讲话精神为主线，以党的政治建设为统领，突出庆祝中国共产党成立100周年，扎实开展党史学习教育，深入推进"强基提质工程"，推动党的建设高质量发展，为推动西宁海关"十大工程"建设，持续创建"高原海关精神高地"，建设社会主义现代化海关提供坚强政治保证。

强化创新理论学习。坚持用习近平新时代中国特色社会主义思想武装头脑，继续组织深入学习贯彻习近平总书记对海关工作、青海工作的系列重要讲话和重要指示批示精神，持续抓好《习近平谈治国理政》第一、第二、第三卷等原文原著学习。重点抓好习近平总书记"七一"重要讲话精神和党的十九届六中全会精神的学习贯彻，先后举办2期党委中心组专题学习班。采取深入党性教育基地实践学、运用平台自主学、青年读书会交流学等方式，推动党的创新理论入脑入心。用好"钉钉""学习强国"、新青海讲学堂等平台载体，推动学习贯彻走深走心走实。突出抓好"关键少数"和机关青年干部理想信念宗旨教育，实施青年理论学习提升工程。围绕"十四五"海关发展规划，开展了15项政策课题调查研究，第一时间向总署党委、青海省政府报送《西宁海关关于学习贯彻习近平总书记来青考察重要讲话精神的报告》。

严格党内政治生活。进一步完善《中共西宁海关委员会工作规则》《西宁海关贯彻落实"三重一大"决策制度实施办法》，充分发扬民主，做到"三个团结三个同"，即：带头增进团结、精心维护团结、自觉加强团结，确保思想上同心、目标上同向、行动上同步，使党委班子真正"攥指成拳"。严格落实民主集中制、"三重一大"集体议事决策机制，强化权力约束，规范权力运行，更好发挥党委把方向、管大局、保落实的作用。严格执行新形势下党内政治生活若干准则，严格落实民主生活会、组织生活会、民主评议党员、主题党日等制度，开展经常性政治体检，发挥好党委班子成员参加双重组织生活、带头讲党课的表率作用。制定《西宁海关党委2020年度民主生活会领导班子问题整改清单》，针对43个查找出的问题，制定100条整改措施，逐一列明责任领导、承办部门、整改时限，持续抓好各项整改工作。落实重大情况党内通报制度、党员领导干部讲党课和作形势报告制度。加强对推进党的政治建设特别是遵守党的政治纪律和政治规矩情况监督检查。

实施"强基提质工程"。贯彻新时代党的组织路线，按照抓基层、强基础、固基本的思路，通过持续深化"强基提质工程"，开展"以评促建"等活动，织密织牢基层组织体系，着力增强基层党组织政治功能和组织功能。压实党建工作责任制，确保主体责任有明确有落实，先后召开党委专题会、党建工作推进会等，完善"年初议党建、月度评党建、年度述党建"机制，进一步压实责任、步步拧紧，推进基层党建由"努力建好"向"全面过硬"转变。基层党建活动有指引有考核，每月发布《基层党支部重点工作指引》，明确理论学习、意识形态、自身建设等重点工作及形式方法，提供清晰指南、规范流程。坚持以上率下、以机关带系统，深化模范机关创建，制定《合格党支部建设量化标准》，细化4个方面20条量化标准，所属23个党支部按照"一支部一品牌一特色"原则提炼党建工作法，2021年通过复核或获评全国海关党建示范品牌1个（西宁海关法规处党支部"法治先锋"）、培育品牌2个（西宁海关动植物与食品检验检疫处党支部"强高原绿盾、展国门壮美"、西宁海关综合业务一处党支部"连心桥"）。树立正确的选人用人导向，突出政治标准、基层导向、实绩导向。选拔正处级领导干部2人次，选拔副处级领导职务干部10人次，选任科级领导干部15人次，对27名处科级领导干部进行岗位交流，为各项工作发展注入了新活力。持续用心用力打造"高原海关精神高地"，继续保留"全国文明单位"荣誉称号，连续两届被评为"青海省文明单位标兵"，2020年度青海省年度目标绩效考核获评"优秀"等次。

创新党建工作方式方法。提升"三会一课"、组织生活会、主题党日活动、讲党课等党内政治生活质量，推动组织生活制度化规范化经常化，努力创新党员教育模式，丰富教育内容、拓展教育形式；创新党建推进方式，不简单以台账全不全、记录齐不齐衡量党建工作质量，而是通过实地看、随机问、当面谈等方式，近距离了解队伍精气神，以把关服务成效和企业群众满意度评价党建工作效果。建立两级党委54项142条办实事清单，打造"党建+我为群众办实事"工作品牌，"海关进农牧区""破解金属锂出口难题"2个项目入选第三批、第四批总署"百佳项目"。加强党建专业知识培训，畅通党建部门和业务部门的交流渠道，实现贴近业务抓党建、抓好党建促业务，全面增强各级党组织、党建部门、党务干部抓党建的能力。关心爱护党务干部，为党务干部的成长进步搭建平台、创造条件，激励广大党务干部自觉争当政治上的明白人、党建工作的内行人、干部职工的贴心人。严格落实意识形态工作责任制，防止和纠正一切偏离"两个维护"的错误言行。坚持常态化巡视整改，建立"抓具体、防反弹、建机制、促长效"巡视整改再落实工作机制。巡视整改38项问题已整改并持续推进，再落实的12项问题完成整改。

【党风廉政工作】2021年，西宁海关着力营造风清气正的良好政治生态，各级党组织主要负责人自觉担负起政治责任，承担党建主体责任，履行好工作职责，坚持"严"的主基调，以永远在路上的坚韧执着，扛起管党治党的政治责任。

一体推进"三不腐"机制，扎实推进清廉海关建设。一方面，西宁海关党委召开会议研究党风廉政建设和反腐败工作14次，印发制度文件9项，开展专题调研6次，部署问题线索核查和案件办理10次，推动"现场监管与外勤执法权力寻租"专项整治取得实效。配强机关纪委班子、规范支部纪检工作，形成党委—机关纪委—纪检委员上下贯通监督格局。一年来运用"四种形态"执纪14人次。另一方面，完善人事、监察、巡察、督审联席会议机制，出台对"一把手"和领导班子监督、巡视巡察上下联动等制度。关区巡察覆盖率提升至80%，查发问题130余项，建立巡察整改评估机制，确保共性问题"一体解决"，个性问题"定点突破"，立行立改整改率达93%。

保持如履薄冰的意识，明确履职尽责的"出征图"。召开全面从严治党工作会议、党建和党风廉政建设推进会，印发《西宁海关2021年全面从严治党重点工作任务分工方案》，细化班子成员责任分工和重点工作任务67项。出台《西宁海关党委关于加强对"一把手"和领导班子监督的实施办法》，细化6个方面24项措施，加强对"一把手"监督和同级监督。选优配强机关纪委班子，7人以上的党支部必须配置纪检委员，不足7人的党支部配备纪检员，建立机关党委、机关纪委、党支部三级书记责任清单。

深入推动"治慵治懒治散"，进一步深化纪律作风建设。完善抓早抓小的"节目单"。部署开展"治慵治懒治散"专项教育整顿，推动作风转变、效能提升；坚持把纪律和规矩挺在前面，对1名违反中央八项规定精神的正处级领导干部问责，开展党建专题培训和警示教育月活动，抓好纪律作风日常养成。绘就精品工程的"工笔画"。打造业务精品化、管理精细化、服务精准化的"精品工程"，实现作风与业务"双加强、双提升"组织专题警示教育月活动，强化经常性廉政教育。交出关爱基层的"好答卷"。制定办实事"十大工程"，解决基层问题100余项，项目完成率超90%。推动落实党委委员联系基层制度，与执法一线科长谈心谈话全覆盖。

聚焦监督重点，扎实开展"现场监管与外勤执法权力寻租"专项整治。党委书记履行第一责任人职责，及时掌握工作态势、分析研判形势。先后4次在党委会、4次在月度形势分析及工作督查例会上研究部署推动专项整治工作，召开5次领导小组会议研究重要工作。关党委委员在集中整改阶段听取情况汇报31次、督导检查21次、提出指导意见21条。纪检组长主持召开工作推进会15次，向党委书记汇报工作进展20余次。深入开展组织发动，按要求统一印制各类宣传海报，设置专门举报箱7个、网络举报邮箱3个、举报电话3个；推动各部门走访企业203家（次）。通过"今日头条""光明网"等媒体以及西宁海关官网等多种方式开展宣传。组织120名干部职工开展个人违规事项填报工作。各相关部门排查出廉政风险115条、采取防控措施355条。全面起底2012年至2020年信访举报、问题线索26起；对其中1起暂存待查的问题线索经集体研判予以了结处理。全年共办理问题线索8起，予以了结8件。制订了立行立改工作方案，针对检查组反馈的3个方面11项问题、问题线索的3个方面8项问题和自查发现的4项问题制定详细整改措施，均已整改完毕。

【群团工作】群团事业是党的事业的重要组成部分，党的群团工作是我们党治国理政的一项经常性、基础性工作，是党组织动员广大人民群众为党的中心任务而奋斗的重要法宝。西宁海关机关工会、共青团、妇委会坚持以习近平新时代中国特色社会主义思想为指导，牢记习近平总书记殷切嘱托，落实党中央、国务院决策部署，在关党委的正确领导和青海省总工会、青海省妇女联合会、共青团青海省委和青海省直机关的有力指导下，立足新发展阶段，贯彻新发展理念、构建新发展格局，推动高质量发展，以党史学习教育鼓舞斗志、凝聚力量，服务大局，建功立业，为推动西宁海关各项工作做出了贡献。

加强群团组织建设，进一步夯实思想政治基础。群团组织充分认识到自身肩负的职能和使命，将自己作为党联系群众的桥梁和纽带，发挥好联系群众、团结群众、发动群众、服务群众的优势和作用，立足岗位、鼓足干劲，全面落实群团组织"政治性、先进性、群众性"要求，将党的政治思想、执政理念、先进理论传递到每一个角落。在西宁海关党委的关心支持下，工会、共青团、妇委会的组织建设进一步加强，机关工会完善集体研究制度，以落实《西宁海关2021年党的建设工作要点》为主线，对传统节日慰问、生日慰问、全员体检等保障性工作做好统筹安排，对照工作职责，自觉利用自身的组织功能发挥应有的作用。机关团委组织召开团员大会，选举产生了新一届机关团委，在三个隶属海关分别成立团支部，进一步健全完善了团的组织建设，结合"智慧团建"录入工作，着力抓好"组织梳理""对标定级""组织换届"等工作，做好"党团衔接"工作。妇委会集思广益，以各类活动为依托，发挥好"半边天"的作用。群团组织在充分调动工会会员、共青团员、妇女同志方面发挥了巨大支撑和基础作用。

进一步发挥职能作用，强化思想政治工作基础。以组织开展学习贯彻习近平总书记"七一"重要讲话精神、党的十九届六中全会精神和"学党史、强信念、跟党走"主题教育活动为契机，用科学理论和正确思想，教育引导干部职工、团员青年、妇女同志勤于思考、勇于探索、敢于创新，着力培养与时俱进、开拓创新的思想品格。学史力行强化使命担当，深入践行"人民海关为人民"。落实党史学习教育的实践要求，把"我为群众办实事"实践活动作为党史学习教育重要内容，持续深入推进"乡村振兴巾帼行动"，组织机关各党支部分别结对帮扶康东社区、茶卡村、巴音村12户人家。由关领导带队组织开展集中慰问活动，并协调各隶属海关全部开展属地化结对帮扶，实现了从上到下"全覆盖"。做好美丽乡村建设，向果洛藏族自治州玛沁县优云乡寄宿制学校学生捐赠书包、足球、鞋及保暖三件套等价值十余万元的物资。2021年关区1人获评"青海省优秀党务工作者"荣誉称号，2人分别获评"青海省直属机关工委优秀共产党员""青海省直属机关工委优秀党务工作者"荣誉称号。西宁海关连续两届被评为"青海省文明单位标兵"，继续保留"全国文明单位"荣誉称号。发动女关警员参加"关怀困境母亲"捐款活动，捐款7,600元。此外，精心组织开展"春蕾计划——梦想未来"、母亲邮包等活动。

学出知行合一，努力打造关区"精品工程"。协助关区各党支部接力承办全关性党史学习教育精品主题党日，参与开展

"杜绝慵懒散、激发卓勤凝""学党史践行生态文明思想 担使命打造美丽绿水青山""红色云游线上打卡""博雅讲堂第一讲""廉政警示教育""党史我来讲"等精品主题党日活动，累计开展精品主题党日活动9次。团委协助机关党委深入落实意识形态工作责任制，首次开展关区意识形态领域问卷调查，全面掌握关警员思想动态，组织党委专题研究意识形态工作，收到良好效果。妇委会开展了"紧跟新时代 展巾帼风采 做魅力女性"主题系列活动，组织"《民法典》与女性权益保护"专题讲座，把法律知识和维权服务送到女关警员身边；开展形体优雅仪态公开课活动，涵养高雅气质，提振新时代女性的精神面貌；开辟"春风如你 熠熠芳华"宣传专栏，传播正能量，展示新海关女关警员时代风采。开展以"浓情五月天 温馨母亲节 以新时代家庭观引领家庭文明新风尚"为主题的系列活动，开展"青海省最美家庭"推荐评选，推动形成爱国爱家、相亲相爱、向上向善、共建共享的社会主义家庭文明新风尚。组织青年志愿者参与和推进公民道德建设、生态文明、乡村振兴、民族团结、关爱留守儿童等志愿活动，进一步弘扬"西宁海关格桑花志愿服务队"志愿服务精神，组织开展"无偿献血·奉献爱心"等活动，形成上下互动、共同参与的良好局面。严格落实西宁海关关于疫情防控的工作要求，迅速行动，号召全体干部职工结合"我为群众办实事"实践活动，踊跃参加志愿服务，支援新冠病毒核酸检测工作。同时，组织开展抗疫一线青年志愿者慰问活动，动员青年团员投身抗疫一线，贡献青春力量。

▲2021年3月31日，西宁海关组织开展"学党史、知党情、担使命"知识竞赛活动

以迎接中国共产党成立100周年为契机，提高谋划和履职能力。2021年是中国共产党成立100周年，是实施"十四五"规划、开启全面建设社会主义现代化国家新征程的第一年，坚持群团工作协同建设，着力提升机关党委的组织力、引领力、服务力，引导广大干部职工为西宁海关建设发展贡献力量。紧密结合海关工作特点，坚持以"贴近中心、贴近青年、贴近基层"的工作方针，先后组织开展党史知识竞赛活动，召开"学党史、强信念、跟党走"专题组织生活会，开展"学党史忆峥嵘诵经典"分享活动，开展青年网络文明志愿行动、"阳光跟帖"行动、"诗话中秋"诗词美文诵读会、"领航百年——党的故事我来讲"、"永远跟党走——心中的歌儿唱给党"等活动，努力锻造有忠诚

政治品格、深厚家国情怀、扎实理论功底的青年干部队伍。党的十九届六中全会胜利召开后，号召干部职工强化政治意识，坚持辩证唯物主义和历史唯物主义方法论，用具体历史的、客观全面的、联系发展的观点来看待党的历史，准确把握党的历史发展的主题主线、主流本质，正确对待党的前进道路上经历的失误和曲折，从成功中提炼经验，从失误中吸取教训，不断增强智慧和力量。大力弘扬马克思主义学风，反对形式主义、官僚主义，把学习全会精神与当前海关事业发展面临的形势、任务和正在做的事情结合起来，及时转化学习成果。广大党员干部切实增强"四个意识"、坚定"四个自信"、做到"两个维护"，立足新发展阶段、贯彻新发展理念、构建新发展格局，推动高质量发展，履职尽责，争先创优，展现高原国门卫士良好形象。

（撰稿人：滕　蕾）

巡视巡察

【概况】 2021年,西宁海关坚持以习近平新时代中国特色社会主义思想为指导,深入学习贯彻习近平总书记关于巡视工作重要论述和党中央关于巡视工作的新部署新要求,贯彻落实《中共海关总署委员会关于直属海关党委开展巡察工作的指导意见》《中共海关总署委员会关于加强巡视巡察上下联动的实施意见》和全国海关巡察工作推进会精神,坚持严的主基调,确保巡视整改和巡察工作的权威性、震慑力和推动力;坚持统一领导、各负其责,推动两级党委和各级基层党组织落实主体责任;坚持以上促下、以巡促改,推动巡视巡察贯通联动;坚持系统集成、协同高效,各项监督协作配合,扎实推动巡视巡察工作高质量发展。

【巡视工作】 2021年,西宁海关深入贯彻落实习近平总书记关于巡视整改"四个融入"的新要求,对巡视反馈的4个方面15类38项问题,逐条逐项分析,汇总梳理整改措施140条,制订整改方案,设定整改目标,细化责任分工,强化整改措施,明确完成时限,及时建立整改台账,持续把抓整改融入日常工作、融入深化改革、融入全面从严治党、融入班子队伍建设,一件一件抓,一件一件改,逐项抓出成效。下发《西宁海关党委关于开展"抓具体、防反弹、建机制、促长效"巡视整改再落实工作的通知》《西宁海关党委关于加强巡视巡察上下联动的通知》,从明确监督重点、落实联动任务、强化成果运用、推进协同监督4个方面强化工作。

【巡察工作】 2021年,西宁海关领导小组履职尽责,优化工作机制措施,将常规巡察覆盖率提升至80%,同时紧密结合关区政治强关建设、打造"精品工程"和深化"治慵治懒治散"教育整顿等特色工作。从全关范围内推选32名处科级干部充实到巡察组长库和巡察人员库,组建5个巡察组,为深入扎实开展巡察工作提供必要的人员保证。探索建立与纪检监察、组织人事、督察审计等部门联合开展"一体化"监督机制,做到"问题共享、重点共抓、整改共查",更好发挥监督合力。第一时间研究印发《西宁海关党委关于加强巡视巡察上下联动的通知》,进一步细化具体任务和工作内容。召开2021年度巡察工作动员部署暨巡察业务培训会，巡察工作领导小组副组长作动员讲话，邀请青海省委巡视办专家进行授课和交流。组织组长库和成员库全体人员参加总署巡视办举办的2021年全国海关巡视巡察干部专题学习网上培训班，进一步提升巡察人员履职能力。对各组巡察报告进行3轮规范性审核，重点聚焦巡察报告格式是否规范、政治站位是否到位、问题描述是否精准、问题支撑是否有力等内容，提出明确审核意见，进一步提升报告质量。党委委员全员参加分管部门单位巡察反馈会，对下一步整改工作提出明确要求。坚持做好巡察成果转化，对巡察工作中发现的115个问题全面梳理，督促制定整改措施329项，对7个方面共性问题进行通报，并下发具体整改要求，通过2次实地检查跟进整改完成情况，推动关区党建和党风廉政建设工作持续健康发展。做好巡察"复盘"，梳理自身工作短板5项，提出改进思路4项，为更好实现关区巡察全覆盖圆满"收官"夯实基础。

【课题研究】2021年，西宁海关深入学习贯彻习近平总书记关于巡视工作重要论述和党中央关于巡视工作的新部署新要求，开展《锻造队伍 锤炼能力 不断提升海关巡察工作质量》课题研究，从充分认识发现问题对于海关巡察工作的重要意义、制约巡察发现问题能力的原因分析两方面深入分析，提出坚持问题导向、突出"着力点"，扎实做好准备、找准"突破口"，突出干部导向、组织"攻坚队"，强化组织保障、服下"定心丸"4项对策建议，全面提升西宁海关巡察工作质量。

（撰稿人：何海洋）

纪检监察

【概况】2021年,西宁海关党委纪检组深入贯彻落实全面从严治党要求,严格按照《西宁海关2021年工作要点任务分工方案》,在强化政治监督、做实日常监督、严肃执纪问责,提升专业能力上持续发力,为进一步优化关区政治生态提供坚强纪律保障。

【监督检查】2021年,西宁海关开展新冠肺炎疫情防控监督。针对属地疫情形势,突出政治监督、做实一线监督、抓好重点监督,与关区"挑毛病"专家组共同采取"四不两直"方式直插一线开展监督检查;既"督"又"战",派员参加防疫志愿者队伍,赴保健中心保障核酸采样服务;主动向各隶属海关、事业单位推送疫情防控纪律要求4期,针对发现的问题督促立即整改。累计赴现场一线检查52次,调阅资料144份,开展专项检查、座谈交流、跟班监督、问卷调查46次;针对监督检查发现的33个问题提出意见建议59条,制发监督建议书9份、督促提醒54次、个别谈话36人次。强化"一把手"监督。研究制定《西宁海关党委关于加强对"一把手"和领导班子监督的实施办法》和《西宁海关党委关于加强对"一把手"和领导班子监督工作责任清单》,细化监督专责任务,建立监督专责"任务树",精准规范开展"一把手"监督。紧盯"一把手"这个"关键少数",立足"五个强化"、聚焦"五项内容"、严把"五个关口",着力构建规范化的权力运行机制、多样化的权力监督方式、立体化的权力监督渠道。开展巡视巡察整改监督。进一步压紧压实巡视整改工作责任,推动巡视查出问题切实整改到位,对巡视整改落实情况全程监督,印发巡视整改再落实监督方案,督促两级党委将巡视发现的突出问题列入全面从严治党主体责任清单,并对巡察和巡察"回头看"问题的整改落实情况及时跟踪问效。做实做细日常监督。坚持问题导向、目标导向,抓细抓常日常监督,健全干部职工廉政档案,努力构建日常监督全覆盖网。同时,综合运用列席会议、跟班作业、查阅资料、专项检查等监督方式,使日常监督多维度、常态化、全覆盖。全年累计回复党风廉政意见64份,制发《监督建议书》38份。持续纠治"四风"。把形式主义、官僚主义问题作为监督执纪重点，主动对各单位部门"治慵治懒治散"教育整顿月活动开展情况、制度建设情况进行监督。紧盯重要节点，开展警示提醒，发放电子廉洁邀请卡，重申纪律要求，全年累计在元旦、春节、清明、五一、端午、中秋、国庆组织开展明察暗访12次，防止"四风"反弹。加大对酒驾醉驾等问题的警示教育力度，及时转发典型案例，强调节日要求、明确纪律红线，2021年共10人次主动报备操办婚丧喜庆事前、事后情况。

【执纪问责】2021年，西宁海关准确把握政策策略，正确运用监督执纪"四种形态"，2021年共办结案件1件，办结问题线索8件，运用"四种形态"14人次，问责领导干部1人次。

【监察调查】2021年，西宁海关不断规范问题线索管理，实现问题线索归口管理，规范处置、纪律审查、跟踪督办，深化拓展联合青海省纪委监委协作配合机制和缉私打私反腐"一案双查"机制，督促加强"两简"案件监管，统筹开展基建工程、信息科技、政府采购等非执法领域专项监督，对发现的问题及时制发《监督建议书》，提出监督整改具体建议。

【以案促改】2021年，西宁海关在全关范围发布问题处置情况通报3件，涉及人员8人次，及时向问题涉及部门制发以案促改《监督建议书》1份，组织开展纪律审查分析2次，不断通过警示教育实现对"绝大多数"的监督问效。

【"现场监管与外勤执法权力寻租"专项整治】2021年，西宁海关梳理2012年以来"一案双查"情况、12360热线接受信访举报情况，调取重点人员个人事项报告，分析筛查业务系统数据异常情况，梳理2012年以来给予党员、干部处分、处理的情况；排查离岗离职人员43人次，核实海关领导干部配偶、子女及其配偶从业情况调查表113份，组织120名干部职工开展个人违规事项填报工作，面向海关关员、企业、社会群众收集意见建议22条；排查廉政风险115条、采取防控措施355条。调阅2012年至2020年纪检监察工作档案26份，对执法领域和非执法领域问题线索进行大起底，对其中1件暂存待查的信访举报件经研判予以了结；共办理该领域问题线索8起、办结案件1件，进一步净化了关区政治生态。

【派驻纪检监督】2021年，西宁海关党委第一派驻纪检组以抓好政治监督为重点，严明政治纪律，紧盯日常监督不放松，持之以恒做好监督执纪工作。抓新冠肺炎疫情防控，促安全稳定，制发监督建议书4次，提出整改意见9条、提醒谈话11人次。抓专项整治，促治理增效，向驻在单位下发监督建议书6份。抓执纪问责，促作风转化，下发监督建议书2份。抓巡察整改，促效果落实，向驻在单位提出整改意见5条、提醒谈话11人次。抓党史学习，促成果转化，向各驻在单位提出整改意见7条、提醒谈话12人次。2021年全年各驻在单位政治生态持续向善向好。

党委第二派驻纪检组坚持强化政治监督、提升监督实效、运用"四种形态"，坚持问题导向，持续纠治"四风"。抓细抓常日常监督。全年，核实问题线索5个，初步核实2起，谈话函询3起，运用"第一种形态"9人次。开展青海曹家堡保税物流中心（B型）货物通关、口岸卫生监督、稽查、核查、出口商品抽检等业务跟班作业14次。参加、列席驻在单位党委会、工作例会、支部会、关务例会等35次。开展年节假期安全检查、新冠肺炎疫情防控、防护服穿脱、实验室运行情况、专项整治实地检查等专项检查23次，制发工作提示单31份，监督建议书15份。开设"护林微课堂""清风海报"，紧盯春节、五一、中秋、国庆等年节假期，严防"四风"问题。

（撰稿人：吴　冰　彭　溪
　　　　　姚莉娜　俞　浩）

队伍管理

【概况】2021年，西宁海关始终坚持围绕党和国家干部队伍管理和思想政治建设要求，根据总署有关部署，结合青海省情和西宁关情，有针对性地加强机构编制、干部人事、教育培训和离退休干部管理等工作，通过不断规范人事任免、干部考核、工资福利、奖励惩戒、专题教育实践等一系列活动，打造一支政治坚强、业务过硬、值得信赖的高素质海关干部队伍，为西宁海关事业改革和发展提供强大组织基础和人才保障。

【机构编制管理】2021年，西宁海关以习近平新时代中国特色社会主义思想为指导，以干部工作五大体系建设为抓手，认真践行新时代党的组织路线，不断推动干部人事各项工作深入发展。突出政治统领，不断加强选任和职级晋升工作，始终贯彻习近平总书记"要坚持好干部标准，把政治标准放在第一位"要求，注重在日常工作和疫情防控、乡村振兴等急难险重任务中考察干部的政治表现，年内提任处科领导干部13人次，开展领导干部试用期满考核13人次；二级巡视员职级晋升1人次、其他职级晋升39人次。不断加大年轻干部特别是执法一线科长的培养使用力度，注重把培养选拔优秀年轻干部作为加强领导班子建设的基础性工程，新提任40岁以下的正处级领导干部1名、35岁以下的科级领导干部9名，占比达到100%。将执法一线、驻村扶贫、吃劲岗位、关键岗位作为日常锻炼干部的"一线考场"，有计划地选派5名处科级干部到急难险重任务第一线历练，12名干部参与巡视巡察、督察审计等专项工作，安排机关与基层科长互派跟班学习3人次，有效提升了履职尽责能力。其间选拔培养成熟、表现优秀的干部担任执法一线科级干部4名；选拔执法一线科长担任隶属海关党委委员1人次，先后选派优秀的执法一线科长赴黄埔海关开展双向挂职锻炼2人次，1人获评全国海关"百名优秀执法一线科长"荣誉称号，年轻干部特别是执法一线科长队伍整体能力和素质得到了有效提升和锻炼。坚持严管厚爱挺纪在前，紧盯干部监督关键环节，深入开展领导干部个人有关事项报告、违规因私出国（境）、酒驾醉驾、退（离）休干部社团兼职和海关工作人员企业兼（任）职清理规范等专项问题整治，开展干部能上能下1人次、运用"第一种形态"开展提醒谈话6人次，领导干部个人有关事项如实报告率始终保持了100%的良好成绩。强化发挥监督合力，统筹整合干部人事、纪检监察、政工巡察3个部门的监督信息，前移监督关口实现对干部队伍苗头性、倾向性问题的早发现、早提醒、早处置，提升监督效能。同时积极做好干部关爱工作。年内开展集体奖励5次，个人三等功奖励1人次，个人嘉奖55人次，申报海关扎根艰苦地区边关工作金质、银质荣誉章13人次，颁发铜质荣誉章4人次，进一步增强了干部队伍的凝聚力和向心力。

【专业人才队伍建设】2021年，西宁海关持续推进专业化人才队伍宏观建设，根据关区改革和发展需要，先后拟定了《西宁海关"十四五"人才发展规划（初稿）》《西宁海关卫生检疫人才队伍建设发展规划》，为关区进一步加强专业人才队伍宏观建设奠定扎实基础。根据关区发展和疫情防控工作需要在军转接收、人员调入、公务员招考中向专业背景人员倾斜，招录预防医学专业公务员2人、占全年招录计划50%，公开招聘和调入事业单位专业技术人才4人、占所属事业单位进人计划的100%，所属事业单位开展岗位聘任20人次、获评青海省2021年度"昆仑英才"行动计划1人次。着力推动海关专业技术类公务员改革工作，核定海关监管技术、海关关税技术、海关科技三大系列六个方向的专业技术类公务员职数20名，其中二级总监1名，一至四级高级主管9名，占改革前综合管理类公务员职数的23.8%。开展任职资格评定和确认19人次，开展相关职级套转11人次，职级晋升6人次，促进关区专业技术类公务员队伍的职务职级、年龄结构和性别构成合理分布。加强自有人才库建设，强化在库人员培养和使用。不断着力推动自有人才库建设工作，培育关税统计、卫生检疫、动植物检疫、党建巡察、纪检监察等25个门类74名在库人员。在人才库的建设、管理和使用上，本着"宽进严出、注重培养、量材使用和有效评估"的原则强化跟踪管理、优化定向培训，根据在库人员的个人特点将跟班作业和重要岗位"蹲苗"锻炼相结合，探索"一人一策"细化培养路线。引导和激励专业人才队伍参与关区重大改革事项、政策研究、重大制度制定、重要项目攻关等，有力推动关区各项事业的发展。

（撰稿人：曹利华）

教育管理

【概况】 2021年，西宁海关举办各类培训55期，应训人员覆盖率100%，组织开展全关网络培训29期、参训1,287人次；审核隶属单位自办培训9批次、参训105人次。

【教育培训管理】 2021年，西宁海关组织开展集中调训。除课堂授课外，采用视频直播授课、观看党史电影、开展现场教学、组织分组研讨等培训手段，丰富培训内容，拓展培训场景，提升培训效果。引导关区干部职工主动通过"钉钉"、中国干部网络学院等网络平台加强自主学习，做到及时学、全面学、认真学，丰富理论素养，提升综合素质，确保线上培训与线下培训"课程安排一致、学时要求一致、考核要求一致"。

【培训资源管理】 2021年，西宁海关继续推进现场教学示范点建设。优化现场实训资源，重点进行了西宁海关卫生检疫实训基地和曹家堡机场海关现场教学基地的建设论证工作，打造西宁海关教育培训的学习课堂、实践基地和展示平台。加大师资培养力度，更新关区兼职教师人员名单，组织全关兼职教师参加总署举办的兼职教师教学能力提升专题课程学习。围绕国门生物安全主题，精选优质师资，开发录制《认识外来生物 共护绿色家园》等精品课程，向总署推荐1门课程。

【党的理论教育和党性教育】 2021年，西宁海关把学习贯彻习近平新时代中国特色社会主义思想作为教育培训首课、主课、必修课，将廉政、纪法教育作为全年集中调训班次的重要内容，推进各类专题培训和党史学习教育。把党的十九届历次全会精神专题培训和年度主体班次紧密结合起来，在专题培训、初任培训、兼职教师等培训中开设相关课程，推动学习贯彻习近平新时代中国特色社会主义思想往深里走、往心里走、往实里走，做到学思用贯通、知信行统一。邀请权威师资进行授课、解读，帮助干部职工学深学透习近平新时代中国特色社会主义思想精华。关领导上讲台讲授《学史正身奋勇争先》《学党史提高"政治三力"》《马克思主义为什么行》等课程，进一步提升关区干部政治判断力、政治领悟力、政治执行力。

【党的十九届五中全会精神培训】2021年,西宁海关对标总署党委要求,制订关区党的十九届五中全会精神暨党史学习教育专题培训实施方案和培训计划,深入动员部署,层层传递压力,确保关区全体处级干部按照要求完成党的十九届五中全会精神暨党史学习教育专题线下轮训和线上轮训目标任务,扩大范围组织关区全体科级及以下干部开展线上轮训。组织全体干部参加总署线上培训班。关区全体干部100%完成了总署组织的厅局级、处级、科级3期海关系统学习贯彻党的十九届五中全会精神网上专题班。充分发挥处级干部轮训牵引作用。突出"关键少数",带动全体干部,全年组织处级干部党的十九届五中全会精神轮训2期,处级干部轮训工作已100%达标。通过安排专题讲座、直播授课、现场教学、研讨交流、自学读书、线上考试、学员论坛等方式开展轮训,处级干部人均完成40学时、20学分。抓好科级及以下干部线上轮训。组织科级及以下干部系统深入开展党的十九届五中全会精神线上轮训,确保100%达标。

【党史学习教育培训】2021年,西宁海关依托海关《党史学习教育题库》组织全员考试,用好指定教材与各类在线平台,通过支部学习、网络学习等多种形式组织引导党员干部加强党史学习教育。举办线上线下处级干部党史学习教育专题培训班2期、科级及以下干部党史学习教育专题培训班1期。组织全体在职干部参加总署举办的党史学习教育网上专题班,全体干部100%达标。

【业务实训】组织开展业务实训,以强化法律法规掌握和提升执法技能为重点,在重点业务领域开展广泛性培训练兵和技能比武,全面提升执法一线人员法律素养、执法能力和业务能力。根据关区业务发展需要,选派隶属海关关员赴西宁海关各部门开展跟班作业培训,将基础知识与实际操作相结合,补齐隶属海关相关工作人员业务短板。开展送教上门活动,组织开展风险防控能力提升、内控机制建设及"新海廉"平台功能模块应用2期送教上门培训,完成一线人员56人次培训任务。分期分批开展疫情防控、危险化学品及其包装检验监管、蜂产品检验检疫、海关稽核查业务等各类实操培训8期,开展统计业务、综合保税区及跨境电商业务、加贸业务能力提升、风险防控能力提升、食品卫生监督、旅检现场业务、货场及集装箱查验等赴外跟班实训7期,组织岗位资质培训13期,开办业务能力培训班27期,进一步提升广大干部的专业技能。

【新冠肺炎疫情防控培训】2021年,西宁海关服务口岸疫情防控和促进外贸稳增长,围绕西宁海关重点工作开展培训保障,建立由业务职能部门和人事教育处统筹协调、组织实施,隶属海关、保健中心共同参与的疫情防控培训工作机制,加强疫情防控重点岗位专业化能力再培训。及时印发《西宁海关开展新冠肺炎疫情防控培训工作方案》，实施"课堂+基地"的教学练战一体化实训模式，依托西宁曹家堡机场海关口岸，模拟实际情况，就规范性检疫措施进行实战化检验，组织开展了包括个人防护装备穿脱实操培训考核在内的多种疫情防控线下专题培训考核及口岸实战演练，口岸一线疫情防控岗位参训人员100%通过考核。组织参加了安全防护监督员业务能力专题培训、海关卫生监督基础能力建设网上培训班和海关卫生检疫专业能力建设网上培训班，要求三级梯队全体人员参训，通过线上、线下专题培训及考核，进一步提高了疫情防控一线工作人员、疫情防控三级梯队全体人员的个人安全防护能力，提升了安全防护监督员的业务能力。为进一步配合抓好常态化疫情防控工作，多次面向关区征集疫情防控培训方面建议，开展培训效果评估，进一步通过培训助推口岸疫情防控水平和相关工作人员个人防护能力有效提升。

▲2021年8月5日，西宁海关开展曹家堡国际机场口岸2021年度新冠肺炎疫情防控应急处置联合演练

【新录用公务员初任培训】2021年8月至9月，西宁海关在保证培训"零感染"的基础上，开展了新录用公务员的初任培训。做好培训前摸底，摸清新录用公务员基本情况，建立涵盖共同居住人、居住地等信息的人员清单，明确紧急联系人，通过电话逐一家访，告知共同居住人初任培训期间的疫情防控纪律要求和参训任务。做好培训期间管理，落实学员"日报告、零报告"制度，承担安全管理主体责任，守牢安全底线，确保培训零感染。开设线上培训班，带训班主任通过视频连线等形式抽查，全程监督学员参训情况。强化思想政治保障，通过组织新关员学习习近平总书记在庆祝中国共产党成立100周年大会上的重要讲话精神，进一步增强新关员思想政治觉悟和党性修养。开展谈心谈话，及时掌握新关员思想动态，进一步增强新关员的归属感。组织观看开班式明确初任培训方案及量化考核办法，要求全体学员严格落实培训管理要求，全身心投入初任培训。突出特色课程师资。创新培训方式方法，丰富培训内容和形式，选聘关区业务骨干向新关员开展专题特色业务课程培训，进一步提高新关员业务知识能力水平。邀请退休老干部讲授红色教育专题党课，教育引导新关员坚定信念、不忘初心，走好规矩和纪律的"新长征"。协调西宁市公安局特警支队教官开展队列训练，进一步增强准军意识、锤炼准军作风、强化准军养成。初任培训结束后，1

名学员被评为2021年初任培训（A班）队列训练标兵，1名学员被评为2021年海关初任培训（A班）优秀个人，1篇学员研讨发言稿被确定为"线上好发言"，《萌新转身，阔步未来！》初任培训微信宣传稿在总署《金钥匙》杂志刊登。

（撰稿人：郝 璟）

离退休干部管理

【概况】2021年，西宁海关全面贯彻党中央关于做好离退休干部工作的部署要求，紧紧围绕重点工作，用心用情、精准服务，落实离退休老干部政治、生活待遇，引导激励广大老干部为党和国家事业发展做出新贡献。

【离退休干部党建工作】2021年，西宁海关加强政治建设，持续抓好理论教育和离退休党支部建设。将离退休干部党组织建设纳入关区年度党建总体规划，完成离退休党支部换届选举。加强思想建设，聚焦庆祝中国共产党成立100周年、习近平总书记视察青海等重要节点，组织集中学习、线上学习和各类活动。

【老干部服务管理】2021年，西宁海关按期召开西宁海关离退休干部工作领导小组座谈会，及时通报重大会议、重要精神，专题研究离退休干部工作。深入开展离退休干部工作调研，定期向离退休干部征求意见建议。做好精准化服务，根据每位老同志具体需求，切实解决实际困难。严格落实"四必访"制度，关长及分管关领导带队赴医院看望生病住院老同志，疫情期间为4名因病住院老同志发放慰问金，到家中走访看望高龄、困难老同志20余人次，全年接待老同志来电来访100余人次。做好点滴健康保障服务，组织开展健康体检及健康讲座系列活动，为离退休老同志提供后勤保障和职工医疗保险业务办理等各项服务。做好疫情期间离退休干部服务管理，引导老同志准确认识疫情防控形势，拥护各项防疫决策部署，带头遵守属地化疫情防控规定，响应疫苗接种号召，充分发挥战"疫"优势作用。做好"智慧银海"信息平台信息采集等各项工作，协助做好信息平台推广。

【老年文化教育及作用发挥】2021年，西宁海关高度重视老干部文化教育，深度推进党史学习教育，开展形式多样、内容丰富的学习活动，深入学习贯彻习近平总书记"七一"重要讲话精神和视察青海重要讲话精神及党的十九届六中全会精神，全年组织开展2期线上活动、3期线下活动；组织党的十九届五中全会精神知识竞答和党史学习教育竞答比赛，调动学习热情，丰富精神世界；用好老干部宝贵资源，邀请老干部为青年关员讲党课，实现新老互动，传承红色基因，赓续精神血脉；开展2期党风廉政建设警示教育，有效促进老干部的思想引导和正能量作用，永葆清正廉洁政治本色。做好离退休干部信息宣传工作，组织离退休干部参加总署举办的"我看建党百年新成就"系列活动，关区2名老干部作品被总署采用。参加地方学习贯彻习近平总书记"七一"重要讲话精神专题宣讲等活动，相关情况在"青海老干部"微信平台刊登。

▲2021年2月8日，西宁海关邀请离退休干部开展迎春座谈会

【"光荣在党50年"纪念章首次颁发】

2021年，在中国共产党成立100周年之际，党中央首次向党龄达到50年、一贯表现良好的老党员颁发"光荣在党50年"纪念章。6月25日上午，在西宁海关庆祝中国共产党成立100周年"两优一先"表彰大会上，关长、关党委书记扎顿同志向王保仓、刘发财、惠铁军3名老同志逐一颁发、佩戴"光荣在党50年"纪念章。

（撰稿人：郝　璟）

第四篇

业务建设

法治建设

【概况】2021年，西宁海关深入学习贯彻落实习近平法治思想，坚持在法治轨道上推进海关制度创新和能力建设，规范行政执法权力运行，强化法治监督，增强普法实效，充分发挥法治服务保障作用。

【学习宣传贯彻习近平法治思想】2021年，西宁海关深入学习领会和贯彻落实习近平法治思想，通过邀请关党委理论学习中心组集中学习、青海省法学界专家为关警员和职工授课、法律顾问线上讲座、法治大讲坛专题讲座等多种学习形式，专题学习习近平法治思想，领导干部带头深刻领会习近平法治思想的核心要义和丰富内涵，坚持用习近平法治思想武装头脑。同时，深入学习习近平总书记"七一"重要讲话精神和考察青海时的重要讲话精神等，紧密结合青海省外向型经济发展实际，立足海关工作、立足法规职能，梳理重大决策部署落实及重点工作任务完成情况，进一步做好法治海关建设的各项工作。

年内，西宁海关党委在坚持"五关"建设要求的基础上，不断提高政治站位和行动自觉，把党的建设和法治建设有机结合，完善主要负责人为法治建设第一责任人的机制，落实领导干部述职述法等制度要求。在西宁海关月度形势分析及工作督查例会上2次重点研究涉及海关法治建设的全局性、方向性问题。党委理论学习中心组共开展专题法治学习2次，24名新提任的处科级干部参加并通过领导干部任前法律知识考试。

【行政执法和行政处罚】2021年，西宁海关持续推进落实行政执法"三项制度"。集中学习《海关总署关于2020年全国海关行政复议诉讼案件有关情况的通报》《海关行政诉讼案件裁判文书》，针对通报和裁判文书反映出的执法问题进行深入交流研讨，及时开展对照检查，以问题为导向，查找短板、防范风险，进一步严格规范公正文明执法；将通报内容及执法风险要点传达给一线执法人员，深化依法行政意识，严格落实案件审理委员会制度、重大执法决定法治审核制度，强化对重大案件、重大执法决定的审核把关。年内，西宁海关行政处罚案件立案5起，办结 3 起，均为一般程序案件，无经听证程序案件。采取行政强制措施 1 次，涉及货物物品 9,083 件，无行政强制执行。组织进口货物检查 57 次，稽查 7 次。开展行政检查合计 64 次。共接收行政许可申请 25 件，受理 25 件，其中，准予许可 13 件，变更许可 5 件，延期许可 7 件。年内，西宁海关无复议和应诉案件。

【**法规管理和海关总署立法后项目评估**】2021 年，西宁海关参与《中华人民共和国海关经核准出口商管理办法》《中华人民共和国海关办理行政处罚案件程序规定》等法规修订以及 2021 年度海关总署立法后项目评估，涉及法律法规 30 余部，提出修改意见和建议 16 条，被总署政策法规司采纳 2 条。2021 年，法规部门大力加强业务制度和规范性文件合法性审查，制（修）订 18 件，废止 1 件，评估 7 件，提出审查意见 13 条。政府信息公开审查及答复审查情况 2 起。

【**开展涉检案件专题培训**】2021 年，西宁海关办理涉检行政处罚案件 1 起。开展涉检案件专题培训 2 次，根据关区进出口业务实际和机构改革以来涉检案件的难点，结合总署编制的有关案例，就《中华人民共和国行政处罚法》（以下简称《行政处罚法》）、《中华人民共和国海关办理行政处罚案件程序规定》等法律法规，对隶属海关和业务职能部门法治岗位关员进行了针对性解读。

【**查处侵犯知识产权案件**】2021 年 11 月 16 日，西宁海关所属曹家堡机场海关对在出口监管环节查发的 1 起涉嫌侵犯知识产权违法行为予以立案，涉案物品为手提包 9,083 个。12 月 10 日，曹家堡机场海关对该案作出行政处罚决定，对涉案物品依法予以没收，并处罚款。该案件是西宁海关查处的第一起侵犯知识产权行政处罚案件。

【**民事诉讼案件**】2020 年 8 月 26 日，西宁海关就所属公益项目南北山植树造林林地 15 亩被硫酸污染致损一事，向西宁市城西区人民法院提起民事诉讼。2021 年 1 月 25 日该法院依法作出一审判决，判决被告赔偿西宁海关林木损失 88,800 元，本案被告在判决规定的期限内履行判决义务。

【**"证照分离"改革**】2021 年，西宁海关印发《西宁海关深化"证照分离"改革实施方案》，将"证照分离"改革新政与行政审批改革、优化营商环境协同推进，落实 14 项改革新政，取消审批 1 项、审批改备案 2 项、告知承诺 1 项、优化准入服务 10 项。印发《西宁海关贯彻落实全国深化"放管服"改革着力培育和激发市场主体活力电视电话会议精神任务分解表》，推动各业务条线落实工作要求。在《青海日报》发表《西宁海关再次取消两项行政审批事项》宣传稿件，方便进出口企业及时知悉相关改革事宜。

【**法制协调**】2021 年，西宁海关行政许可网上办理率 100%，按期办理 100%。法治和业务部门认真学习贯彻《中华人民共和国海关行政许可管理办法》，制定行政许可事项，严格落实取消部分行政许可事项的要求，第一时间停办取消的行政许可事项业务，及时在门户网站和业务现场调整更新行政许可事项目录清单及办理流程。年内，西宁海关做好业务工作法治服务保障，扎实推进、严格规范公正文明执法。就行政执法程序、政务公开、国有资产出租、聘用人员劳动合同解除等事宜提出法治审核意见，有效保障关区各项工作在法治轨道上运行。严格对各类民事合同进行合法性合规性审核，年内共审核民事合同81份。配合公安、司法机关协查案件8起。为进一步完善法律顾问聘任和管理工作，8月4日，正式聘任北京（西宁）大成律师事务所律师为法律顾问。

【法治宣传】2021年5月7日，西宁海关印发《西宁海关"谁执法谁普法"责任制清单（2021年度）》，进一步明确各条线普法责任。5月20日，印发《西宁海关2021年法治宣传教育工作方案》，明确法治宣传教育重点内容。11月23日，印发《西宁海关"八五"普法规划》和《西宁海关法治建设"十四五"规划》，对"八五"普法活动和"十四五"规划提前布局谋划。以《中华人民共和国宪法》（以下简称《宪法》）宣传为核心内容，依托"海关e课堂""钉钉""法宣在线""法治讲坛"等学习平台，利用"8·8"海关法治宣传日和"12·4"国家宪法日等重要时间节点，开展新提任干部宪法宣誓、在线旁听职务犯罪庭审、总体国家安全观教育等主题法治宣传活动。分类统计"法宣在线"平台学法答题情况，关区范围内考试参与率达90%以上，平均分达80分以上。把学习宣传和贯彻实施好新修订的《行政处罚法》作为加强法治海关建设的重要抓手，与七个兄弟海关就"无过错不处罚""三项制度"等内容进行了研讨交流。在《中华人民共和国民法典》（以下简称《民法典》）颁布施行1周年之际，做好主题宣传活动，将《民法典》宣传和解读融入"我为群众办实事"工作中，制订《西宁海关"美好生活·民法典相伴"主题宣传方案》，组织参加线上主题宣讲、《民法典》知识在线答题、"《民法典》与妇女权益保护"讲座、《民法典》在线答题、"《民法典》让生活更美好"以案普法等一系列内容丰富、形式多样、覆盖全员的普法宣传活动。12月，西宁海关法规处和1名同志分别获评青海省"七五"普法先进集体和先进个人荣誉称号。

【法治讲坛】2021年，西宁海关充分发挥法治讲坛的作用和功能，进一步提高全体干部职工的法治意识和法治素养，引导自觉运用法治思维开展各项工作。通过普法品牌"法治讲坛"开展习近平法治思想和《宪法》《行政处罚法》《民法典》讲座各1次。

（撰稿人：陈京明　汤文然）

业务改革与发展

【概况】2021年，西宁海关推动全国通关一体化，"两步申报"广泛铺开，"两段准入"稳步推进，"两类通关"不断探索实践，做好H2018新一代通关管理系统业务改革保障工作。大力提升检查异常处置效率，持续深化通关便利化改革。优化完善"业务改革问题收集反馈"工作机制，依托"问题清零"和"关企联络员"，进一步畅通关企沟通渠道，切实提升海关业务改革实效。深化"注销便利化""多证合一"改革，统筹推动"双随机、一公开"全面拓展，实现全链条管理"选、查、处"分离。

【业务改革协调】2021年，西宁海关支持青海特色产品出口，开展青海出口枸杞质量安全体系及品牌建设，帮助15家枸杞出口企业申请"柴达木枸杞"地理标志保护产品的标志使用，推动青海出口枸杞产业提升品牌核心竞争力；指导24家出口枸杞企业完成"有机枸杞标准化基地"认定，在全省范围内建立出口枸杞质量安全综合服务云平台，连续8年保持国内外"零通报"。提升特色农产品产业优势，重点针对枸杞、中藏药材等特色农产品出口现状和制约因素，制定"一企一策"，帮助企业应对贸易风险，实现扩大出口。深化海关业务改革，印发《西宁海关贯彻落实全国深化"放管服"改革着力培育和激发市场主体活力电视电话会议精神任务分解表》，抓早抓实抓细改革举措落实落地。印发《西宁海关深化"证照分离"改革实施方案》，落实14项改革新政，取消审批1项、审批改备案2项、告知承诺1项、优化准入服务10项，进境动植物检疫审批时间由原来的20个工作日缩短到3个工作日。完成海关系统核查领域"采信第三方出具报告制度"改革试点任务，在企业监管等级综合评分较高的前提下，通过采信第三方报告的方式，核查人员可免于实地核查，核查时间缩短为半天。推进"多查合一"改革，优化核查作业流程，统筹核查指令，对涉及同一企业的多个指令，实现一次作业完成多项任务，压缩核查赴企频次，切实减轻企业负担。落实国家区域经济发展重大战略，主动承担《区域海关支持西部陆海新通道建设》《黄河流域生态保护和高质量发展》研究项目，汲取兄弟海关工作经验，提升工作水平。做好各业务系统角色运行及维护，确保运行顺畅，完成H2018通关系统3.0版的切换。

【通关运行管理】2021年5月，西宁海关印发《西宁海关关于优化口岸营商环境进一步压缩通关时间的实施方案》，运用"新海廉"系统、全景数据展示平台等实时监控，持续优化口岸营商环境，进一步巩固压缩通关时间成果。全年西宁关区进口、出口整体通关时间分别为39.99小时、3.44小时。12月，进口整体通关时间为28.18小时、对比2017年12月压缩86.76%，出口整体通关时间为0.01小时、对比2017年12月压缩99.93%，进出口通关时间均完成较2017年压缩50%的任务。

【贸易管制与技术规范】2021年，西宁海关完成《青海省2020年国外技术性贸易措施对出口影响调查报告》《青海2020年国外技术性贸易措施对出口影响专项调查报告（中药材）》，参加区域海关共同支持西部陆海新通道建设、黄河流域生态保护和高质量发展关际合作，将国外技术性贸易措施应对与促进国内产业升级纳入重点举措，通过学习借鉴，不断提升关区技贸措施工作水平。运用藏毯、枸杞技术性贸易措施平台、西宁海关"夏都金钥匙"微信公众号等渠道多维度进行宣传，准确及时将最新国外技术性贸易措施告知企业。组织关区技术性贸易措施培训，进一步强化隶属海关技术性贸易措施理论基础。

【知识产权海关保护】2021年，西宁海关按照"龙腾行动2021"专项行动部署，在货运渠道持续加强对输往北美、欧洲、南美、非洲、"一带一路"沿线国家和地区的侵权货物监管，针对关键领域、重点环节、重点行业开展集中查缉，将服装、鞋帽、皮具、箱包、电子电器、洗护用品、手工用具等商品列为侵权高风险商品重点关注。加强与青海省知识产权局交流配合，互通互享知识产权备案、优势企业培塑信息，增强知识产权保护工作针对性和有效性。开展知识产权优势企业培塑，对两家重点优势企业宣介海关知识产权保护的范围、申请保护备案流程及"龙腾行动2021"情况，采取"一对一"指导，解决企业知识产权保护方面遇到的困难和问题，保护企业创新意识，提升维权能力，为企业"走出去"保驾护航。围绕海关全业务领域一体化改革，持续健全知识产权侵权风险管理体系，提升侵权风险防控水平，强化隶属海关执法协作，不断完善关区一体联动的打击侵权网络。2021年，查获侵犯知识产权商品案件1起，涉案货值20.60万元。依据《中华人民共和国海关法》第九十一条、《中华人民共和国海关行政处罚实施条例》第二十五条的规定，没收涉案货物并对行政当事人给予行政处罚，实现了关区查办侵权案件零的突破。

【"双随机、一公开"工作】 2021年，西宁海关印发《西宁海关行政执法检查事项"双随机、一公开"监管实施办法》，进一步明确部门职责，规范"两库""一公开"工作，将行政执法抽查结果在西宁海关信息公开栏目公示；与青海省市场监管部门建立工作机制，将"出口商品生产企业检查"纳入联合抽查事项。共完成联合抽查2起，发现问题8个，问题查发率100%，联合检查完成率100%，联合抽查结果在省"双随机、一公开"综合监管平台公示。

【隶属海关业务改革】 2021年，西宁海关推动隶属海关功能化建设，持续优化海关业务职责划分。将青海省海东市辖区内通关处置、现场验估、税收征管、检验检疫、认证签证、企业管理等业务由西海海关调整至曹家堡机场海关，便利海东市企业开展进出口业务。将西宁市综合保税区监管业务交由西海海关承担，负责做好综合保税区前期筹备、验收等相关工作。将西宁海关动植物与食品检验检疫处承担的进出口食品化妆品、进出境动植物及其产品检验检疫业务下放至西海海关。同时加强现场查验人员、签证人员配备，设置过渡期，按照"一类一指导"原则有序推进业务改革。

（撰稿人：张红元）

特殊监管区域管理

【概况】2021年,西宁海关贯彻落实党中央、国务院对外开放决策部署,着力推动综合保税区和保税物流中心等对外开放平台"从无到有、从有到优",高质量服务"四地"建设,推动产业深度融入"一带一路"建设、新时代西部大开发、黄河流域生态保护和高质量发展等,为青海省对外贸易提供新动力。

西宁综合保税区是青海省获批的第一个特殊监管区域,地处大通县北川工业园区,规划面积约0.92平方千米(1,386亩),围网面积约0.84平方千米。2019年12月20日,国务院批复同意设立西宁综合保税区。2021年12月20日,通过总署等八部委正式验收。截至2021年年底,区内共有5家备案企业,分别是青海启航供应链有限公司、西宁通泰智能科技有限公司、青海森澳商贸有限公司、大通百灵国际物流有限公司、青海迈创教育科技有限公司,主要业务类型为保税仓储、保税加工与保税物流。

青海曹家堡保税物流中心(B型)是青海省第一个保税监管场所,规划面积0.073平方千米。2015年11月25日,总署等四部委批准同意设立青海曹家堡保税物流中心(B型),2016年7月29日通过正式验收,2016年10月28日正式运行。青海曹家堡保税物流中心(B型)自封关运营以来,集装箱数量逐年增加,货源地不断扩大,货物种类不断增多,进口货值逐年递增,作为青海省发展外向型经济的平台作用逐渐显现。2021年,青海曹家堡保税物流中心(B型)进出口总值8,392万元,同比增长83.6%。

【综合保税区通过预验收】2021年,西宁海关党委高度重视西宁综合保税区建设、验收及封关运营工作,及时成立工作推进领导小组和工作专班,制订《西宁综合保税区建设海关工作推进方案》,在每月形势分析及工作督查例会上研究部署相关工作,出台《西宁海关支持西宁综合保税区发展七项措施》,推进西宁综合保税区建设重点工作。主要负责人和分管关领导带队多次到建设现场开展调研指导,协调解决相关问题和困难。工作专班加强与管委会的联系沟通,定期赴建设现场开展业务指导，定期梳理问题清单和整改任务清单，按相应时间节点分步落实到位。10月15日，西宁海关牵头，会同青海省发展和改革委员会、青海省财政厅、青海省自然资源厅、青海省商务厅、青海省市场监督管理局、国家税务总局青海省税务局、国家外汇管理局青海分局8个部门组成联合预验收组，召开预验收工作会议，开展实地预验收，对照标准逐项评审，签署西宁综合保税区预验收项目评审表，形成一致的评审意见，认为西宁综合保税区0.92平方千米区域的基础和监管设施符合《综合保税区基础和监管设施设置规范》（署贸函〔2019〕209号）的规定和要求，同意西宁综合保税区通过预验收，并与西宁市人民政府签署预验收纪要。

▲2021年10月15日，西宁海关助力西宁综合保税区通过预验收

【综合保税区通过正式验收】2021年12月20日，总署会同国家发展改革委、财政部、自然资源部、商务部、国家税务总局、国家市场监督管理总局和国家外汇管理局组成联合验收组，通过视频方式对西宁综合保税区进行正式验收。联合验收组听取了西宁海关关于西宁综合保税区预验收情况汇报，并视频连线检查综合保税区基础和监管设施建设情况。经过联合验收组专家评审，一致同意西宁综合保税区通过正式验收。青海省副省长杨逢春出席会议，省政府副秘书长王志忠、西宁海关关长扎顿、省商务厅副厅长杨小民、西宁市政府副市长肖向东和青海省预验收组成员参会。王志忠代表青海省人民政府作表态发言，表示青海省将坚持改革创新、完善政策，解放思想、更新观念，拓展功能、优化服务，把西宁综合保税区打造成全省改革开放先行区、保税加工集聚区、科技创新示范区、跨境电商引领区、服务贸易创新区，为服务国内国际双循环发展新格局发挥积极作用。西宁综合保税区通过正式验收标着青海省开放型经济进入新阶段，将迎来跨越式发展。

【保税监管场所管理】根据海东河湟实业（集团）有限公司申请，2021年10月20日组织工作专班对曹家堡保税物流中心（B型）跨境电子商务海关监管作业场所建设、信息化辅助管理平台建设及网购保税进口业务开展指导，并对网购保税进口查验场地进行现场复核，同意其开展网购保税进口相关业务。印发《西宁海关跨境电商企业对企业（B2B）出口监管试点工作实施方案》，支持新业态发展，推进跨境电商企业对企业（B2B）出口监管试点工作，助力包括海外仓企业在内的跨境电商出口企业尤其是中小微企业便利通关，支持更多青海省企业"走出去"，2021年10月出口货值790万元，标志着保税物流中心实现出口业务零的突破。会同青海曹家堡保税物流中心（B型）管委会组成学习调研组，赴郑州海关学习调研跨境电商方面的成熟经验和做法，形成调研报告，提出西宁关区开展跨境电商网购保税创新监管试点的初步思路；加大对保税物流中心政策宣讲和业务指导工作，通过提高保税物流中心海关管理效能，做好进出保税物流中心环节风险防控。支持青海省进出口企业利用保税物流中心开展国际进口商品保税展示交易，加大和其他地区特殊监管区域、保税监管场所的业务合作，大力推进保税货物流转业务；回应保税物流中心运营企业合理诉求，指导企业根据业务实际合理配置保税物流中心资源，充分发挥保税物流中心国有资产效益。

（撰稿人：马雪峰　王　雪）

风险管理

【概况】2021年，西宁海关以进一步完善风险防控机制为基础，以提高精准防控为目标，持续加强人工分析研判力度，强化大数据工作手段运用，不断提升队伍能力素质，切实发挥风险管理业务运行中枢作用。

【风险预警】2021年，西宁海关向总署风险管理司报送"提请关注沙棘类产品伪瞒报骗取出口退税的提示告知类预警建议"和"提请关注枸杞籽油归类错误存在骗取出口退税风险的预警建议"2条全国预警信息，均被采用刊发，并通过HF2020海关风险管理系统累计向关区各业务现场发布风险预警提示和排查类联系单42条。

【风险分析处置】2021年，西宁海关加大人工风险分析力度，工作重点由传统涉税风险向安全准入风险拓展，由贸易渠道风险向非贸渠道风险拓展，由关税风险向涉检领域风险拓展，加大对西宁综合保税区和进境粮食、真空包装布控查验等风险防控工作。建立专人负责内外部风险信息分析研究机制，围绕关区枸杞出口态势、出口退税等重点领域开展专项风险态势分析研究。进一步完善固体废物影子商品库，加强境内外供应链上下游信息数据整合及异动监控分析。及时调整关区风险防控策略、措施，优化风险布控规则，确保关区风险防控覆盖效能。2021年，西宁海关进口可实施查验报关单16票，查验4票，进口查验率25%，高于全国查验率（13.13%）11.87个百分点；查获1票，进口查获率25%，高于全国查获率（5.01%）19.99个百分点。

【大数据应用】2021年，西宁海关充分有效利用"云擎"资源开展数据查询建模实操，加强业务和科技融合，更大程度地发挥大数据分析效能，提升海关智能化监管能力和水平。运用"云擎"大数据应用工具，有针对性地创建风险模型，精准下达稽核查指令，先后发现青海某公司进口商品"MFC质量流量计"归类错误，青海某公司进口商品"塑料容器"归类错误。

【风险态势分析】2021年，西宁海关紧盯象牙等重点物种伪瞒报夹藏风险，聚焦市场需求，加大象牙、珍稀木材等野生动植物走私风险防控能力。整合"风控+缉私"协同作业优势资源，深化跨部门联合处置，强化风险防控合力。强化大数据人工智能应用，开展象牙等濒危夹藏伪瞒报防控大数据模型应用，实现濒危目录信息一站式查询、进出口数据实时甄别、查发动态可视化展示，有效提升智能化风险防控水平。

【固体废物专项风险防控】2021年，西宁海关深入贯彻习近平生态文明思想，始终将禁止洋垃圾入境作为生态文明建设标志性举措，持续开展固体废物专项风险防控。针对2021年固体废物全面清零后伪瞒报走私新趋势，以供应链为单元，围绕异动组织风险防控，创新应用"事件、情报、数据"三轮驱动模式，构建大数据工具应用集合，提升案件经营能力。依托口岸安全风险联合防控机制，与相关外部部门开展联合研判。

【毒品风险防控】2021年，西宁海关根据总署部署安排，针对毒品走私风险形势，对内进一步加强部门协作，建立快速响应机制，加强多渠道一体化风险防控；对外联合公安、安全等部门，强化多源信息获取，共享信息线索，开展执法合作，不断深耕快件、邮递、跨境电商、旅客等渠道毒品安全准入（出）风险防控基础。

【"清邮"专项行动】2021年，西宁海关在"清邮"专项行动中，依托青海省口岸安全风险联合防控工作机制，以专项分析、专项规则、专项检查相结合的方式推进实施，结合实际开展"企业画像"评估模型应用，对关区1,320家进出口货物收发货人开展动态评估，充分有效利用"云擎"资源开展数据查询建模实操，充分发挥大数据分析效能；主动走访公安、安全、外汇、市场监管、国税等单位，有针对性地开展口岸安全风险收集、交换、共享，掌握工作主动权；建立高效的联系配合机制，制定《西宁海关风险防控部门与稽查、缉私部门联系配合办法》，规范线索移交、结果反馈等环节操作，实现后续跨部门协同防控一体化；运用风险监测预警系统，按照总署风险监测行业标准要求，加强关区风险监测评估和风险预警，全年累计向关区各业务现场发布相关风险预警提示和排查类联系单42条，向缉私部门提供线索2起，梳理排查境外邮件人员信息137条，查获违禁品29件次（走私仿真枪配件）。

【打击治理海南离岛免税"套代购"走私专项行动】2021年，西宁海关有效落实总署打击治理海南离岛免税"套代购"走私专项行动，坚决防止"水客"跨关区、跨渠道漂移，联系西宁市市场监督管理局联合开展打击治理海南离岛免税"套代购"走私的市场调研、摸排和线下巡查行动。按照行动计划，对青海省主要销售进出口商品的西宁机场跨境免关税体验店、万达广场海湖店、王府井大象城、王府井百货五四大街店、KKV万达广场西宁海湖店等开展暗访和巡查，联合市场监管、邮政管理等单位开展寄递行业和流通市场巡查整治，全面构筑形成"管防打治"一体化工作格局。

【口岸风险联合防控】2021年，西宁海关围绕中国共产党成立100周年纪念活动，实施"国门利剑""蓝天行动"等专项行动，依托青海省口岸安全风险联合防控工作机制，强化重大风险的收集研判及布控处置。对外推进与政府部门信息交换，推动与公安、移民、安全、税务、外汇等单位，建立跨部门常态化信息交换机制，畅通交换渠道，拓展信息交换和数据共享，切实发挥业务中枢作用，推进数据、系统集约化。

（撰稿人：郭　锐）

关税征管

【概况】2021年,西宁海关全面提升海关征管制度创新和治理能力,提高税收风险防控效能,努力推动海关税收工作高质量发展,服务对外开放新格局,以优异成绩庆祝中国共产党成立100周年。

【税则税政】2021年,西宁海关聚焦省内支柱行业、重点商品,深度挖掘企业需求,在前期广泛征求企业意见的基础上,汇总、上报唐卡税政调整建议并被总署采用。

【估价管理】2021年,西宁海关督促指导现场海关执行事中、事后验估指令,加大相关商品审价力度,防止税款流失。收集报送价格税收风险防控建议,协同税管局开展价格风险防控。加强估价运行管理监控,夯实估价作业基础,提高审价作业规范度。指导、监督和检查现场海关估价工作,确保估价方法准确、估价程序合规、估价作业规范。开展风险、企管、监管、缉私、现场海关等多部门协同防控,提高关区估价管理水平。为属地企业公式定价延续性价格申报征税和其他征补税。估价补税、涉价补税、属地企业"双特"延续性价格申报征税均为0。

【验估管理】2021年,西宁海关报送税收风险参数11条,接收税收征管局事中验估指令13条,开展事后验估作业1次,风险排查及时率、处置有效率均为100%。总署下发的《关税司关于2021年上半年全国海关验估工作情况的通报》中,西宁海关事后验估指令执行办结率排全国海关第4位。

【税收征管】2021年,西宁海关落实税收政策,服务国家开放大局,深入挖掘税收潜力,持续深化综合治税,做好归类、审价补税工作。全面及时分析新冠肺炎疫情期间关区税收增减因素,制定《税收进度监控表》,强化税收进度监控和预测。开展税收形势研判,完成总署税收指导任务。年内,西宁海关实际入库税收4,135.82万元,其中,关税388.06万元,进口环节税3,747.76万元。年内,共办理《征免税确认通知书》89份,审核确认减免税货值2,789万美元,减免税款844.10万元。发挥关税职能作用,加强与兄弟海关学习交流,顺利完成关区首例行邮物品

（香烟）走私案件税款计核工作。

【税收风险防控】 2021年，西宁海关综合运用风险、审单、稽查等力量，结合归类风险预警信息、审计查发问题、验估指令等对关区报关单进行审核。

【原产地管理】 2021年，西宁海关指导企业用好、用足原产地优惠政策，帮助企业提升竞争力，撰写《青海省对RCEP成员进出口分析及RCEP即将生效带来外贸发展新机遇》专题报告。2021年，西宁海关共签发各类原产地证书539份、同比增长70%，签证金额5,816万美元、同比增长143.40%，其中，出口至RCEP成员方的货物签发原产地证书229份，货值1,898.70万美元。

【确保税收安全】 2021年，西宁海关完善海关税收征管流程，优化税收征管模式，提高税收征管质量。打击价格低报瞒报、不实贸易等各类逃税涉税违法活动，维护安全公平有序的贸易环境。深入开展税政调研，报送进出口税收政策调整建议。依托大数据、"云擎"系统等新技术促进征管智能化、作业信息化、缴税便利化。深入落实各项进口税收优惠政策，加强原产地管理，引导企业用好用足保税、减免税等政策，支持补齐产业链供应链短板，保障和促进产业安全。

【RCEP关税实施准备】 2021年，西宁海关帮扶关区内企业真正用好用足相关政策，结合关区实际，在签订原产地证的过程中及时发现并指导解决企业面临的问题，组织隶属海关制订《RCEP原产地规则和关税减让培训方案》，将RCEP关税实施宣传培训作为一项重要工作摆在突出位置。组织原产地岗位关员观看总署培训视频、对相关政策法规进行学习，提高关员业务素质，致力于为企业更顺畅地提供服务。同时，采取多种方式向青海省内外贸企业开展RCEP原产地规则宣讲解读，组织相关企业参加全国《区域全面经济伙伴关系协定》（RCEP）线上专题培训，聚焦宣传RCEP原产地规则解读、企业对RCEP原产地规则的运用以及海关落实自贸协定主动服务企业的效果等方面，充分运用业务交流微信群，向企业进行宣介，指导青海省出口企业了解政策利好，助企搭乘RCEP快车。

【属地纳税人管理】 2021年，西宁海关指导隶属海关发挥属地优势，以适当形式开展关区重点税源商品和税源企业调研，了解企业经营状况，针对企业纳税信用和申报合规实施差别化税收征管。深入推动属地纳税人管理制度落实，进一步规范关区属地纳税人管理工作。通过座谈交流、企业调研等形式，及时了解隶属海关工作开展情况，指导隶属海关开展属地纳税人管理工作，有针对性地为属地纳税企业提供政策培训，并对关区属地纳税人在全国海关纳税情况进行监控，定期确定重点属地纳税企业名单；召开关区属地纳税人专题会议，研究制定《西宁海关属地纳税人管理工作指引（试行）》，以"纳税遵从"为目标,以关区注册进出口企业为单元,以建立属地纳税企业底账为基础,对关区前30家税源企业的纳税服务工作任务进行分解,由西海海关承担29家企业,格尔木海关承担1家企业的纳税服务工作;建立属地纳税企业底账,提升税收风险防控水平,收集企业税收风险,建立以税收预测、税收风险防控、税收安全评估等为主要内容的税收征管模式,引导企业合规经营,提升规范申报率,提高企业纳税遵从度;加强各相关职能部门与隶属海关之间联系配合,建立工作机制,开放系统授权,共享数据信息,定期开展经验交流,促进学习借鉴,通过纳税服务,构建新型关企征纳关系,提高关区属地纳税人管理水平。

【深化综合治税】2021年,西宁海关开展税政调研和税收形势研判,推进税收征管改革"量、质、效"提升。推广税款电子支付、自报自缴、汇总征税、关税保证保险等税收征管改革,提升企业便利度,减轻企业负担。持续强化税收风险协同防控。加强关区税收风险信息收集、分析,指导现场海关验估人员排查风险,及时完成并反馈验估指令,提升验估绩效。

(撰稿人:汪成源)

卫生检疫

【概况】2021年，西宁海关坚持以习近平新时代中国特色社会主义思想为指导，深入贯彻党的十九大和十九届历次全会精神，始终坚持弘扬伟大建党精神和伟大抗疫精神，深入学习领会"两个确立"的决定性意义，增强"四个意识"、坚定"四个自信"、做到"两个维护"，始终坚持"人、物、环境同防""多病共防"，严防埃博拉、鼠疫、黄热病等重大烈性传染病传入，筑牢口岸卫生检疫防线。

【口岸检疫查验】2021年，西宁海关持续按照党中央关于抓紧抓实抓细常态化疫情防控工作部署，压紧压实主体责任，综合研判疫情形势、口岸状况、航班计划、风险等级等各种因素，实时调整口岸防控力量和资源配置，针对口岸新冠肺炎疫情防控的薄弱环节，加快补齐短板，严格做到规范操作，规范管理，确保"零感染、打胜仗"。结合关区工作实际，研究形成《新冠肺炎疫情常态化防控形势下西宁曹家堡国际机场口岸传染病疫情风险分析》《青海国境口岸食品安全抽检现况、问题及对策研究》《口岸卫生检疫智慧查验平台和旅客通关管理子系统卫生处置应用使用中存在的问题及对策研究》3篇报告。

【口岸传染病监测】2021年，西宁海关开展传染病防治健康宣传和咨询服务工作，在机场口岸、青海国际旅行卫生保健中心采取挂图、大屏幕滚动播放、分发宣传折页等方式，向公众普及埃博拉出血热、登革热、麻疹、诺如病毒等疫情防控常识，提高出入境人员自主申报意识。在"世界防治结核病日""世界防治疟疾日""世界流感日""世界艾滋病宣传日"等关键节点，通过系列宣传活动、咨询检测、知识讲座等方式对重点传染病防控知识进行宣传，提高公众防病意识。

【口岸卫生监督】2021年，西宁海关落实2021年国境口岸卫生监督和食品安全抽检计划，加强日常监督，持续督促口岸食品生产经营、饮用水供应、公共场所经营单位落实主体责任，建立生产经营者食品安全综合评价和诚信公示制度，切实保障国境口岸公共卫生安全；落实"双随机、一公开"，不断完善分级监督抽检制度，做好口岸卫生监督工作；加强一线监督人员能力建设，有效扩充关区国境口岸卫生监督员队伍，组织关区33名关员进行国境口岸卫生监督相关知识及技能培训、资质考试及资格认证，不断提升关员执法履职能力，关区国境口岸卫生监督员队伍从5人扩充到37人；在新冠肺炎疫情常态化防控形势下，持续推进口岸食品安全抽检工作，开展口岸卫生监督及食品安全专项督查，现场快速检测未发现不合格，实验室检测项目发现共有4批次餐馆用餐饮具结果不合格，均为阴离子合成洗涤剂（以十二烷基苯磺酸钠计）超标，已责令相关餐饮企业立行立改，确保口岸食品卫生安全；年内共受理卫生许可申请20单，完成审批20单。

【国门生物安全】2021年，西宁海关做好国境口岸病媒生物监测，制订下发《2021年关区病媒生物监测方案》并指导机场海关开展国境口岸病媒生物监测，开展二氧化碳诱蚊灯监测12次（每次4个监测点/生境），伊蚊诱卵器监测6次（每次4个监测点/生境），捕获淡色库蚊1只；开展鼠监测3次，未捕获；蜚蠊监测9次，捕获蜚蠊33只。严抓严管出入境特殊物品卫生检疫审批，关区仅有青海华士信医用科技有限公司通过审批开展特殊物品入境业务，入境特殊物品均为体外诊断试剂，产品等级为D级，共受理4单特殊物品入境卫生检疫审批并完成核销。无新冠病毒疫苗出口企业，暂未开展新冠病毒疫苗出境审批和监管业务，未发现疫苗非法出境相关情况。

【疫情监测与风险评估】2021年，西宁海关深入贯彻落实习近平总书记重要讲话精神，落实建立智慧化预警多点触发机制、健全多渠道监测预警机制要求，进一步提升疫情监测预警能力，密切关注全球传染病疫情流行趋势，加强收集互联网疫情数据，做好沙特阿拉伯等6国疫情风险监测的同时，强化对越南、泰国等通航国家的疫情监测，动态调整辖区口岸疫情防控策略，完成每日沙特阿拉伯等6国新冠肺炎疫情研判报告365期（累计586期），完成传染病半年风险研判2期。组建关区流调溯源队伍，与青海省疾病预防控制中心联系开展流调溯源人员培训，开展医疗废物泄漏职业暴露、标本溢洒、应对突发新冠肺炎疫情应急演练2次，提高防控一线人员技术能力。建立三级安全防护监督员队伍，组织安全防护穿脱专项培训，从严落实"岗前检查、工作巡查、全程督查"的安全防护监督要求，不断提高个人防护意识，落实个人防护责任追究制度，坚决杜绝职业暴露感染情况发生。

【口岸核心能力建设】2021年，西宁海关持续提升口岸核心能力，从常规核心能力、应急核心能力、能力提升等方面督促西宁曹家堡国际机场口岸进行整改；持续推进口岸疑似病例转运电梯、出境通道负压隔离设施改造，进一步夯实机场口岸公共卫生基础设施建设和应急响应能力；

以青海国际旅行卫生保健中心改扩建项目实施为契机,提升国际旅行健康服务水平,为口岸核心能力提升提供技术支撑;加强疫情防控信息化建设,继续在口岸推广旅客通关管理子系统卫生处置的应用,摸索整合优化相关业务系统,避免重复劳动,提升工作效能,减轻一线负担。

【国际旅行健康服务】2021年,西宁海关青海国际旅行卫生保健中心发挥国际旅行健康服务的优势,针对性提供健康咨询、健康体检、疫苗接种等健康服务。加强实验室管理,提升保健中心技术支撑能力,移动P2+实验室获批开展新冠病毒核酸检测工作。年内,共对594份人员样本、45个集装箱货物样本、16个食品货物样本开展新冠病毒核酸检测,均为阴性,未发生任何生物安全事故。年内,共开展传染病监测体检428人次,预防接种187人次,出具国际旅行健康证书372本,国际旅行预防接种证书204本,检测新冠病毒样本36.69万份。

(撰稿人:段宵宵 贾娟娟)

动植物检疫

【概况】2021年，西宁海关坚持以习近平新时代中国特色社会主义思想为指导，坚决贯彻落实习近平生态文明思想，切实履行维护国门生物安全、筑牢口岸检疫防线重要职责，做好外来入侵物种口岸防控工作，严防非洲猪瘟、高致病性禽流感、沙漠蝗、松材线虫等重大动植物疫情疫病传入传出和外来物种入侵，西宁关区口岸动植物疫情防控能力得到进一步提升。同时坚持问题导向、需求导向，优化营商环境，统筹抓好疫情防控和促进外贸稳增长，推动青海地区企业贸易发展。优化检疫审批流程，规范检疫程序，重点保障种质资源进口。加强政策帮扶，促进青海特色优质农产品出口。制订专门检疫方案，保障首届中国（青海）国际生态博览会成功举办。进一步守正创新，积极有为，持续深化动植检改革创新，综合管理效能显著提升。扎实推进青海"四地建设"，研究制订进境植物疫情风险监测工作方案，保护大美青海生态安全。推进黄河流域生态保护和国门生物安全防控一体化建设。进一步夯实基础，提升自身能力，进一步规范、明晰工作流程，增加业务透明度。加大培训力度，开展实操培训，推进动植检岗位资质管理。配合总署承担境外疫情舆情和政策信息收集任务，深入开展国门生物安全教育，使国门生物安全理念深入人心。

【进出境动物检疫】2021年，西宁海关以最严格的措施落实非洲猪瘟全链条防控，与青海省农业农村厅等相关部门密切配合，共同构建立体防控网络，开展非洲猪瘟防控应急处置演练，对《西宁海关进出境重大动物疫情应急处置预案》进行实战状态下的检验；及时发布世界各国非洲猪瘟疫情和俄罗斯古典猪瘟疫情信息22篇，并督促西宁曹家堡机场海关做好相关防控工作。落实总署关于沙漠蝗防控系列部署要求，开展疫情防控宣讲和科普工作，印制宣传海报和宣传册1,000余份，加强对来自沙漠蝗疫区航空器承运单位疫情防控宣讲。加强来自沙漠蝗疫区进境运输工具和货物检疫，实行沙漠蝗检查和监测"日报告、零报告"制度。开展动物疫病安全风险监测，共监测进境虹鳟鱼发眼卵5批，监测项目6项，均未检出动物疫病。

【进出境植物检疫】2021年，西宁海关落实全国海关2021年动植物检疫工作要点，筑牢西宁关区口岸进出境植物检疫三道防线：进境前，组建专家队伍广泛收集境外植物疫情信息和检疫政策动态；进境时，依托动植物检疫能力提升工程项目加强口岸植物检疫初筛实验室建设，构建西宁关区口岸植物有害生物检疫鉴定体系；进境后，持续加强后续监管环节执法力度，全面完成2021年度安全风险监控各项任务。在口岸、生产加工场地、种养殖场开展国门生物安全监测，落实总署关于沙漠蝗防控的一系列部署要求，开展疫情防控宣讲和科普工作，加强对来自沙漠蝗疫区航空器承运单位疫情防控宣讲，印制宣传海报和宣传册千余份；严格实行沙漠蝗检查和监测"日报告、零报告"制度，加强来自沙漠蝗疫区进境运输工具和货物检疫。

【外来入侵物种口岸防控】2021年，西宁海关深入贯彻落实习近平总书记对外来入侵物种口岸防控工作的重要指示批示精神，严格按照总署相关要求，迅速行动，第一时间成立西宁海关外来入侵物种口岸防控领导小组及工作专班，印发《西宁海关关于进一步加强外来入侵物种防控工作的通知》，召开2次专班（扩大）会议，加大外来物种入侵风险分析布控力度，开展疫情风险评估，提高布控精准

度；强化贸易渠道和非贸渠道进境动植物检疫，加大高风险产品和截获物的检疫送样力度，做好进境集装箱、木质包装检疫查检工作。2021年，西宁关区共检疫查验木质包装17批次，截获一般性有害生物35种次。

▲2021年3月15日，西宁海关组织开展"清风行动"宣传教育活动

【2021年青海省"清风行动"】2021年，西宁海关牵头，联合西宁市属7家相关单位，开展西宁市片区"清风行动"督导组的督导检查工作。共排查农贸市场24家、水产经营户166家、冷藏经营户94家、餐饮单位297家、超市32家、海洋馆2家、水产养殖场1家，涉及黄花鱼、龙利鱼、金枪鱼、海鲈鱼等人工养殖水产品18种，主要来自北京、广东、广西、山东等10省区市，日销售量3万余千克，检查中未发现禁捕野生鱼，未监测到网上经营利用野生动物非法贸易行为和禁用猎捕工具等的违法活动信息。督导抽查西宁市城东区新民综合市场、西宁市四季海鲜批发市场、西宁市城西区东江海鲜餐饮企业、

西宁市新宁路长途汽车客运站等场所都张贴了保护与禁食野生水生动物宣传标语和"一法两决定"横幅，张贴了长江流域青海段21种禁捕鱼图片等。督导检查未发现禁捕野生鱼和非法经营长江、黄河、青海湖等重要流域天然渔获的情况。对西宁市湟中区多巴镇黑嘴村新华联童梦乐园有限公司进行检查，该公司已取得了水生野生动物驯养繁殖许可证和陆生野生动物驯养、救护许可证等许可证书，现有国家一级保护野生动物1种（斑海豹），国家二级保护野生动物23种（其中绿海龟、白鲸和瓶鼻海豚分属国家二级陆生野生动物和水生野生动物）供游客观赏，现存的野生动物来源合法合规，并与青海省公安厅、青海省农业农村厅、中国野生动物保护协会等单位签订了相关合作协议，在海洋馆的不同场区进行展示、警示，起到保护野生动植物宣传与警示教育的作用。西宁海关通过国门生物安全展示馆和西宁新华联童梦乐园有限公司的国门生物安全科普教育基地宣传平台，开展形式多样、主题突出、内容丰富和具有海关特色的宣传教育活动，发放宣传图片和彩页近400份，让广大群众充分认识到加强野生动物保护和打击进出口野生动物及其制品活动的重要性。

【**国门生物安全监测和安全风险监控**】2021年，西宁海关有序开展入境口岸监测调查，对沙漠蝗、检疫性实蝇、外来有害杂草、梨火疫病、红火蚁等高风险外来有害生物监测工作，共设立监测点200余个，形成全方位口岸疫情监测网络，2021年未监测到外来有害生物。开展动物疫病监测，共监测进境虹鳟鱼发眼卵5批，监测项目6项，分别为：冷水性鱼类流行性造血器官坏死病、病毒性出血性败血症、传染性鲑贫血病毒感染、鲑甲病毒感染、鲤春病毒血症、流行性造血器官坏死病，均未检出动物疫病。制订进出境食用农产品和饲料安全风险监控实施方案，对进口粮食进行安全风险监控，均未检出不合格。

【**"国门绿盾2021"专项行动**】2021年，西宁海关印发关区行动方案，明确工作内容和实施计划。建立工作机制，联合青海省农业农村厅、青海省自然资源厅、青海省生态环境厅、青海省林业和草原局联合制定印发《青海省加强外来物种入侵防控工作方案的通知》，统筹协调打击非法引进外来物种和种子苗木等重大问题。加强评估处置，广泛收集并编译整理动植物疫情和外来物种入侵等信息，提出评估意见，及时报送总署。

【**进出境动植物检疫能力提升工程建设**】2021年，西宁海关强化制度建设，制定《进出境检疫处理监管工作指引》《出入境检疫处理单位监管工作指引》《口岸卫生处理工作指引》等文件，构建了规范化的制度体系。督促关区内1家检疫处理单位制定并签署《质量安全承诺书》，按照"四不两直"原则加强对检疫处理单位监督检查。2021年共发现各类问题4项，均已要求相关单位完成整改。统筹用足用好2021年进出境动植物检疫能力提升工程项目资金，为西宁关区配备相应的动植物检疫设施设备。同时，继续加强基层一线动植物检疫设施设备需求调研，探索口岸新型智能化设备的应用，组织开展能力提升工程的实施效果评价。

【**动植检岗位资质管理**】2021年，西宁海关持续开展岗位资质动态管理，解决关区动植物检疫资质人员严重不足的问题。关区原有动植物检疫岗位资质人员19人。组织参加总署资质考核认定，2021年新增1名签证兽医官、1名签证植物检疫官、36名动植检现场查验岗资质。加强岗位资质人员专业培训，形成每年举办1期培训班的常态化培训机制，累计培训150人次。

【**国门生物安全主题教育活动**】2021年，西宁海关克服新冠肺炎疫情影响，首次将主题教育活动分两阶段进行。第一阶段围绕"4·15全民国家安全教育日"活动，以"国门生物安全 你我共同守护"为主题，联合青海大学开展"国门生物安全进校园"宣教活动，现场近300名学生在国门生物安全倡议书上签名。第二阶段活动持续到2021年年底，将国门生物安全宣传常态化。9月26日，首个保护青藏高原生物安全的宣教平台——西宁海关国门生物安全科普宣传馆在西宁新华联童梦乐园开馆，通过"学习强国"、总署网站、海关发布微博、《中国国门时报》、《青海新闻联播》等平台发布国门生物安全宣传文章10篇次。

【**服务地方经济发展**】2021年，西宁海关帮扶企业扩大进出口，开展农产品进出口需求调研，提前介入实施"一对一"精准帮扶，指导企业完善质量管理体系，推动出口产品"源头达标"。优化出境动植物及其产品注册登记程序，2021年新增出口农产品注册登记企业2家，出口农产品注册登记企业累计达17家；接受进口农产品企业咨询服务80余次。简化办理手续，压缩审批时限，进境动植物检疫审批时间由原来的20个工作日缩短到5个工作日。农产品出口2.4亿元，同比增长54.7%，其中，冬虫夏草出口首次占据全国出口总值的"半壁江山"，出口6,998万元，同比增长48%；党参出口433万元，同比增长2.1倍。全程指导燕麦进口企业建立疫情防控和外来有害生物监测等制度，完成1,200吨进境燕麦的后续检疫监管工作。加强与口岸海关的衔接沟通，与乌鲁木齐海关、呼和浩特海关加强沟通协作，强化信息共享，进一步扩大小麦、燕麦、白喉乌头等农产品进出口，畅通关区农产品进出口通道。落实"六稳""六保"工作任务，贯彻落实总署2020年第99号公告要求，持续优化口岸营商环境，帮助1家出口至韩国的饲料企业免于注册，成功实现出口。立足"强化监管优化服务"，继续优化检疫监管模式，对高原特色农产品出口实施过程监管，应对国外植物检疫措施，对外方关注的植物检疫性有害生物名录进行动态调整。争取地方政府资金支持，在青海省委省政府的关心支持下，2021年西宁海关获得省级财政支农资金，利用专项资金开展青海出口枸杞质量安全体系及品牌建设。帮助16家枸杞出口企业向市场监管部门申请"柴达木枸杞"地理标志保护产品的标志使用，通过获取申请标志使用资格，将各自品牌化整为零，利用地理标志形成区域性公用品牌，结合各自品牌的双品牌机制，推动提高青海出口枸杞产业品牌核心竞争力；打造3个出口枸杞标准化示范基地；强化源头管控，引导并帮助11家出口企业严格规范农产品生产投入品的管理，鼓励并指导企业开展"良好生产规范"（GMP）、"危害分析与关键控制点"（HACCP）、"良好农业规范"（GAP）等国际农产品标准认证，强化企业质量安全主体责任，提升出口农产品质量安全水平；打造出口枸杞质量监测平台和政策网上服务系统。利用海关职能和技术优势，联合大专院校和科研院所，共同制定青海枸杞地方标准，为改变青海特色产品标准滞后的被动局面做出海关贡献。

（撰稿人：梁　莉）

食品检验检疫

【概况】2021年,西宁海关坚持以习近平新时代中国特色社会主义思想为指导,坚决贯彻落实习近平总书记关于打造青海绿色有机农畜产品输出地的重要指示精神,严格落实食品安全"四个最严"要求,强化出口食品农产品企业安全监管;做好"六稳"工作,落实"六保"任务,将加强冷链物流领域进口商品检验检疫工作等重要指示批示精神作为每月必汇报、必研究的议题;切实贯彻落实习近平总书记关于打造青海绿色有机农畜产品输出地的重要指示精神;以"我为群众办实事"实践活动为抓手,切实为企业、为群众办实事,持续推进对外贸易稳增长;加强进出口食品安全舆论引导,进一步推进形成食品安全社会共治良好局面。

【进口检验检疫】2021年,西宁海关防范新冠肺炎疫情通过进口冷链食品输入的风险,印发《西宁海关关于进一步加强进口冷链食品口岸新冠肺炎疫情防控和人员防护工作的通知》,修订《西宁海关进口商品风险监测工作流程(第二版)》;联合关区7部门开展进口冷链食品新冠肺炎疫情防控应急处置演练;指导西海海关赴西宁市进口冷链食品指定监管仓协助检查进口冷链食品相关单证,严而又严做好新冠肺炎疫情防范工作。进境动植物检疫审批时间由原来的20个工作日缩短到5个工作日,进口肉类收货人备案资质审批时间缩短为3个工作日,接受进口农产品企业咨询服务80次。充分利用"互联网+海关"业务平台,通过微信视频或电话指导企业备案,新增进口肉类收货人备案企业9家。

【出口检验检疫】2021年,西宁海关推动落实"枸杞质量安全溯源体系建设项目"验收工作,引导并帮助15家出口枸杞企业严格规范农产品生产投入品管理,鼓励企业开展"良好生产规范"(GMP)、"危害分析与关键控制点"(HACCP)、"良好农业规范"(GAP)等国际农产品标准认证,强化企业质量安全主体责任,提升出口农产品质量安全水平,帮助22家出口枸杞企业建立质量安全溯源体系,提升青海枸杞产品质量安全水平。实施出口动物源性食品风险监测和食品农产品监督抽检，印发《西宁海关 2021 年度出口食品农产品安全风险监测计划及监督抽检补充计划实施方案》《西宁海关 2021 年度进出境食用农产品和饲料安全风险监控方案》，对关区蜂产品、枸杞干果、羊肉、冷冻虹鳟鱼 4 种主要出口食品农产品 54 个样品实施风险监测，检测 111 项次，合格率 100%。开展农产品进出口需求调研，提前介入实施"一对一"精准帮扶，指导企业完善质量管理体系，推动出口产品"源头达标"，帮助企业应对贸易风险，实现扩大出口。优化出境动植物及其产品注册登记程序，新增出口农产品注册登记企业 2 家，出口农产品注册登记企业累计达 17 家。促进食品农产品出口"一带一路"沿线国家和地区，深入企业调研，查找制约青海外贸发展的因素，结合青海地区出口食品农产品实际，主动开展技术咨询，完成关级课题《践行习近平生态文明思想助力青海深度融入"绿色丝绸之路"建设》。

【进出口食品安全监管】2021 年，西宁海关落实"四个最严"要求，立足青海实际，对标国际食品安全标准，制定《枸杞》和《青稞米》2 项食品安全地方标准，于 3 月 22 日发布，6 月 21 日实施；获批立项 4 个食品安全地方标准，分别为《超临界二氧化碳萃取枸杞籽油》《超临界二氧化碳萃取沙棘籽油》《黄蘑菇》《青稞面粉》；对关区 18 家重点食品农产品企业开展出口食品企业备案核查工作，发现 8 家出口食品生产企业 22 项问题，要求企业限时整改，进一步强化出口食品农产品企业监管，确保出口食品农产品质量安全；持续推进外贸稳增长，结合关区特色农产品产业优势，重点针对枸杞、沙棘、虹鳟鱼等特色食品农产品出口现状和制约因素，开展"一企一策"精准帮扶，帮助企业应对贸易风险，实现扩大出口，2021 年，出口冷冻虹鳟鱼 1 亿元，同比增长 6.2 倍；充分利用"互联网＋海关"业务平台，通过微信视频或电话具体指导企业上传备案资料，完成 8 家企业进口肉类收货人备案审核，进口肉类收货人备案资质审批时间从原来的 1 个月缩短为 3 个工作日。

【监督抽检和风险监测】2021 年，西宁海关坚持"以人民为中心"的发展理念，以保障人民群众"舌尖上的安全"为目标，详细制订《西宁海关 2021 年度出口食品农产品安全风险监测计划及监督抽检补充计划实施方案》，针对冷冻虹鳟鱼、蜂王浆、蜂蜜、羊肉、枸杞等青海主要出口食品农产品，深入出口种植基地、养殖场和加工企业，有步骤地开展抽样、送样、检测、结果登记等工作，落实总署"强化监管优化服务"要求；向企业质量安全管理人员宣讲出口相关政策法律法规和标准，切实压紧压实企业食品安全责任；对出口食品农产品企业进行摸底调研，针对企业存在的困难和问题，向企业宣讲进出口食品和化妆品相关进出口贸易条件，为企业答疑解惑。

2021年，西宁海关完成"E-CIQ主干系统"命中抽批产品共8批，冷冻虹鳟鱼5批次、蜂王浆干粉1批次、鲜蜂王浆1批次、沙棘果粉1批次。其中，2批冷冻虹鳟鱼检出微生物不合格，不准予出口，即冷冻虹鳟鱼合格率为60%；其余产品未检出不合格项，合格率100%。严格按照总署进出口食品安全局2021年度出口动物源性食品安全风险监测计划，对关区1个蜂蜜样品、14个蜂王浆样品实施安全风险监测工作；蜂产品样品全部来自3个备案养蜂基地，共检测48项次，得到检测结果48个，合格率100%；结合关区实际，分别对枸杞干果、蜂产品、羊肉、冷冻虹鳟鱼4种主要出口食品农产品开展安全监督抽检工作，覆盖关区主要出口种植基地、养殖场、养蜂场、牛羊肉屠宰场和加工生产企业，检测项目主要包括农兽药残留、重金属、致病菌、生物毒素、食品添加剂等，检测样品54份，检测111项次，得到检测结果111个，合格率为100%。

【防范新冠肺炎疫情通过进口冷链食品输入风险】 2021年，西宁海关持续做好常态化疫情防控工作，防范新冠肺炎疫情通过进口冷链食品的输入风险。每日向总署工作专班报送各项进口商品风险监测工作信息表及进口冷链食品口岸环节预防性消毒工作情况零报告，共计1,336份；根据总署最新要求，及时印发《西宁海关关于进一步加强进口冷链食品口岸新冠肺炎疫情防控和人员防护工作的通知》，修订《西宁海关进口商品风险监测工作流程（第二版）》；开展进口冷链食品新冠肺炎疫情防控应急处置演练，进一步提升一线关员快速反应和处置能力；配合地方监管部门，向总署请示进口冷链食品相关进口单证真伪性辨别等问题，协助青海省市场监督管理局解决有关问题；赴西宁市进口冷链食品指定监管仓协助检查进口冷链食品相关单证。

【食品安全宣传周活动】 2021年6月22日至7月2日，西宁海关开展"进出口食品安全进企业"活动。结合"我为群众办实事"实践活动，组织关区进出口食品企业食品安全管理人员参与线上问卷调查，共有32家进出口食品企业参与，收集到企业存在的问题困难及意见建议10余条，针对进出口食品企业提出的问题困难和意见建议，进行分类分析，逐一制订解答方案，结合开展"送法进企业"活动，深入企业，进一步向进出口企业质量安全管理人员普及食品安全相关法律法规标准，详细解答企业提出的问题困难。通过活动开展，进一步增强关区进出口食品企业主体责任意识，提升进出口食品企业质量安全管理能力，并为进出口食品企业解决困难问题。在西宁市及格尔木市相关社区开展"进口食品安全进社区"活动，与相关社区协作，组织进出口食品安全监管人员10人次进入社区走访，向社区居民发放宣传材料200余份，与消费者面对面交流，宣传进口食品选购知识、相关法律法规及"严防新冠肺炎疫情通过进口冷链食品输入风险"有关工作成效,展示进口食品安全的把关能力和水平,提振消费信心。开展"进口食品安全进机关"活动,组织关警员线上参与"西宁海关进口食品安全知识竞答",98名关警员参与竞答活动,进一步向关警员宣传和普及进出口食品安全知识,增进关警员对进出口食品安全状况和监管情况的了解。西宁曹家堡机场海关以线上"云直播"形式,面向机场口岸所有食品生产经营单位开展日常卫生监督执法直播活动,结合食品安全宣传周主题开展宣传,提醒企业及时排查各类安全隐患,做好安全生产工作,并呼吁广大消费者和餐饮单位节约粮食,文明用餐。在西宁机场T2航站楼候机大厅举办"食品安全口岸行"宣传活动,通过发放宣传册、摆放易拉宝、张贴横幅等形式,向旅客宣传食品安全宣传周"尚俭崇信 守护阳光下的盘中餐"的主题,弘扬珍惜粮食、反对浪费、餐餐光盘、文明消费的消费理念;宣传个人跨境采购食品、旅客携带食品、食品安全风险防范等政策知识;宣传进口食品安全、国门生物安全等方面的法律法规和常识,引导消费者正确看待进口食品安全问题,提升消费者的食品安全意识。西宁曹家堡机场海关通过加大口岸日常卫生监督频次,开展食品安全专项检查,对国境口岸从事食品生产、食品销售、餐饮服务单位或者个人进行食品安全、诚信经营和职业道德宣传教育,营造口岸食品安全守法、诚信经营的良好氛围。西宁海关缉私局组织警员5人次,深入西宁市相关社区,开展宣传打击冻品等食品走私工作,共发放宣传资料300余份,解答居民关于走私冻品方面的问题15次,并向社区居民公布接收走私冻品等农产品举报电话,进一步维护国家农业产业安全、食品卫生安全、保障人民群众健康权益。

【打造青海绿色有机农畜产品输出地】 2021年,西宁海关落实习近平总书记参加青海代表团审议和视察青海时的重要讲话精神,立足新发展阶段、贯彻新发展理念、构建新发展格局,深入实施青海"一优两高"战略,推进青藏高原生态保护和高质量发展,共建青海绿色有机农畜产品示范省,助力青海打造成生态环保、特色鲜明、国内外知名的绿色有机农畜产品输出地。坚持生态优先、因地制宜、科技创新、精品定位。推进青海特色出口农畜产品高质量发展,提升出口农畜产品质量安全水平,深入推进供给侧改革,持续优化口岸营商环境,扩大出口农畜产品生产加工企业规模,提升高原绿色有机农畜产品国内外品牌影响力,大力实施"青货出海"行动,带动青藏高原农畜产业融入国内大循环为主体、国内国际双循环相互促进的新发展格局。根据《农业农村部青海省人民政府共同打造青海绿色有机农畜产品输出地行动方案》任务分工,制订印发《西宁海关打造绿色有机农畜产品输出地任务分解工作方案》和《西宁海关关于打造青海绿色有机农畜产品输出地2021年工作计划》，成立由关长任组长，多部门负责人为成员的绿色有机农畜产品输出地领导小组，扎实推进青海省共同打造青海绿色有机农畜产品输出地工作。

【"我为群众办实事"实践活动】2021年5月，1家出口食品企业在向俄罗斯出口冷冻虹鳟鱼过程中，因其中1箱产品标签错误，被俄罗斯官方全部扣留，西宁海关主动多次联系总署对口司局，协助企业解决问题。经过1个多月的反复沟通协商，该企业产品在俄罗斯顺利通关，为企业挽回经济损失70万元。5月14日，组织召开关级专题工作会议，研究解决方案，确定动植检相关业务下放西海海关工作方案，按照"一类一指导"原则，随时派员对西海海关进行现场指导和业务"传帮带"，并做好业务平稳过渡工作，解决了青海省部分出口食品农产品生产企业存在出口一批产品在西宁海关和西海海关之间来回"跑腿"的情况，办理时间从之前的平均2~3天缩减为平均1天，口岸营商环境进一步优化，真正做到了让数据"多跑路"、让企业"少跑腿"，切实减轻了企业负担。10月11日至12日，西宁海关赴海北藏族自治州调研，解决海北藏族自治州外贸业务为"零"的困境。与海北藏族自治州政府联合召开外贸高质量发展座谈会，走访7家企业，深入食品农产品生产企业一线，了解企业困难，提供海关政策咨询，帮助特色产品走出国门。助力1家企业实现进境虹鳟鱼发眼卵进口业务"破零"；对4家出口食品农产品生产企业开展出口食品检验检疫业务流程、技术贸易措施等咨询指导。

▲2021年10月11日，西宁海关副关长米登发（左三）带队深入青海省海北藏族自治州调研

【加强食品安全监管人才队伍建设】2021年，西宁海关持续加强人员培训，解决关区食品安全监管人员不足的问题。关区现有加工食品签证官9名，其中2021年新增3名；加强食品安全监管人员培训，邀请系统内进出口食品安全信息报送专家开展线上培训，关区18名信息员及相关业务岗位关员参加，培训从"食品化妆品安全风险预警系统"使用方法、信息采集与分析技巧、信息编辑要求等方面开展深入浅出的讲解，2021年共报送食品安全信息3条，实现了零的突破；邀请宁波海关业务专家开展进出口蜂产品等业务知识培训。

（撰稿人：李冠英　罗　瑛）

商品检验

【概况】2021年，西宁海关进口商品检验工作以严把国门安全、维护人民利益为出发点，以"四地建设"为根本目标，深入学习贯彻习近平总书记重要指示批示精神，强化进口商品质量安全，推动商品检验业务改革，释放政策红利，提升执法效能，优化营商环境，逐步建立完善进口商品检验监管工作机制，助力青海外向型经济高质量发展。

【进口商品检验】2021年，西宁海关检验进口法检验机电设备、成套设备、科研仪器、旧机电、医疗设备、锅炉等商品50批次，检出不合格6批，不合格率12%，其中查处2批次货值15.20万美元不合格入境旧机电设备，不合格检出率100%，1批次旧机电设备部件锈蚀严重且无相关许可证研判为洋垃圾，予以销毁处理，严防洋垃圾瞒报、伪报，夹带走私进境，实现了固体废物零进口。对入境医疗设备、特种设备和民用商品等涉证商品实施验证监管机制，100%实施联网核查。

【出口商品检验】2021年，西宁海关检验出口法检危险品和化肥等商品共计45批次，检出不合格3批次，不合格率6.70%。对出口化肥进行法定检验，实施100%抽样送检，做好国内化肥的保供稳价工作。持续开展出口商品质量提升工作，派专家组对部分出口企业质量管理体系和实验室检测能力进行能力评估，协助企业查找安全隐患和薄弱环节，以"共同检测"补齐出口危险品检测的短板。

【进出口商品质量安全风险监测】2021年，西宁海关开展进出口商品年度风险监测和专项风险监测共计2次，制订《西宁海关2021年度进出口商品质量安全风险监测工作方案》和《西宁海关2021年出口地毯类质量安全专项风险监测工作方案》，针对进口儿童用品、家用电器等高风险商品和关区特色出口商品，共计监测32批次，检出不合格6批次。以风险监测为手段，深化青海省主要进出口商品的分析和研判，形成质量分析报告强化对结果的运用，加强技术贸易措施应对。

【进出口危险品检验监管】2021年，西宁海关开展危险品检验监管专项巡察、风险排查和督查审计工作，共发现7项不符合项，已全部完成整改。对高风险出口危险品采用相适应的合格评定方式，优化查检方式，减少取样送检比例，减轻企业负担，缩短通关时间。建立海关和地方监管部门对硝酸铵等高危化学品联合监管机制，形成了联防联治、信息互通的危险品监管闭环模式。2021年检验出口危险品41批次、1,591吨、847.2万美元，检验进口危险品0批次。其中检验出口危险化学品14批、49.8吨、365万美元；出口危险货物包装使用鉴定31批、24,320件，检出不合格包装1批、800件。

【**进出口商品检验监管能力提升**】2021年，西宁海关强化进出口商品质量安全监管，以"强监管、优服务"为目标，进一步夯实质量安全监管基础，制定2项业务操作规范和15项规范化操作记录表单，排查出工作漏洞隐患22处并完成整改，实现业务监督常态化。全年组织线上、线下培训4次，印制发放危险品检验监管培训教材200余册，组织3期进出口危险货物及其包装检验监管资质培训考试，12人取得相关检验资质。开展进出口危险品检验监管岗位练兵和技能比武活动，关区共25人参加练兵和技能比武，2人获得全国海关系统岗位练兵"百强"称号。推动第三方检验结果采信，开展关区进出口检验鉴定机构监督管理工作，制定关区"双随机、一公开""两库一清单"名录，监督发现关区1家进出口检验鉴定机构不符合项1项。

【**推动进出口商品高质量发展**】2021年，西宁海关以保障国门安全，服务地方经济为抓手，推进进出口商品高质量发展。创新服务，促进贸易便利化。实施"提前申报""第三方采信""合格保证""应急预约""共同检测"等措施，服务出口金属锂、锂电池、农药等企业实现外贸大幅提高，1~12月金属锂出口955.4万元人民币、同比增长105.7倍，地毯类商品出口6,296万元、同比增长26.3%。

（撰稿人：逯仲甫）

口岸监管

【概况】2021年，西宁曹家堡机场航空口岸已开通10条国际客运航线，往来东南亚、中东国家与地区。航线运营期间，以顺势监管理念，采取"提前申报+集中验放"、"先期机检+精准拦截"模式，加快出、入境航班行李验放，多次查发涉迷信印刷品、涉政治类反宣品、管制刀具及涉濒危物种等禁限类物品。针对东南亚航线特点，加强检验监管，实施100%登临检查，落实"3个100%"的查验要求，有效截留禁止携带进出境水果、植物种子、燕窝、珊瑚贝壳等动植物及其产品。受新冠肺炎疫情影响，2021年空港口岸暂停航班，货运监管场所接驳转关进口设备5批次。空港毗邻区域的保税物流中心（B型）通过东部海运口岸进口货物1,030吨，同比增长4.60倍。依托铁路班列，一体化通关模式出口货物816吨。

【安全生产】2021年，西宁海关贯彻习近平总书记"三个必须"的重要指示精神，按照总署及青海省、西宁市安委会工作部署，深入排查整治重点领域风险隐患，推动安全整治工作深入开展，推进问题隐患和制度措施"两个清单"动态调整及细化落地，业务和非业务领域8个条线，22条问题隐患有效整改。紧紧围绕2021年中国共产党成立100周年重要时间节点，部署强化海关口岸监管环节反恐及"扫黄打非"相关工作；开展口岸应急处置机制建设、核生化爆监测、联防联控落实情况的监控检查；做好办公场所、实验室等重点目标分类分级摸底评估工作；开展关区核辐射突发事件应急处置演练，加强专家队伍建设，提升应急处置能力，切实履行国门一线把关职责。

【机场货运】2021年，西宁海关参与青海机场公司有关机场三期规划，提出航空运输类监管作业场所前置拦截作业区和检疫处理区功能区规划需求、基础设施设备配置及施工区域预留需求、远机位卫检作业区水、电、网络配套需求等。

【中欧班列】2021年，西宁海关重点支持双寨铁路运输类监管作业场所申建，加强与政府、企业协作配合，推进围网、卡口、堆场、信息系统等一体化统筹设计，进一步优化升级信息化辅助管理系统；采取有效措施，助推进境指定监管场地申建；加强与班列第一进出境地海关通关协调，在《区域海关共同支持"西部陆海新通道"建设合作备忘录》基础上，深化与口岸海关互联互通和协同共治，跟进"关铁通"项目上线实施，提高中欧班列西向通道贸易便利化水平。完善业务监控指挥中心运行机制，深入贯彻总署党委"加快构建口岸监管业务运营监控体系"的部署要求，完善监控内容，细化核查要点，多视角、多维度开展监控检查，优化处置机制，进一步优化直属海关二级口岸运行监控指挥中心工作模式，实现口岸全领域业务运行监控、异常处置、辅助指挥，规范口岸检查、录证、记录填制等作业，推动改进、协助应急以及重大活动期间的保障。不断强化物流监管力度，完成辐射探测设备、X光机设备联网，应用物流链可视化管理系统、物流底账数据等系统，推动北斗平台在相关物流系统汇总的应用，切实提高途中监管、检测监控能力。健全监管设备长效管理机制，科学规划有限资金并强化执行；加强对关区监管设备使用情况的管理，建立对监管设备的运行情况和使用情况开展定期监督检查机制，确保关区监管设备充分发挥效益。

【跨境电商"断链刨根"专项整治】2021年，西宁海关严厉打击跨境电商进口走私违法活动，加强海关监管，促进跨境电商新业态规范健康持续发展。遵循突出重点、寻根溯源、由企及物理念，聚焦订单、支付单、物流单造假，组织开展对跨境电商进口走私的专项打击，断掉走私链条、刨除违法祸根，全力压缩电商企业、平台企业、支付企业、物流企业等走私违法空间。对关区涉及跨境电商的15家企业开展检查，经核实，关区企业无进口走私违法活动。强化各部门合作意识，树立"一盘棋"思想，加强协作配合。专项整治行动期间，完善关区业务联合研判机制和全链条监管机制，建立跨境电商进口监管长效工作机制指导意见，形成综合治理和打击走私的整体合力，有效防范和化解跨境电商监管风险。

【口岸新冠肺炎疫情防控】2021年，西宁海关抓紧抓实常态化口岸疫情防控工作。新建负压隔离室158平方米，增配实验室设备、快筛设备、监管移动查验单兵及执法记录仪设备34台，改善西宁曹家堡机场空港口岸"境外输入型"疫情防控硬件条件。推广海关新版旅客通关系统和本地化卫生处置作业平台，严格按照总署最新版技术方案、操作指南及相关文件要求，开展旅客健康申报受理审核、体温检测工作，推进口岸旅检现场智能化通关设备的配置与应用，推进"无感通关模式"。提高通关效率，优化通关环境，为旅客提供更加便利的通关模式，提升旅客满意度和幸福感。发挥二级监控指挥中心平台作业作用，开展视频监督检查，落实"日汇报、周会商"制度，做好对口岸环节指令命中的进口高风险非冷链集装箱及装载货物采样和预防性消毒处理监督工作，并加强与机场运营方的联系沟通，及时督促，纠正偏差，协同做好口岸新冠肺炎防控工作。加强海关监管作业场所监督管理，规范监管场所区域设置，严格落实监控摄像头覆盖率和联网在线率要求，2021年总署通报西宁海关摄像头在线率均超过95%。以监管查验设备使用、信息化系统应用（卫生处置等）、检疫处理监督、突发事件应急处置、智能审图等为主题，开展针对性培训、实操训练3次，夯实业务基础，提升作业规范性。开展监管理论与实务研究，总结实践经验、研究瓶颈问题，报送口岸监管研究报告3篇，不断提升政策研究和监管创新能力。

（撰稿人：吴晓云　付扬威）

统计分析及政策研究

【概况】 2021年,西宁海关深入落实"快、广、深"要求,紧紧围绕"一带一路"建设、西部陆海新通道建设、贸易便利化实施、中欧班列高效运行、大宗商品进口等中央关心关注、总署部署要求的重点课题,将业务分析、贸易分析、宏观分析进行深入融合,切实在研究的深度、广度、精细度等方面下功夫,努力以更多高质量的政策研究成果,更好地服务中央决策、服务改革开放大局、服务海关事业发展。

【统计调查】 2021年,西宁海关加大对先导指数样本企业的服务力度,及时协调答复样本企业反映的问题和建议,引导关区样本企业按期完成12期出口先导指数问卷调查工作。

【贸易统计】 2021年,西宁海关加强海关统计制度方法研究,坚持依法统计、依法治统,贯彻落实党中央、国务院关于加强统计工作系列文件精神,实施好《中华人民共和国海关法》《中华人民共和国统计法》《中华人民共和国海关统计条例》等法律法规,严格执行《维护海关统计数据真实准确工作责任制规定》。加强统计基础培训,提高各级统计人员在数据审核中查发业务差错和防范业务风险的能力,及时开展统计监督并跟踪成效。不定期梳理关区常见报关单数据错误类型并进行通报,形成压力传导,针对发现的问题开展原因分析,采取措施加强数据质量源头管控。创新数据审核模式,加强参数的提炼和人工检控力度,充分利用报关单质量监控分析系统(CSD)、贸易统计系统(TSD)、日报系统等,提高数据审核效能,多措并举狠抓统计数据质量。保持打击各类非正常贸易影响统计原始资料准确性情形的高压态势,加强对不实贸易风险数据的监控,统计、综合、风险、关税、企管、检验检疫和缉私等部门要发挥好本部门在数据质量管控方面的职能作用,做好联合研判和处置,加强与外管、税务、公安、商务等部门的联系配合、联合防控,做到及时发现、及时处置,维护海关统计数据的真实性和权威性。

【统计发布和服务】 2021年,西宁海关每月在门户网站上发布青海省进出口贸易整体情况数据，全年浏览量超两万次，向社会公众提供海关统计服务；与青海省商务局、西宁市商务局签订《关于提供和使用海关统计数据合作备忘录》，明确数据安全使用约束条款，确保海关数据安全可控，全年共提供168张统计数据报表。

【地方对外贸易统计分析报告】 2021年，西宁海关紧跟经济热点，重点关注青海省重点培育产业，分析研判对外贸易中出现的新情况、新问题，同时通过企业调研等方式，了解各行业的发展趋势和瓶颈，把统计数据和企业运行情况结合起来，提升分析研判的准确性。重点撰写青海省与"一带一路"沿线国家和地区进出口情况、冬虫夏草出口情况、枸杞出口情况、RCEP原产地规则对青海省外贸产业影响、2022年青海省外贸形势展望等各类热点问题分析及专报，运用多种形式方法，服务地方经济建设、社会发展和领导决策。

【业务统计】 2021年，西宁海关开展业务运行监测，密切跟踪货运量、集装箱等业务统计核心指标的变化情况，每月为西宁海关形势分析及工作督查例会提供主要业务指标情况，对报关单量、货运量等业务变动情况进行重点分析。重新编制新版业务统计报表，更好地展现西宁关区进出口业务情况，有效服务宏观决策和海关科学管理，年内编发12期业务数据统计报表，满足海关内部对统计数据的基本需求。组织开展统计业务专题培训，夯实各隶属海关业务统计基础工作，指导隶属海关统计人员做好业务统计指标手工填报和数据审核基础工作，确保业务统计数据质量。每月初组织各隶属海关完成业务统计数据上报，并指导各隶属海关开展业务统计数据核查，年内共收到总署核查指令3次。

【统计数据运用和管理】 2021年，西宁海关筑牢关区业务统计数据安全防线。制订《西宁海关学习宣传贯彻〈中华人民共和国数据安全法〉实施计划》，多种形式开展宣贯，提升全关区人员数据安全意识。定期开展业务统计系统用户授权清理和操作日志监控，特别是加强对重点岗位和敏感数据的监控，防范安全风险。严格规范管理关区业务数据使用事项，落实海关业务数据导出层级审批制度，为关区外贸调研、宏观分析及业务改革等工作提供40余次数据支持。加大对外提供统计服务审核把关力度，从源头上确保数据安全管理零差错、无纰漏。全面梳理和评估西宁海关与青海省商务厅等8家单位签订的数据交换事项，重新签订数据合作备忘录，明确数据安全使用约束条款，确保海关数据安全可控。2021年开展数据质量审核，充分利用系统平台指定专人坚持每日开展报关单数据审核，每月开展报关单数据质量监控系统数据比对，完成多起核查、协查事项。

【统计新闻宣传和服务】 2021年，西宁海关立足海关职能，分析外贸形势发展变化，为青海省委省政府准确把握外贸运行情况、制定外贸领域决策提供统计服务支持。年内，赴20余家外贸企业开展实地调研，上报统计监测预警分析文章及专题报告20余篇，多篇被《青海信息》《青海政务信息》和主流新闻媒体采用。年内，为政府单位和社会公众提供相关进出口数据80余次，为地方政府及时掌握外贸情况、精准开展外贸管理工作提供数据服务。服务进出口企业和社会公众，召开青海省外贸进出口情况新闻发布会2次。发布青海省外贸微信数据稿3期，图解季度外贸进出口数据，加强舆情监测，回应社会关切，正向引导社会预期，扩大海关统计的社会影响力。

【政策研究】2021年，西宁海关印发《2021年西宁海关政策研究关级课题（第一批）》，就关领导提出的15项关级课题明确牵头部门和牵头人，严格按照计划推进相关课题开展，及时敦促各课题组转化课题成果，1篇文章发表在《青海工作》、中国西藏网、《海关政研》，4篇专报报送政府部门。2021年，高质量完成《青海对外贸易发展思路的重构》《印度新冠肺炎疫情对中印贸易的影响》《青海省对外贸易发展的瓶颈与出路》3篇关级课题。选取关区优秀研究成果，编撰《西宁海关政策研究》共13期。

【监测预警】2021年，西宁海关印发《西宁海关加强对外贸易形势分析研究工作的通知》，依托各隶属海关形成工作合力，强化西宁关区贸易形势分析。建立业务形势分析约稿机制，围绕国际经贸形势变化，结合关区重点进出口企业、重要贸易伙伴等，组织相关单位、部门开展监测、分析，2021年制发《业务形势分析材料约稿单》17份。

【学习宣传贯彻《中华人民共和国数据安全法》】2021年，西宁海关提高政治站位，精心组织安排。第一时间制定《西宁海关学习宣传贯彻〈中华人民共和国数据安全法〉实施计划》，明确学习任务书、时间表、路线图。拓宽宣传途径，营造学习氛围。在西宁海关及各隶属海关办公现场电子屏滚动播放《中华人民共和国数据安全法》宣传文稿，利用微信群，转发"学习强国"相关学习材料，打通"随时看、随时学"方式途径，营造学法、懂法、用法良好氛围。加强组织领导，健全工作机制。要求各部门将《中华人民共和国数据安全法》纳入学习计划，要求各级领导做到带头学、系统学、全面学，当好学习表率，做到将法条内容与实际工作相结合，在工作中用好法律思维，守好法律底线。

【发挥统计监督与政策研究职能作用】2021年，西宁海关运用业务系统对贸易统计数据、报关单数据进行审核比对、监测分析，进一步强化统计基础工作，守好数据安全底线，优化数据审核模式，提升数据审核效能。加大对青海省外贸走势分析研判力度，提升统计分析水平，做好进出口监测预警分析工作，持续做好海关统计监测预警工作,对外贸进出口进行多角度的实时监测和动态预警,提供权威精准信息。

【推进高质量统计分析工作专题会议】2021年9月10日,西宁海关召开推进高质量统计分析工作专题会议,会议审议通过了《业务运行分析成果转化机制及工作流程》,建立了统计分析工作由综合业务一处牵头组织和策划、其他部门和单位参与调研的联合工作机制,进一步完善业务形势分析研究机制,从源头上解决约稿时间滞后问题,充分发挥各隶属海关作用,形成高质量的调研分析报告。

通过召开会议,加强了关区各部门、单位的工作合力,建立起业务运行数据带动调研课题选题的工作机制,从而让"调研跟着数据走,工作随着需求变",提高了调研工作的及时性和针对性。充分发挥了统计分析工作获取一手数据资源优势,深入挖掘数据背后的亮点,提高了关区统计分析工作的质量。

(撰稿人:安　宁　汪成源)

企业管理和稽查

【概况】2021年,西宁海关坚持以习近平新时代中国特色社会主义思想为指导,把握新发展阶段,贯彻新发展理念,构建新发展格局,全面践行总体国家安全观,以提升企业管理和稽查工作效能为目标,打击洋垃圾走私入境,持续推进制度创新,不断深化业务改革,坚持风险整体防控与精准防控有机结合,不断提升智慧企管水平和稽核查效能,推动加工贸易产业链升级,优化保税监管模式,增强队伍能力素质,推动各项工作高质量发展。

【企业管理】2021年,西宁海关以信用管理为引领,持续推进"放管服"改革。融入行政审批"一个窗口"工作机制,深化"多证合一""证照分离"改革,实现注册登记和备案电子化,2021年办理企业注册登记245家次。落实出口食品生产企业备案核准"许可改备案"改革要求,全年核准28家。落实"一网通办"注销便利化措施,办结注销企业44家。开展企业信用等级调整作业26家次。组织AEO认证企业"获得感"问卷调查,完成1家企业的培育和实地认证。组织开展跨境电商进口走私"断链刨根"专项整治,对关区15家企业进行摸排,未发现异常。推进"智慧企管"建设,不断规范企业资质管理。启用出口食品生产企业备案管理系统对外推荐注册模块,完善对外推荐注册和接待检查作业程序,进一步规范进出口食品、化妆品生产企业备案管理,优化、简化出口食品原料种植、养殖场等食品类特定资质备案流程。2021年,累计办理特殊资质9家次、对外推荐注册企业6家次、进口食品化妆品进口商备案12家次。使用"企业画像"系统2.0版开具企业资信证明4家次。深度参与社会信用体系建设,持续落实联合奖惩。结合青海省公共信用信息基础目录,动态补充调整西宁海关公共信用信息目录,及时全量向信用平台网站推送"双公示"等信用信息,落实"凡办必查"机制。

【海关企业信用管理制度改革】2021年11月1日,《中华人民共和国海关注册登记和备案企业信用管理办法》及配套的《海关高级认证企业标准》等相关制度正式实施,标志着海关全面深化信用管理改革的全面完成。《中华人民共和国海关注册登记和备案企业信用管理办法》聚焦优化信用管理层级,保留"高级认证企业"和"失信企业",分别实施更加便利或严格的措施,对其他企业统一实施普遍优惠管理措施,形成"简单管用"的信用制度安排。西宁海关参与信用体系改革工作,明确"信用修复"程序,对标新办法及时调整关区原有15家失信企业信用等级。落实"严重失信主体名单"制度,定期向"信用青海"平台报送关区黑名单企业,协同省市各部门深入落实"失信违法惩戒"管理原则。对照新办法"信用培育"条款,选取青海省地方支柱产业龙头企业、与"一带一路"沿线国家和地区贸易企业、"专精特新"企业建立信用培育重点企业库,针对库内7家企业经营规模、内部管理等现状,不断创新培育模式和认证方法,点对点、面对面,"一企一策"开展信用培育。鼓励诚信经营,落实"优先办理进出口货物通关手续及相关业务手续""优先向其他国家(地区)推荐农产品、食品等出口企业的注册""出口货物原产地调查平均抽检比率在企业平均抽查比率20%以下"等新增高级认证企业优待措施,持续构建海关与企业"亲清"合作关系,督促引导企业持续规范守法,营造诚信守法便利、关企合作共赢的良好信用环境。

【报关单位备案全程网办、全国通办】2021年5月,海关对报关单位全面实施备案管理,报关单位备案实行无纸化全国通办。西宁海关坚持"网上办、零跑趟"。通过线上、线下多平台多方式指导企业登录备案管理系统,完整、全面、准确填报备案信息。坚持"限时办、零拖延"。特殊情况下无法当场办结的,当场建立相关作业,作业时限由5个工作日压缩至3个工作日。企业足不出户即可申办报关单位备案,整个办理过程没有任何费用。

【海关报关单位注销】2021年2月1日,西宁海关根据总署统一部署正式施行《海关报关单位注销操作规程(试行)》,对海关系统办理注销的程序、注销前需核实的前置条件予以明确,注销办理时间从没有时限要求缩减至11个工作日以内,既规范和畅顺了市场退出机制,又防范和化解了企业通过注销逃避海关监管的风险,有效缓解了注销环节多、耗时长等"注销难"问题,提高了报关单位注销工作的统一性、规范性,提升了报关单位注销便利度。2021年,西宁海关共注销报关单位44家。

【出口食品生产企业申请境外注册管理】2021年10月29日,总署修订并发布《出口食品生产企业申请境外注册管理办法》,规范出口食品生产企业申请境外注册管理工作。西宁海关落实"海关进农牧区",深入开展企业调研,对青海省特色农产品出口食品生产企业实施"一企一策"帮扶,组建专家团队协助企业进一步提高原料种养殖基地和出口食品加工企业管理规范化水平，完善 HACCP 等管理体系建设，在原材料种养殖环节及后续的食品生产加工企业备案管理、生产控制、对外推荐注册等方面提供精准服务。

【取消部分进口收货人备案】 2021年12月17日，总署出台《关于取消进口肉类收货人、进口化妆品境内收货人备案的公告》，自2022年1月1日起，取消进口肉类收货人备案事项和进口化妆品境内收货人备案事项。西宁海关及时向已备案进口肉类收货人、进口化妆品境内收货人宣介新政策，对相关企业加强事中事后监管，结合企业信用管理、"多查合一"工作，持续强化对企业生产经营的规范化指引。

【海关报关单位备案管理】 2021年11月19日，总署第253号令公布《中华人民共和国海关报关单位备案管理规定》，该规定自2022年1月1日起在全国海关施行。西宁海关开展系列宣传活动，充分发挥职能作用，结合"我为群众办实事"实践活动，完成关区首次报关企业、进出口货物收发货人双重身份报关单位备案，进一步激发市场主体活力，为青海进出口企业发展壮大增添新动能。

【报关企业"许可"改"备案"】 2021年5月，总署根据《全国人民代表大会常务委员会关于修改〈中华人民共和国道路交通安全法〉等八部法律的决定》，印发取消报关企业注册登记许可有关事项的通知，对报关单位全面实施备案管理，申请材料进一步精简，西宁海关在备案环节不再进行实质性审查，办理时长较以往缩短90%以上，并建立了对关区高级认证企业查验率定期监控工作机制。

【保税监管】 2021年，西宁海关支持保税监管场所开设保税仓储、跨境电商、指定监管口岸申请和国际航空货运等业务，合理规划关区保税仓库布局，助力综合保税区验收顺利完成。指导企业加工贸易手册备案和手册核销，2021年，执行手册金额75.60万欧元，涉税130.70万元。监管加工贸易手册3本，及时结案2本，执行中1本。

【稽查业务改革】 2021年，西宁海关服务构建新发展格局，提升稽查查发效能，有效开展稽查改革。推动稽查理念向"以查发为导向"转变，研究制定《西宁海关关于进一步深化稽查改革全面提升查发能力的通知》，开展关区首起稽查改革后的径行稽查，移交缉私部门；建立关区集中稽查工作机制，完成首起集中稽查，1篇涉及稽查改革的研究性文章被总署企业管理和稽查司采用。

【稽查推进成效】 2021年，西宁海关共开展稽查作业7起，其中常规稽查3起，专项稽查4起。全年查发问题4起，其中移交缉私部门2起，移交综合部门1起，补税1起，查发率57.14%。

【核查标准化建设】 2021年，西宁海关为进一步提升核查执法规范性和统一性，参与总署优化核查标准化作业表研究，对原核查事项及对应的69张核查标准化作业表单进行评估和完善。制定《西宁海关关于认真执行调整优化的核查事项和标准化作业表的通知》，统筹核查指令，压缩赴企频次。

【核查分类改革】 2021年，西宁海关将关区核查需求区分为"管理类"和"风险类"，并设定不同的需求提出、指令研判办法，进一步明确核查作业要求，实现作业流转方式差异化。2021年，西宁海关共下达核查指令76起，其中管理类核查指令68起，风险类核查指令8起。

【"采信第三方出具报告制度"改革试点】 2021年，作为核查领域"采信第三方出具报告制度"改革10个试点海关之一，西宁海关确定了适合关区实际的"出口备案食品生产企业核查和出口食品备案养殖场（基地）核查"2个事项，在6家企业进行试点，创新核查模式，优化执法资源配置，缓解执法资源短缺压力，降低合规成本，切实为企业减负。

【属地查检】 2021年，西宁海关强化进出口货物属地质量安全监管，开展调研工作，对查检人员、查检装备、查检数量、查检种类、人员资质、存在问题及当前做法进行逐一摸排。参加推进属地查检业务改革集中工作，研究有关改革业务。健全完善属地查检领域业务职能管理部门与隶属海关间的联系配合机制，制发《西宁海关关于进一步完善属地查检领域联系配合机制加强进出口货物属地质量安全监管的通知》，强化协同监管，提升对进出口货物属地质量安全的监管效能。分析研究关区开展出口查检作业时的人员选取方式，尝试通过随机选人方式，确定属地查检系统上线前关区出口查检作业人选。

（撰稿人：郭　锐　李　茹）

查缉走私

【概况】2021年,西宁海关坚持以习近平总书记关于打私工作的重要指示批示精神作为践行"两个维护"的出发点和落脚点,坚持以人民为中心思想,坚持总体国家安全观,深入贯彻总署党委关于进一步加强打私工作的意见,以开展"国门利剑2021"行动为重点,紧密结合关区进出口特点和重点商品、重点渠道、重点领域走私态势,保持高压严打,强化监管防控,持续深化全员打私,有力推进反走私综合治理,不断完善关区防控、监管、打击"三位一体"反走私工作体系,提升打私整体效能,切实筑牢国门安全屏障。全年刑事立案2起、行政立案3起,完成其他海关缉私局案件协查5起、地方公安等部门案件协查3起。

【打击涉税走私】2021年,西宁海关围绕"水客"走私新态势,通过风险研判和数据分析,与地方烟草部门联查联控,侦办青海省首起"水容"走私普通货物、物品案,查证走私香烟500余条,涉嫌偷逃税16.85万元。

【打击武器弹药走私】2021年,西宁海关开展"国门勇士2021"行动,与青海省、西宁市公安刑侦部门联合分析研判,立案侦办走私武器弹药案1起,抓获犯罪嫌疑人1人,查获制式枪支1支。围绕寄递渠道排查涉枪线索,立案走私仿真枪案1起,没收枪支配件29件。

【打击冻品走私】2021年,根据总署等8部委《关于加强新形势下打击冻肉走私工作的意见》,经青海省人民政府同意,西宁海关牵头与地方公安、交通、市场监管部门联合制发《关于青海省打击冻肉走私工作若干措施》,建立联防联动、联查联控机制,提升综合打击整治能力。西宁海关缉私局通过主动走访、集中工作等方式,收集进入西宁市进口冷链食品监管总仓的2,600余台车辆、冷链产品5.5万余吨数据信息,掌握关区进口冷链食品、人员、仓储情况,严密防范冻品走私违法活动。

【办理涉检案件】2021年,西宁海关行政立案使用未经出入境检验检疫机构鉴定的出口危险货物包装容器案1起;擅自处理海关指定的隔离场所中隔离检疫进境水生动物案1起。

▲2021年7月30日,西宁海关联系地方建立走私冻品、非法入境固体废物、走私成品油归口处置联系配合机制

【反走私综合治理】2021年,西宁海关制发《2021年青海省反走私综合治理工作要点》,对青海省打击走私综合治理联席会议成员单位落实"国门利剑2021"专项行动、构建"打防管控"反走私综合治理体系作出具体部署。组织召开青海省打击走私综合治理联席会议成员单位联络员会议,增进信息互联互通,推动工作有效落实。与青海省市场监督管理局签署《走私冻品移交处置备忘录》,与青海省生态环境厅签署《非法入境固体废物移交处置备忘录》,与中国石油天然气股份有限公司青海销售公司、中国石化销售股份有限公司青海石油分公司分别签署《走私成品油定向变卖备忘录》,明确海关执法过程中查获的走私冻品、非法入境固体废物、走私成品油移交处置主管单位、移交处置程序、相关部门职责等,推动国务院关于相关涉案货物移交地方归口处置政策在青海落地。向青海省人民政府主管领导报送打击走私综合治理工作专报2篇,得到批示肯定。

（撰稿人：张永清）

第五篇

政务及后勤保障

政务管理

【概况】2021 年，西宁海关坚持以习近平新时代中国特色社会主义思想为指导，不断增强"四个意识"、坚定"四个自信"、做到"两个维护"，扎实贯彻落实习近平总书记视察青海时的重要讲话精神，切实按照西宁海关关党委建设"政治强关"工作目标，着力推进"十大工程""精品工程"，严格开展"治慵治懒治散"专项整治活动，精打细算抓管理，想方设法求效益，强化服务意识，加强自身建设，充分发挥办公室职能作用，当好参谋，实现"三好"（管理好、协调好、服务好），做到"四到位"（会议组织落实到位，文件资料管理到位，工作机制运转到位，政务服务保障到位），达到"内强素质，外树形象"的目的。

【新冠肺炎疫情防控】2021 年，西宁海关坚持"外防输入，内防反弹"总策略，增强忧患意识，采取有力措施，将日常工作与疫情防控工作"同研究、同部署、同督促"，2021 年共召开 28 次会议学习贯彻总署及地方有关要求，安排部署关区疫情防控工作，先后制发各类文件、通知 40 余份，确保关区内部疫情防控工作有序有力有效开展。抽调业务骨干参与"挑毛病"专家组工作，以"四不两直"方式组织开展自查督查，全年共组织安全防护自查 12 次、督查 4 次，下发通报并适时组织问题整改"回头看"，明确责任时限、细化整改措施、确保整改到位，共查找出并整改内部疫情防控领域问题 17 项。坚持"日报告、零报告"制度，每日关注国内外疫情发展形势，针对本土确诊病例开展 16 次紧急排查，及时按属地要求处置。严格落实"因公出差"和"因私出行"核酸检测制度，2021 年关区干部职工共进行核酸检测 3,724 人次，检测结果均为阴性。

▲2021 年 6 月 29 日，西宁海关开展疫情防控内部应急处置演练

【应急值守】 2021年，西宁海关严格按照总署及青海省政府、青海省突发公共事件应急管理委员会、联防联控机制等单位部门要求，稳步推进值班通讯录更新、值班人员安排、值班补贴发放、设施设备检修等日常工作，保障5个值班点制度落实到位、通讯畅通无阻。针对新形势新问题，总结归纳各项应急值班管理文件，实现全关区应急值班工作培训全覆盖，进一步提高全体值班人员统筹处理复杂问题的能力。以实地检查结合电话抽查，有效实施应急值班保障及在岗情况检查，增强值班干部纪律意识，保证应急响应高效规范。"5·22"玛多地震发生后，值班应急体系第一时间启动，及时核实上报各办公点受灾及后续实地检查情况，整体应对处置规范高效。

【政务信息】 2021年，西宁海关聚焦中央重大决策部署在海关的贯彻落实，锚定信息工作方向，基于海关职能拓展选题范围，进一步健全信息约稿报审机制，多角度、多侧面、多层次反映西宁海关工作成效及相关问题和建议，为上级部门决策提供支持。紧紧围绕西宁海关党委中心工作，以深入推进党史学习教育、服务特色产品扩大出口、支持青海重大项目建设等内容为重点，充分挖掘工作亮点，深入分析工作堵点，全年编发直属海关内部信息313期。

【会议管理】 2021年，西宁海关实施会议台账管理，完成总署会议计划数较2020年减少，实际会议召开数较计划数减少的工作要求。同时，进一步规范会议流程，严肃会风会纪，明确严格执行会议审批程序、会前充分酝酿的重要性，对会议议题报送、会议材料准备、会议纪律相关工作提出具体要求。在做到精简会议数量的同时，切实提高西宁海关各项会议质量。

【公文处理】 2021年，西宁海关建立公文处理AB角机制、催办督查机制、应急保障机制等，确保各环节"无缝对接"，机关运行和管理规范有序。在日常工作中强化"精品意识"，建立三级公文审核、公文会签、公文退稿制度，保证全关公文的正常运转，公文质量和效率不断提高。严守精文简会的硬杠杠，按季度对关区发文情况实施动态监测，严格控制发文数量，通过公文写作培训向各单位、部门强调树立精简文件意识的重要性，加强与拟文单位的沟通联系，没有实质内容、可发可不发的文件以及能够通过电话、传真等方式传达、部署的事项，一律不再发文，按照总署发文数量统计规则，西宁海关正式发文2021年较2020年精简15.91%，便函精简14.82%，达到总署对正式发文不增加、便函发文减少10%的工作要求。

【督查督办】 2021年，西宁海关履行组织协调、督查督办职能，特别是对年度重点工作任务、关党委及关领导交办事项，各级各类会议、文件布置的具体工作，做到了事先预告、事中督促、事后反馈。按照西宁海关党委工作安排，扎实推进"十大工程""精品工程"等关区重点工作任务，保障"十大工程"任务清单中42项具体工作均按时间节点取得阶段性进展，共完成"精品项目"102项。2021年，共下发督办单108项，较2020年增长13.7%，对领导交办的重要事项确保进行全程监督。

【保密管理】2021年，西宁海关强化保密工作领导、强化保密管理、强化督促检查、狠抓保密落实。西宁海关保密委员会对西宁海关定密责任人进行调整并签订保密承诺书；开展保密自查自评工作，办公室组织使用保密检查系统对全关156台非涉密计算机开展自查，均未发现违规情事。2021年西宁海关无失泄密事件发生。

【档案管理】2021年，西宁海关扎实开展档案基础建设。2021年修订完善《西宁海关档案工作管理办法》《西宁海关档案工作突发事件应急处置预案》；完成年度档案归档任务；对隶属海关（西海海关、西宁曹家堡机场海关、格尔木海关）开展档案工作送教上门活动，组织专题档案业务培训，同时检查隶属海关档案库房建设情况、档案归档情况。到2021年年底，隶属海关全部建立档案库房、配备档案管理人员，完成自2019年建关以来文件资料的归档工作。

【政务公开】2021年，西宁海关修订编制《西宁海关主动公开基本目录（2021年）》，通过门户网站主动公开海关政府信息220条次；其中，行政许可办理结果公示25条，行政处罚案件情况公示3条，通知公告9条，"双随机、一公开"经办信息35条，西宁海关统计资料12条，计划总结2条，政府采购实施情况信息47条，公务员招录信息公示9条，更新机关职能、机构设置办公地址、时间联系方式、负责人简介信息2条，网站管理信息1条，其他信息75条。2021年未发生因海关政府信息公开工作被申请行政复议、提起行政诉讼的情况；完善所属隶属海关政务公开制度，形成以隶属海关业务现场放置公示栏、查询电脑、服务手册等现场公开方式和直属海关网站、微信公众号、新闻发布会等媒介相互补充的政务公开渠道体系；2021年，总署对西宁海关子网站绩效评估平均得分为95分，同比2020年提高18.7%。网站全年访问人数16,949人。

【12360服务热线】2021年11月30日，西宁海关12360热线正式与青海省12345热线平台接通，设立为青海省12345政务服务便民热线分中心，12345热线可以根据西宁海关提供的知识库解答群众一般性咨询，相对专业性问题和需由部门办理的事项以电话转接、派发工单等方式转至西宁海关12360热线，实现话务、工单、数据的无缝运行。2021年西宁海关12360热线通话数1,645个，接通率97.93%。

【信访工作】2021年，西宁海关强化信访职责，规范信访行为，畅通信访渠道，依法维护群众合法权益。开展关区信访重复案件情况自查，查询西宁海关信访电子信箱、投诉电话、信访接待记录、政务网关长信箱及信访留言，收到信访件0件，重复信访件0件，组织协调3个隶属海关、3个直属事业单位信访事项0件；印发《西宁海关依法分类处理信访诉求清单》推进依法分类处理信访工作；2021年西宁海关无涉访涉诉情事发生。

【新闻宣传】2021年，西宁海关以深入阐释党的创新理论在海关领域的生动实践为目标，坚持正面宣传为主，多维传播海关声音，正确开展舆论引导，塑造高原海关新形象。着力增强全体人员开展新闻宣传工作的脚力、眼力、脑力、笔力，组织深入一线采访报道，用心走好新时代群众路线，充分展示各条线工作实绩，凝聚人心、汇聚力量，及时宣介海关政策，提振企业群众信心，有力服务西宁海关工作大局。进一步深化与省署级主要媒体的良好合作关系，联系多家中央媒体，密切关注和把握大势，因势而谋、应势而动、顺势而为，助力青海出口特色产品再上中央电视台，《青海日报》《青海新闻联播》刊播73条，确保海关身影在省级媒体周周可见，总署各类媒体刊播44条。

（撰稿人：方志玮　马　瑛　方辰怿）

财务管理

【概况】2021年，西宁海关立足"五关建设"（政治建关、改革强关、依法把关、科技兴关、从严治关），强化政治统领；围绕"精品工程"，提升财务管理效能；坚持系统观念，加强全面统筹优化；落实过"紧日子"要求，集中财力优先保民生、重点保运转、精准保发展；深化改革、提质增效，推进财务保障工作高质量落实落细。

【落实过"紧日子"要求】2021年，西宁海关立足新发展阶段，把过"紧日子"作为西宁海关长期坚持的基本方针，牢固树立艰苦奋斗、勤俭节约的思想，精打细算、量入为出；制定《西宁海关过"紧日子"十项措施》，压减一般性支出，从严控制"三公"经费，2021年"三公"经费同比下降42.45%，差旅费同比下降41.27%，办公费同比下降89.66%。

【节约型机关建设】2021年，西宁海关结合党史学习教育"我为群众办实事"实践活动，采用"线上+线下"相结合的方式，着力推进节约型机关建设。通过微信等方式向全体干部职工推送节能常识，宣传节能文化、普及节能知识；开展"继承发扬勤俭节约传统，践行绿水青山理念"主题云党课，传播绿色低碳发展理念，倡导绿色生活方式；组织"我为群众办实事、绿色兑换"活动，提升干部职工主动参与垃圾分类的意识，推动生活垃圾减量化、资源化、无害化；开展能源监管平台建设，通过科技节能，实现对能源使用情况的全方位监控和管理分析，有效减少无效能源的浪费；开展"节能降碳，绿色发展"主题摄影活动，倡导干部职工讲好节能故事，传播节能理念，争做节约能源的"领头羊"和"排头兵"，努力推进西宁海关节约型机关建设再上新台阶，为助力实现碳达峰、碳中和提供有力支撑。

【新冠肺炎疫情防控保障】2021年，西宁海关贯彻落实习近平总书记关于新冠肺炎疫情防控的一系列重要指示批示精神，把疫情防控应急物资保障作为最首要政治任务。提高政治站位，加强疫情防控知识学习，提升疫情防控应急管理能力；申请疫情防控经费预算，持续加大对疫情防控资金保障力度；保障好疫情防控期间

▲2021年8月26日，西宁海关开展"我为群众办实事——绿色兑换"活动

临时工作补贴发放、对一线防控工作人员关心慰问等工作，及时为疫情防控一线干部职工购买人身意外伤害保险；加强海关疫情防控资金支付监管，保障资金支付安全规范；精准配发做好防疫保障，2021年共采购疫情防控物资12.80万个（件），配发疫情防控物资8.27万个（件）；持续推进应急物资储备库建设，开展应急物资储备库视频监控系统扩容改造；实行"西宁海关应急物资储备每周预警"，预警分析60余次，动态分析物资储备量、生产日期、到期日，建立"以实物储备为主，协议储备为辅"的应急物资动态管理机制；建立应急物资出入库台账，定期开展疫情防控物资账表及储备库安全检查，2021年共开展安全检查12次，定期巡查50余次；开展防控物资存量及消耗量评估，提高保障能力；开展临期疫情防控物资检查，降低临期物资使用风险；强化监督检查，防范廉政风险。

【预算管理】2021年，西宁海关强化预算管理，提升预算绩效质量。加大资金筹措力度，确保全关重大项目及各项工作的资金需求；完成2022—2024年项目支出规划申报，从绩效目标、资金规模等方面，对申报项目的真实性、准确性和规范性进行全面审核；坚持问题导向、责任导向、绩效导向，通过采取预算执行通报、综合业务管理平台系统督办、财务分析等多种方式，实行预算执行情况动态跟踪，努力实现由财务部门"一家理财"向"大家理财"转变，有效形成预算管理合力，着力解决支出预算执行率不高等问题，有力促进预算质量和执行率的双提升，2021年关区预算执行率达98.02%。拓展绩效评价内涵，强化预算绩效评价考核，向财政政策、制度、管理要效益。优化预算绩效评价特别是项目支出绩效评价，对关区2020年涉及财政拨款及其他资金50个预算项目支出绩效开展评审，实现100%全覆盖，确保预算绩效的有效性，切实提升资金使用效益。

【决算管理】2021年，西宁海关落实党中央国务院关于深化预算管理制度改革要求，加强部门决算管理；依法依规编制部门决算，做到收支真实、数额准确、内容完整、报送及时；做好部门决算审核，确保编制范围完整；按照规定时限，做好部门决算信息公开。

【政府采购管理】2021年，西宁海关探索政府采购工作新模式，拓宽政府采购工作思路；建立采购代理机构库，确保采购工作依法依规；开展采购事项清理检查，提高采购管理规范性；加强程序监督，提高"总署政府采购计划管理系统"数据准确性；持续优化政府采购营商环境，降低中小企业参与政府采购活动成本，做好中小企业预留采购份额；落实政府采购支持脱贫攻坚政策，完成"贫困地区农副产品网络销售平台"采购，助力脱贫攻坚、乡村振兴。

【**税费财务管理**】2021年，西宁海关规范税费管理，提高综合治税管理水平；稳步推进"财关库银"横向联网运行，便利企业缴税，加快货物放行，增强企业获得感；完善税款核销、报表统计编报机制，开展税款入库时效性检查，提高税收入库环节管理效率，为海关综合治税工作提供有效的决策参考。2021年，关区税收入库4,135.82万元。

【**涉案财物管理**】2021年，西宁海关落实全口径涉案财物"办管分离"要求，运用"人工+科技"方式，强化涉案财物全程控制，杜绝廉政风险；定期开展库存涉案陆生野生动物及其制品防疫风险专项核查，研判疫病传染风险，做好防腐、消毒工作；开展长期未处置涉案财物专项清理工作，依法向青海省公安厅森林警察总队成功移交涉案濒危动物制品。其中：象牙制品29.59千克、穿山甲甲片26.26千克、虎皮（残缺）1张、虎皮（整张）1张、狮骨及狮牙112块。建立走私冻品、非法入境固体废物、走私成品油归口处置联系配合机制，切实保障人民群众健康安全，推进青藏高原生态保护和高质量发展。

【**涉企收费管理和国企改革**】2021年，西宁海关开展关区涉企收费专项清理检查，发放"西宁海关清理专项整治'乱收费'调查问卷"，掌握涉企收费总体状况，切实减轻企业负担；加强涉及疫情防控收费项目管理，现场检查新冠肺炎疫情期间预防性消毒情况，杜绝乱收费乱涨价；及时在西宁海关网站更新收费政策，切实将中央减税降费重大决策部署落到实处；按照国企改革任务时间节点开展工作，推进后勤管理中心参股中国检验认证集团青海有限公司股份转让事宜。

【**基建管理**】2021年，西宁海关全面开展艰苦地区边关生活设施保障能力全面提升专项工作，进一步加强基础建设；规范基建财务管理，完善第三方中介机构全面参与项目评审工作机制，全面实施项目总验收制度，强化监督管理；及时报送"基建管理子系统"申报项目资料，规范报送关区基本建设月度报表；制定《西宁海关基本建设管理实施细则》《西宁海关基本建设财务管理办法》，建立基建制度建设长效机制，强化制度落实。

【**资产管理**】2021年，西宁海关全面规范和加强资产管理，提高资产使用效益，盘活闲置资产，挖掘存量潜力。开展照相摄像器材专项检查，防范廉政风险；开展办公用房、闲置办公设备清查，强化资产管理过程控制和事后监督；公示处级以上领导使用干部办公用房、公有住房、公务用车情况，接受群众监督，推进清廉海关建设，落实中央八项规定及其实施细则精神；按照固定资产的使用年限要求及资产现状，对信息化前台设备进行报废，实现资产在规模上"瘦身"。

【装备管理】2021年，西宁海关落实艰苦地区边关支持保障22条措施，做好综合生活保障；联系总署财务司申请配备应急装备设备，2021年申请配备了制氧设备16台、净水设备6台，最大限度减少高原环境因素对关警员身体健康的侵害，加强和改进关警员身心健康保护工作；做好制服选购工作，提高服务保障水平；开展海关通用业务单证征订，强化海关通用业务单证管理；建立艰苦地区边关应急装备设备配备台账管理制度，提升应急装备设备配备的精准性和科学性。

（撰稿人：田秀伟）

科技发展

【概况】 2021年，西宁海关以"党建+科技"为主线，紧紧围绕网络安全、全网整合、终端维护、科技管理、设备预算、海关特殊监管区建设、科研管理和实验室管理等方面开展科技工作。

【信息化建设】 2021年，西宁海关落实新冠肺炎疫情防控工作部署，建立疫情防控期间技术保障机制，增加监控指挥中心技术值班岗位，每天8：00和17：00安排专人定点值班，提前做好监控指挥中心视频联调，保障各类视频会议的联调测试，实时监控网络线路和视频监控平台运行状况。在总值班室增设部署和调试监控指挥中心会议系统，全年完成各类视频会议保障190余次，值守监控指挥中心250天，保障政令畅通。

【网络与信息安全】 2021年，西宁海关完善关区网络与信息安全制度体系。绘制完整的对外接入局域网拓扑连线图，提高信息化系统运维工作效能；发布《西宁海关信息系统异常业务数据处理细则》，为开展相关工作提供了依据；改造西宁海关至礼让街办公区、海湖大道办公区和西宁曹家堡机场航站楼的链路主备模式，实现主备线路无缝对接；对西海海关无线网络系统进行实名认证改造，提高西宁关区整体网络安全水平。开展对各单位部门客户端安全模式下的病毒查杀与疑似病毒采集上报、设备漏扫、补丁升级等工作，全年累计查杀3,644台次。建立常态化网络渗透攻防和问题整改机制，定期开展全网渗透测试工作，及时整改测试发现的问题，消除安全隐患。持续推进信息系统应用账号授权清理专项工作，覆盖署级系统88个，清理停用、无效账号116个，清理后总授权用户数为1,279个，清理比例8.30%，确保信息系统的安全稳定运行。

【信息化支撑保障】 2021年，西宁海关建立机房每日巡检机制，打牢信息化系统安全、稳定运行基础。申请专项经费50万元，完成STULZ专用精密空调的替换和对接机房动环系统工作。全面排查UPS电池，更换出现故障的蓄电池组。升级机房设备，解决新旧版本兼容性问题。升级维护运管平台，提高运管平台的服务管理能力。全方位调查摸排关区内所有办公电脑、打复印机、扫描仪等硬件设备，建立相关台账。开展H2018新一代海关通关管理系统3.0版切换联调测试，完成西宁海关风险管理子系统和HB2012办公系统对接，完成缉私执法办案工作平台动态监控子系统升级，完成关区音视频执法记录仪管理系统部署，完成海关业务网新邮件系统迁移、切换，配合监管部门对机场海关辐射探测、X光机设备入网升级改造，按照涉密网分级保护测评的要求对重点要害部位监控系统进行改造部署。持续推进业务数据安全专项工作，设立"三专"场所，健全数据安全技术防护手段，引入指纹识别技术，录入"三专客户端"开机指纹，对各单位、部门数据导出操作员进行备案，实现了双因素认证、导出数据可追溯，简化了数据导出审批流程，从技术层面维护了海关业务数据安全。开展技术人员跟班作业，深入了解一线工作人员科技应用难题及科技需求，解决关级问题48条。上线"科技人员跟班作业应用系统"，为跟班作业长效机制建设提供系统支撑。

【**特殊监管区信息化建设指导**】2021年，西宁海关优化西宁综合保税区信息化建设方案，查核信息化建设情况，上线与西宁综合保税区智能卡口对接的"金关二期智能卡口管理系统"及信息化系统网络安全设备，优化调整对外接入局域网，完成信息化系统接入调试工作。查核青海曹家堡保税物流中心（B型）现场视频监控组网情况，修复海康威视摄像头漏洞，采集相关信息，形成监控系统改造方案，调整优化信息化系统线路，提高网络安全风险的管控能力。现场调研西宁双寨物流园区，为园区信息化方案提出建设性意见建议。

【**重点项目工程**】2021年，西宁海关推进关区终端替换工作，实现总署配发的34台国产化终端100%入网并实现单轨运行。通过创新手段，利用云盘完成旧设备与新设备的资料迁移；通过安装紫光云桌面，完成新设备的安装调试；同步搭建本地桌面源，完成麒麟软件商店私有化部署，应用涵盖软件、驱动和应用更新等，实现办公、开发、图像、影音、网络、系统、安全等软件的分类管理，为麒麟操作系统提供应用上架、软件下载、更新推送的内网软件商店支撑系统；替换期间解决了键盘切换失灵、云桌面内打印等各种不适配问题。

【**实验室管理**】2021年，西宁海关优化整合实验室布局，紧紧围绕主要业务需求、支柱产业需要，做专做强5个专业实验室，持续完善西宁海关实验室技术体系。建设完成移动P2+实验室，制定《西宁海关移动P2+实验室管理办法》《西宁海关移动P2+实验室人员的配置方案》等5项移动P2+实验室管理制度。组织开展仪器设备申报工作，2021年申报仪器设备15台（套），获批复仪器设备4台。开展实验室危险化学品安全检查，加强新冠病毒实验室生物安全风险管理和生物安全防控工作，加强实验室生物安全管理，确保实验室安全。上线实验室管理系统（V2.0），完成人事信息管理系统和H4A管理系统中的机构设置、人员设置、角色授权、机构服务范围设置、新老系统中机构部门的匹配和参数设置。

【科研管理】2021年，西宁海关获批总署科研项目1项，合作参与总署科研项目、省部级科研项目10项，在研科研项目1项，成果登记1项。围绕国家战略及海关工作重心，组织开展科研项目申报工作，对4个拟申报2021年度总署科研项目进行了专家技术审查，最终经总署批复，技术中心申报的《出口沙棘油的总体质量与掺伪评价体系研究》（项目编号2021HK211）成功获得立项。

【制定《西宁海关信息系统异常业务数据处理细则》】《西宁海关信息系统异常业务数据处理细则》用以规范西宁海关信息系统异常业务数据处理工作，保障关区各应用系统的正常运行。解决海关非涉密信息系统出现异常，且无法使用系统自身功能解决，需要通过技术手段予以处理的数据。制定异常业务数据处理中需求提出、业务审核、技术评估、技术处理、结果确认等各环节工作标准。明确科技部门有权处理的涉及关级项目的数据处理申请在3个工作日内完成处理，对涉及署级项目的数据处理申请于1个工作日内提交核心节点运行单位处理。

（撰稿人：唐　磊　朱真真）

督察内审

【概况】2021年，西宁海关持续开展重大决策部署督察，对业务执法、内部管理等领域实施专项督察监督，推动党中央、国务院重大决策部署、总署党委工作部署、西宁海关党委工作要求在西宁关区有效落实，切实履行督察监督职责。重点聚焦习近平总书记重要指示批示精神落实情况，党中央、国务院重大决策部署落实情况，中央八项规定及其实施细则精神落实情况，服务高水平开放和高质量发展举措落实情况，统筹疫情防控和经济社会发展措施落实情况，海关依法全面履职情况，以及海关业务数据安全管理情况，加大督审工作力度，发挥督审监督职能作用，推动各项政策措施落地见效。不断深化内部审计，以领导干部经济责任审计和专项审计为抓手，以问题为导向，揭示典型性、普遍性、苗头性问题或风险，提升审计效率，促进审计监督与其他监督贯通融合，提升权力运行的监督制约效能，促进海关治理能力提升，充分发挥内部审计监督保障作用。打造海关内控科技主平台，构筑执行控制、职能监控、专门监督的三道防线。健全执法评估工作机制，完善项目清单管理，完善专题评估项目，聚焦海关重点业务领域和关键环节改革开展执法评估取得成效。提升督审专业化水平，加强关区督审兼职队伍建设。加强制度建设，制发督察、审计、内控相关业务规范及指南，推广应用审计软件，推动督审业务规范化、标准化。

【督察监督】2021年，西宁海关聚焦严把进出口商品检验关措施落实情况、严格进境高风险货物风险监测和预防性消毒措施落实情况、严防重大动植物疫情疫病传入传出和外来物种入侵措施落实情况、进出口危险化学品监管措施落实情况、持续强化口岸卫生检疫措施落实情况5项重大政策措施落实情况开展专项督察。同时结合"自选动作"，针对数据安全，组织开展西宁海关驻场外部技术运维人员管理情况督察。通过督察，发现问题11个，提出意见建议14条。针对督察发现问题，及时组织召开问题整改推进会，研究整改措施，制定整改方案，建立整改清单和督办清单，明确整改主体和时限，切实做到补短板、强弱项。

【审计监督】2021年，西宁海关开展关区领导干部经济责任审计3项。分别于4月、8月、9月对西宁海关技术中心、西海海关、曹家堡机场海关主要负责同志进行了任中经济责任审计并正式印发审计决定。开展专项审计工作2项：一是对《推动重大决策部署贯彻落实情况、强化监管优化服务情况、贯彻执行中央八项规定及其实施细则精神情况》开展专项审计；二是开展海关事业单位所属企业脱钩和转让产权专项审计。组织开展实验室专项审计调研工作。制订工作方案，对西宁海关技术中心、青海国际旅行卫生保健中心（西宁海关口岸门诊部）两个实验室开展审计调研。配合总署完成时任西宁海关关长扎顿经济责任审计现场审计工作。协助总署督查内审司编制《海关企事业单位内部审计现场核查操作指南》。

【专项督察】严把进出口商品检验关措施落实情况专项督察。2021年，西宁海关自11月25日至12月7日采取自查、重点督察相结合的方式分自查、督察、总结3个阶段对2021年度西宁海关严把进出口商品检验关措施落实情况开展专项督察。根据工作实际组成督察组，抽取4个单位（部门）中的西海海关和综合业务二处进行了实地督察检查，共计查发问题2个，提出督察建议2条。

严格进境高风险货物风险监测和预防性消毒措施落实情况专项督察。自5月24日至28日对曹家堡机场海关、西海海关、格尔木海关开展2021年度严格进境高风险货物风险监测和预防性消毒措施落实情况专项督察。共计查发风险隐患4个，提出督察建议3条。

严防重大动植物疫情疫病传入传出和外来物种入侵措施落实情况专项督察。自7月23日至8月20日采取自查、重点督察相结合的方式分自查、督察、总结3个阶段对2021年度西宁海关严防重大动植物疫情疫病传入传出和外来物种入侵措施落实情况开展专项督察。共计查发问题2个，提出督察建议2条。

进出口危险化学品监管措施落实情况专项督察。自9月9日至30日采取自查、实地督察相结合的方式，对2021年度西宁海关进出口危险化学品监管措施落实情况开展专项督察，并向总署上报相关情况。共计查发问题3个，提出督察建议7条。督促相关隶属海关完成整改立行立改查发问题。

持续强化口岸卫生检疫措施落实情况专项督察。自11月25日至12月10日采取自查、重点督察相结合的方式分自查、督察、总结3个阶段对2021年度西宁海关持续强化口岸卫生检疫措施落实情况开展专项督察。根据工作实际组成督察组进行了实地督察检查，共计查发问题1个，提出督察建议1条。

驻场的外部技术运维人员管理情况专项督察。自7月1日至12日采取自查、实地督察相结合的方式对2019年1月以来西宁海关驻场的外部技术运维人员管理情况开展专项督察。根据工作实际组成督察组进行了实地督察检查，提出督察建议2条。

【专项审计】2021年，西宁海关根据《督审司关于开展2021年度专项审计工作的通知》要求，制订西宁海关专项审计工作方案，组织人员对《推动重大决策部署贯彻落实情况、强化监管优化服务情况、贯彻执行中央八项规定及其实施细则精神情况》开展专项审计，共发现问题11项，提出3条审计建议，并结合西宁海关实际情况向总署督查内审司沟通汇报7个方面工作情况。开展海关事业单位所属企业脱钩和转让产权专项审计。根据总署党委工作部署，成立西宁海关专项审计工作组，制订审计方案，严格监督执行总署有关企业脱钩和转让产权工作方案。

【实验室专项审计调研】2021年，西宁海关根据《督审司关于开展海关实验室建设专项审计调研的通知》要求，制订工作方案，对西宁海关技术中心、青海国际旅行卫生保健中心（西宁海关口岸门诊部）两个实验室开展审计调研，重点关注实验室各项改革措施落地见效情况，实验室在规划布局、能力建设、效益效率、收费管理、内部管理等方面的成效和短板，从规划布局、能力建设、效益效率3个方面向总署汇报了存在的问题，并结合西宁海关实际，在对机构、实验室规划布局方面、业务互助、经费支持方面、对西部边远关区专业技术人员政策和培训方面提出了10点意见建议。

【协助编制《海关企事业单位内部审计现场核查操作指南》】2021年，西宁海关按照《督审司关于组织编写〈海关企事业单位内部审计核查重点操作指南〉的函》的要求，抽调专人集中时间和力量完成了企事业单位对外投资管理等项目审计核查重点操作指南编写工作。

【内控机制建设】2021年，西宁海关对内部审计发现的重点业务领域的问题进行分析，将其中涉及对制度规范进行修订的意见建议反馈职能部门，推动职能部门完善内控制度，优化业务流程，加强内控节点的系统内嵌。

推动建立问题整改长效机制，防止"屡审屡犯"。落实内控前置审核复核工作制度，对各部门制定的《西宁海关处级以上领导干部外出管理办法》《西宁海关公务接待管理办法》等29项制度进行了内控前置性审核，累计提出完善意见建议86条，采纳79条，加强风险源头防控。

稳步推进"内控评价"，推动内控工作"以评促建"。结合经济责任审计，综合应用数据分析、问卷调查、现场核查等方法，围绕海关内控机制建设的组织领导、重大决策、制度建设和内控防线4个方面15项对曹家堡机场海关、西海海关开展内控评价，发现22个问题，提出8条意见建议。

突出风险导向，强化内控节点岗位落

实清单应用。聚焦总署审计、西宁海关专项审计发现的问题，逐条对照内控节点分析，查找主客观原因，提出防控措施和建议30余条；紧扣完善内控节点体系，建立科室内控节点岗位落实清单和控制清单，"手把手"对关区各科室人员进行实操训练。组织推动内控节点岗位清单制管理，强化内控节点应用成效，进一步提升西宁海关依法行政和规范化管理水平。

【HLS2017内控平台应用】2021年，西宁海关强化HLS2017内控平台监督机制。以科技控权理念为指导，持续推进海关内部控制与监督子系统应用，发挥科技监督的保障执行、规范执法、提升治理效能等作用。促进平台应用绩效转化。创新平台推广应用手段，强化考核评估，充分发挥考核通报的导向作用，指导、督促各授权用户"用实""用精"平台功能，针对易发、多发风险隐患问题组织开展常态化监控，推动补证、补税、移交案件线索等风险处置成果转化，提升系统应用效能。累计授权48人，系统使用人均为148.75天，活动账号比例91.67%，与2020年同期相比大幅度提高。利用HLS2017平台制发处置联系单16条，处置异常数据81条，有效条数74条，处置异常数据有效率91.36%；补征税款6次；警示风险移出率、审核率、复核率均为100%。

【内控培训指导】2021年，西宁海关从打造"内控科室"入手，深入开展关区科室座谈交流，找准内控机制运行"痛点"，针对性开展内控培训、答疑解惑，进行内控培训164人次，紧扣完善内控节点体系，建立科室内控节点岗位落实清单和控制清单，"手把手"对科室人员进行实操训练。组织开展内控机制建设宣传工作，开展内控线上线下培训交流6场次，提升基层自控能力。

【执法评估成效】2021年，西宁海关聚焦海关重点业务领域和关键环节改革，完成2020年1—3月期间全国进口粮食贸易情况专题评估及关区2020年度、2021年1—3月进口粮食监管政策措施落实情况专题评估项目。通过评估，发现7个方面的问题或风险，提出5条意见建议。

【"云擎"平台应用】2021年，西宁海关规范和加强大数据通用分析平台（"云擎"平台）的应用，对关区2018年以来出口的枸杞产品、冷冻虹鳟鱼等青藏高原特色产品检验检疫监管情况进行分析。通过"云擎"平台建立指标模型，对相关领域的进出口贸易情况、海关监管情况等进行分析阐述，查找在政策制定、现场执行、系统智能化等方面存在的问题和风险，强化执法评估的决策参考和内部监督作用；采用线上学习的方式，组织执法评估数据分析人员为督审部门工作人员进行培训，提升督审人员"云擎"平台使用能力。

（撰稿人：秦明勍　苟廷涛）

第六篇

隶属海关单位

西宁曹家堡机场海关

【概况】 2018年12月，海关总署批准设立曹家堡机场海关。2019年1月23日，曹家堡机场海关正式挂牌运行，为受西宁海关直接领导的正处级隶属海关，承担综合偏口岸型海关职责。履行全面从严治党责任，负责本关区基层党组织建设、队伍建设和日常管理工作。承担西宁曹家堡机场口岸进出境运输工具、货物、物品和人员的检查、检验、检疫等业务工作。承担海东市行政区划内［含青海曹家堡保税物流中心（B型）］的通关处置、现场验估、税收征管、业务统计、检验检疫、认证签证、企业管理、稽（核）查、进出境物品核准、加工贸易审核等海关业务。承担辖区内行政审批"一个窗口"受理工作。执行反馈"两中心"及二级风险管理中心下达的指令。完成西宁海关交办的其他工作。

2021年，西宁曹家堡机场海关以习近平新时代中国特色社会主义思想为指导，深入贯彻党的十九大和十九届历次全会精神，按照西宁海关2021年工作会议、全面从严治党工作会议精神，在开展好党史学习教育的同时，抓好口岸海关中心工作，坚持疫情防控工作不放松，圆满完成各项工作任务。

【政治建设】 2021年，西宁曹家堡机场海关不断提高政治站位，多举措持续深化"三学"机制，坚持把学习贯彻习近平总书记重要讲话和重要指示批示精神作为首要政治任务，确保一贯到底、落实到位。在党史学习教育中围绕学史明理、学史增信、学史崇德、学史力行，继承精神谱系、赓续红色血脉、汲取生生不息的智慧和力量。依托"每周一学习、每月一党课"活动，参加沉浸式音乐党课，开展党史知识测试、精品主题党日等活动，全年，共开展党委中心组（扩大）学习12次，党委书记讲党课2次、其他党委委员讲党课2次、支部书记讲党课12次、党员集中学习10次。年内与西宁海关其他党支部及业务联系单位开展了主题党日联学联建活动。在西宁海关组织的党史知识竞赛活动中，西宁曹家堡机场海关代表队获评三等奖。同时，结合"我为群众办实事"实践活动、"现场监管与外勤执法权力寻租"专项整治工作，先后3次为企业超期清关货物办理延期；联合慈善协会在海东市化隆回族自治县德加中心小学尕么甫教学点共同举办以"牵手同行、点亮希望"为主题的爱心捐赠活动。贯彻落实习近平生态文明思想，在旅检和货检领域严厉打击象牙等濒危物种及其制品走私，严密监管固体废物进口，严厉打击洋垃圾入境；加强与海东市政府、青海省曹家堡保税物流中心管委会沟通交流，支持拓展跨境电商网购保税零售、简单加工和增值服务、进口商品展示等新业务，充分发挥青海省曹家堡保税物流中心（B型）功能作用，大力挖掘内部潜力，努力留住和利用海东市有限外贸业务资源，助力企业拓宽业务领域，探索航空口岸货运包机等新业务。选派1名党委委员作为第一书记，在茶卡村开展乡村振兴工作，持续巩固脱贫攻坚成果。党委书记切实履行全面从严治党工作第一责任人职责，推动党委压紧压实党建工作主体责任，落实"一岗双责"，推动全面从严治党、党风廉政建设和反腐败等各项工作落到实处，切实做到全面部署、分责落实；在日常工作中，及时利用典型案例开展警示教育，注重用好监督执纪"四种形态"特别是第一种形态，抓早抓小、防微杜渐，做到警钟长鸣，防患于未然。在此基础上，不断严格执法一线科长的教育管理监督，防控廉政风险。牢牢掌控意识形态主导权，做到一把手亲自抓意识形态工作，发挥党组织凝聚力和向心力，突出思想政治工作的宣传优势和组织优势。召开2次思想政治和意识形态工作专题会议，每月按时召开形势分析及工作督查例会，有针对性地研判解决当前形势和工作中遇到的问题。

【队伍建设】2021年，西宁曹家堡机场海关全面加强干部作风建设，持续强化使命担当和责任意识教育，按照"政治坚定、业务精通、令行禁止、担当奉献"的要求，常态化开展准军事化队伍管理，严格落实《海关内务规范》，实行科室轮流内务督察制度，全年共开展内务督查36次，组织全体干部职工开展"治慵治懒治散"教育整顿和"警示教育月"活动，通过"四个结合"和"三查"对照，切实增强全体干部职工政治意识和纪律意识。落实十九届中央纪委五次全会精神，持续纠正"四风"，在重要节点对党员干部开展常态化提醒监督，密切关注酒驾醉驾问题，充分做到了防微杜渐和正向激励；推进廉政风险源头防控，通过党员学习会及微信群分享等形式不断丰富廉政宣传载体，加强党员干部思想道德和党纪国法学习教育，筑牢拒腐防变的思想防线。落实西宁海关党委的部署和要求，在承担原有"9702、9703"业务现场6个岗位的基础上，全面承接海东市辖区内的通关处置、现场验估、税收征管、业务统计、检验检疫、认证签证、企业管理、稽（核）查、进出境物品核准、加工贸易审核等海关业务，出台"9702、9703"业务承接方案，将业务承接工作作为强化政治能力建设、推进关区业务改革的重要抓手，根据实际业务需要，充分利用现有人力资源，对机场海关三个科室原有业务岗位和职责的人员进行了重新分配和调整，出台《西宁曹家堡机场海关科室岗位职责设置意见》。

【"现场监管与外勤执法权力寻租"专项整治】2021年，西宁曹家堡机场海关对照总署和西宁海关工作要求，结合工作实际，制订工作方案，成立了专项整治工作领导小组及工作专班。对2019年建关以来开展的所有一线执法工作进行逐项梳理、逐条核实，排查出业务管理薄弱环节及问题反映集中、风险点聚集的关键岗位，共排查出3个方面7项问题并列出详尽的廉政风险清单并及时督促问题纠治。同时，配合西宁海关党委第二派驻纪检组在办公区和业务现场广泛发布公示公告，深入企业进行宣传调研，畅通信访举报渠道，充分征求企业意见建议，主动接受群众监督，实时掌握廉情，确保工作取得良好效果。

【党建工作】2021年，西宁曹家堡机场海关努力做好青年干部职工入党积极分子的培养和发展，年内已有3名入党积极分子通过审核发展为预备党员；通过学唱红歌、宣讲红色经典、制作党史文化墙等形式，在潜移默化中对干部职工进行引导，抓好爱党爱国教育；通过悬挂宣传标语、制作展板、建设职工活动室和图书室等形式，广泛动员干部职工主动参与精神文明创建活动，营造人人参与的良好氛围。充分发挥创建主体作用，集思广益，多措并举细化活动内容，及时总结工作经验，梳理研究并严格按照相关工作要求完成好组织实施、自评申报、考评验收等各个阶段工作安排，切实做到建设有方向、创建有目标，"四强"党支部建设工作取得初步成效，高原国门一线战斗堡垒作用得到充分发挥。旅检科党支部已被命名为西宁海关第一批"四强"党支部。同时，2021年西宁曹家堡机场海关被团省委授予"青年文明号"荣誉称号。

【业务建设】2021年，西宁曹家堡机场海关共监管一线进出青海曹家堡保税物流中心（B型）中欧班列货物162件，货值2,679万元。全年开展查验作业2次，查获涉嫌侵犯知识产权货物1批次，为西宁海关在青海省进出口环节首次查获侵犯知识产权案件。有序推进海东市企业在西宁曹家堡机场海关报关事宜，全年共受理进出口报关单112票，其中，"9702"（出口）94票，"9702"（进口）11票；"9703"（出口）5票，"9703"（进口）2票；全年完成担保征税1票，纳税金额7.60万元。全年为6家企业办理快速备案注册登记，截至2021年12月31日，在海东市辖内的注册企业共计177家，其中西宁曹家堡机场海关（9703）注册数为168家，西宁曹家堡保税物流中心（B）型（9702）注册数为9家。在西宁曹家堡机场海关的助力下，2021年海东市外贸进出口总值37,472万元，同比增长19.38%。

【卫生监督】2021年，西宁曹家堡机场海关共对51家食品生产经营单位共开展日常卫生监督153次，发现问题并提出整改意见110项；进行食品安全和卫生监督抽检190批次；对空港酒店、贵宾厅、T1和T2航站楼等开展微小气候和空气质量监测4次，取得数据2,000余项，发现不合格65项；开展口岸卫生监督及食品安全专项督查，发现航空配餐公司和垃圾场存在食品安全自查制度不健全、消毒剂过期等问题，指导企业立行立改。在新冠肺炎疫情常态化防控下，持续推进口岸食品安全抽检工作，圆满完成年度抽检任务，现场快速检测及实验室检测项目均未发现不合格；开展国境口岸病媒生物监测，捕获蚊类1只、蜚蠊53只；严格要求运营单位落实主体责任，先后开展食品安全宣讲活动4次，送法上门，覆盖从业人员170余人次，不断提高企业"食品安全第一责任人"意识；同时在全国"两会"期间，西宁曹家堡机场海关严格执行"一包机一监管"，安排专人全流程跟踪监督检查，重点对原材料采购、储存、餐食加工、洗消、包装等环节严格把控、责任到人，保障过程中对关键点逐一排查，确保"两会"代表餐食安全。

【口岸业务建设】2021年，在口岸国际航班持续停航的情况下，西宁曹家堡机场海关有益探索、充分实践，结合实际旗帜鲜明地提出"航班停工作不能停、素质提升不能松，厉兵秣马，时刻准备迎接新的战斗"的工作思路。全年，共组织参加防护服穿脱演练4次，相关人员均通过防护服穿脱考核；共9人参加总署举办的"万人争先"线上练兵"技能比武活动，人均参加总署线上专题培训班5个，完成业务培训课程170多门；为加快推进青海曹家堡保税物流中心（B型）建设和发展，派员赴郑州海关调研，了解郑州海关跨境电子商务综合试验区发展现状、管理体系、政策支持、跨境电商模式及系统使用等相关内容，提出了在西宁关区开展跨境电商网购保税创新监管试点思路的方案设想，并向海东市政府报送《关于青海曹家堡保税物流中心（B型）业务现状及发展建议的专报》1篇。

▲2021年8月10日，西宁海关所属西宁曹家堡机场海关开展防护服穿脱演练

（撰稿人：黄玉伟）

西海海关

【概况】 2018年12月，总署批准设立西海海关。2019年1月23日，西海海关正式挂牌运行，受西宁海关直接领导，为正处级隶属海关，承担属地型海关职责。履行全面从严治党主体责任，负责西宁海关基层党组织建设、队伍建设和日常管理工作。承担除西宁曹家堡机场海关、格尔木海关辖区以外的通关处置、现场验估、税收征管、业务统计、检验检疫、认证签证、企业管理、稽（核）查、进出境物品核准等业务工作。承担行政审批"一个窗口"受理工作。负责西宁关区减免税和本辖区加工贸易审核业务。执行反馈"两中心"及二级风险管理中心下达的指令。西海海关内设3个科室，分别是综合科、业务一科、业务二科。

2021年，西海海关以习近平新时代中国特色社会主义思想为指导，贯彻党中央决策部署，落实总署党委工作要求，紧紧围绕西宁海关党委工作思路，统筹推进疫情防控和促外贸稳增长，强化监管优化服务，辖区外贸进出口值24.7亿元，同比增长39.6%。2021年，西海海关党委书记卓玛措同志获评"青海省优秀党务工作者"称号，业务一科党支部获评青海省直机关先进基层党组织，业务一科党支部获评西宁海关"四强"党支部。

【政治建设】 2021年，西海海关深入学习贯彻习近平新时代中国特色社会主义思想、党的十九大和十九届历次全会精神和习近平总书记关于青海工作的重要讲话精神，坚决捍卫"两个确立"，坚决做到"两个维护"，全面履职尽责，助力青藏高原生态保护和高质量发展迈上新台阶。全年开展党委中心组学习13次，专题研讨10次，党委成员讲党课3次。把习近平总书记重要指示批示精神作为行动号令，以最坚决的态度、最迅速的行动、最有力的措施不折不扣落到实处。开展"国门利剑2021"行动、"国门绿盾2021"行动、"清风行动"，维护国门安全。落实党内组织生活制度，深化"匠心卫士"党建品牌建设，推进"强基提质"工程，建设"四强"党支部，创建"党建＋"工作模式，发挥基层党组织战斗堡垒作用和党员先锋模范作用。打造"高原海关精神高地"，深入开展精神文明创建，每季度评选党员先锋队和示范岗。

【全面从严治党】2021年，西海海关制发《西海海关2021年全面从严治党重点任务分工》，明确4个方面42条重点任务的责任科室和责任人，逐项持续推进。年内组织召开全面从严治党工作会议2次，党风廉政建设分析会4次、意识形态工作分析会2次，持续整治形式主义、官僚主义，防止"四风问题"反弹回潮。定期研判关区党风廉政建设和反腐败工作面临的形势，稳妥运用"四种形态"，特别是"第一种形态"，坚持抓早抓小，防微杜渐，一以贯之一体推进"不敢腐、不能腐、不想腐"，持续打造清廉海关。以"冰心廉意"为主题，开展"廉之记忆""廉字诀""致命诱惑""廉政词话""笔墨廉政"等活动，增强警示教育的有效性。

【党史学习教育】2021年，西海海关制发《西海海关党史学习教育实施方案》和教育活动计划表，成立党史学习教育领导小组统筹部署推进。通过党委会、党委理论学习中心组会议、"三会一课"等形式深读细研习近平《论中国共产党历史》等指定书目20余次，先后开展党史学习教育、学习"七一"重要讲话精神、学习十九届六中全会精神专题研讨8次，筑牢政治忠诚。依托省内红色资源，赴青海省海东市循化县红光村开展"学党史缅怀先烈 寻足迹砥砺前行"主题党日活动，激励关员继承弘扬伟大建党精神，牢记初心使命。创新学习内容和形式，掀起学习热潮，成立"西海海关党史学习小分队"，推送"党史百年天天读"等内容70余期，提升学习成效，报送的信息快报被总署采用。"七一"期间开展党史飞花令等"十个一"系列活动庆祝中国共产党成立100周年，报送的综合信息被总署思想政治工作办公室全文采用。开展"风雨百年 筑梦今夕"党的十九届六中全会精神学习主题党日活动，报送的2篇微信宣传稿件被总署"金钥匙"微信公众号采用。

【"我为群众办实事"实践活动】2021年，西海海关细化"我为群众办实事"项目清单，研究确定7个方面28项具体措施，明确责任领导、主协办科室和完成期限，逐一跟踪督办，全部落实；各党支部确定支部层面项目3条、党员确定个人层面项目14条，全部落实。建立"一企一策"精准帮扶机制，助推国内最大碳纤维生产基地建设，指导企业用好项目进口税收优惠政策，做到"全程跟踪、随到随检"，全年监管项目进口设备1,527台、货值7,711万元；一对一指导企业规范生产，开辟24小时预约检验检疫"绿色通道"，助力高原特色冷水鱼拓展俄罗斯市场，全年实现出口2,407.60吨、货值9,319.10万元；主动了解企业需求，落实惠企措施，助力青稞挂面、苹果花等特色农产品实现首次出口，协助解决企业报送工商年报困难面临被行政处罚问题。

【准军事化纪律部队建设】2021年，西海海关开展为期一年的推进准军事化海关纪律部队建设专项活动，通过开展学习教育、岗位练兵、队列训练、内务督察等措施，深化内涵学军，持续强化作风建设。深入开展"治慵治懒治散"教育整顿月活动，召开动员大会，印发《西海海关开展"治慵治懒治散"教育整顿月活动实施方案》，从党委班子、党委成员、科室、个人层面查摆问题87条，建立整改台账，制定整改措施，全面实施整改。开展"西海海关严纪律树形象以优良作风庆祝中国共产党成立100周年"活动，通过专题学习、业务培训、文明创建等措施，规范一线和窗口作业，强化作风养成，筑牢纪律意识。加强制度建设，全年新建、修订内部管理制度11项，不断夯实制度基础，推进用制度管人、管事。持续落实"一周一主题"长效机制，开展涉及业务、党建、综合管理等内容的培训22场（次）、受训308人（次），深入推进全关"大学习、大培训、大提高"，全面提升队伍能力。

【审计整改】2021年，西海海关制修订工作制度15项，全面梳理各岗位内控节点体系，建立隶属海关级内控节点40个。

【开展"海关进农牧区"活动】2021年，西海海关深入落实习近平总书记考察青海时的重要讲话精神，围绕关区农牧外贸发展实际，制订《"海关进农牧区"活动调研方案》，由西宁海关领导带队，深入黄南、海南、海北、果洛、玉树等藏族自治州政府部门和进出口企业开展调研，上报的《西宁海关关于促进青海农牧区对外贸易高质量发展建议》得到省领导批示肯定。分析研判农牧区产业特点和进出口业务状况，因地制宜，分类指导，制定11条"一州一策"帮扶措施和10项支持外贸发展措施，助推农牧区对外贸易高质量发展。年内，海北藏族自治州外贸实现了"破零"目标。该项目获评2021年青海省深化"放管服"改革、优化营商环境"争先创优"典型案例，入选第三批总署"我为群众办实事'百佳项目'"。

▲2021年7月21日，西宁海关副关长王春阳带队，深入海北藏族自治州开展"海关进农牧区"活动

【新冠肺炎疫情防控工作】2021年，西海海关严格落实疫情防控工作要求，从严从紧执行业务防护标准，毫不放松做好内部安全防护工作。组织防护装备穿脱培训演练8次，开展个人防护实操考核，外勤作业从严落实安全防护责任，履行安全防护监督员职责，开展50次进口货物目的地查验作业，完成95次西宁市冷链监管总

仓单证验核工作，解决3家企业问题。西宁地区突发疫情期间组织关员报名参加防疫志愿者队伍，为一线疫情防控贡献力量。

【业务建设】2021年，西海海关全力做好监管和服务，通过"一企一策"，激发民营企业外贸活力，培育海关高级认证企业1家。深化"多证合一"，企业注销作业实现"无纸化"和"一网"办理。围绕青海省产业"四地"建设，创建"海关进农牧区"专题调研品牌，助力青海省海北藏族自治州实现外贸零的突破。向总署上报唐卡税政调整建议获采纳，全力帮扶民族特色手工业发展。推动出口产品"源头达标"，化解疫情对青海省外贸发展的影响，实施"提前申报""合格保证"等5项便利措施，2021年冷冻虹鳟鱼出口同比增长6.2倍，地毯类商品出口同比增长30.9%，冬虫夏草出口占据全国出口总量近一半。不断优化企业注册备案业务流程，完成进出口收发货人备案注册登记和信息变更共133家，出口食品生产企业初次和重新备案20家，便利注销企业18家，全部实现7个工作日内办结，压缩办理时间36%，新增高级认证企业1家，为建关以来首家高级认证企业。规范查检作业，全年完成进口货物目的地事中查检50批、货值4,147.3万美元，完成出境检验检疫货物499批、货值4,570.7万美元，实现了建关以来出口货物不合格零检出的新突破，首次开展了进境水生动物隔离检疫监管作业。

【业务改革】2021年，西海海关推进"两步申报""两段准入""两类通关"改革，推广税费电子支付等便利措施，推行出口货物原产地证书智能审核，实现"秒过秒签"。深化"注销便利化""多证合一"改革，推进H2018新一代海关通关管理系统切换运用，RCEP原产地管理信息化应用项目成功上线，"两步申报"广泛铺开，应用率达20.75%。

【综合治税】2021年，西海海关落实税收政策，全年入库税收3,829.37万元。落实属地纳税人管理，建立28家企业属地纳税人台账。通过关企微信群、微信公众号多渠道宣传海关政策、解答企业咨询；举办线上、线下进出口业务培训班2次，培训70余人次。推行"二三四"减免税审批工作法，以"咨询备案、政策引导、跟踪解难、便捷通关"的减免税审核确认模式服务企业享受鼓励类国内投资项目进口税收优惠政策，顺利办理关区首票《海关准予办理减免税货物税款担保通知书》，审核确认首份"十四五"期间科创政策项下征免税确认通知书，为辖区企事业单位减免税款501.30万元。推行"三创三提高"原产地工作法，帮助企业用好用足优惠政策，争取最大的进口国关税减让。签发原产地证书409份，同比增长53.20%；签证金额4,513.20万美元，同比增长1.2倍。有效履行统计调查服务职责，上报12次业务统计数据，完成6次出口先导指数月度常规调查工作，调查填报率和及时率均为100%。

【稽核查作业】2021年，西海海关开展稽查作业4家，查处2家，1家专项稽查查发违反监管行为并给予警告行政处罚；核查作业55次，查发问题47条，完成"核查领域采信第三方出具报告制度"试点首起核查任务，首次完成青海省部门联合"双随机、一公开"抽查现场检查作业。

【风险管理】2021年，西海海关落实风险布控指令要求，规范全程查检作业。完成进口货物目的地事中查检50批、货值4,147.3美元，检出6批；出境检验检疫货物499批、货值4,570.70万美元，检出2批，突破2019年建关以来出口货物不合格"零检出"状况；完成进出口危险品及其包装检验3批，不合格1批。开展出口商品、出境动物、进出口食品、危险品及其包装等领域专项风险监测和抽查67批次、样品322件，处理不合格或违规情事7批次；组织参加进出口危险品检验监管岗位练兵和技能比武培训，5人通过总署进出口危险货物及其包装检验监管人员考核。夯实注册备案基础，"三减两拓一主动"推进企业注销便利化，实现企业"不出户、不见面、事办好"。

【西宁综合保税区建设】2021年，西海海关结合西宁综合保税区建设实际，多次派员前往兄弟海关开展业务学习交流，提交多份调研报告，为西宁综合保税区发展建言献策。抽调关员配合完成综合保税区预验收、海关协管员招聘等工作，做好金关二期完整业务链条测试，扎实开展岗位培训，及时解决海关入驻保障等问题，制订《西海海关进驻西宁综合保税区工作方案》和《西宁综合保税区企业非报关货物监管操作指南》等8项业务指南、12项业务流程，为西宁综合保税区正式封关运营奠定了坚实基础。

【优化口岸营商环境】2021年，西海海关推广应用国际贸易"单一窗口"和"双随机、一公开"，创新推出"二维码"办事指南和行政审批目录，开展"核查领域采信第三方出具报告制度"试点，保障首届中国（青海）国际生态博览会展品通关。参与中国营商环境评价西宁市跨境贸易指标集中填报工作，2020年西宁市跨境贸易指标得分65.01分，同比提高11.31分。研究总结跨境贸易指标中存在的问题，撰写《关于优化西宁市2021年中国营商环境评价跨境贸易指标填报工作的几点思考》。

【税收税政调研】2021年，西海海关紧扣职责，深化税收税政调研。年初走访关区20余家进出口企业和政府部门，深入了解税收形势，形成《2021年西海海关关区企业税收形势调研分析报告》，为税收决策提供参考；结合农牧区出口产品特点，针对性开展青海唐卡税政调研，力求通过争取青海唐卡的税收优惠助力关区特色产品扩大出口、扶植地方特色产业发展壮大。基于深入调研提出的"将现行民族艺术品唐卡的出口退税率从0提高到13%"建议被总署关税征管司采纳并上报国务院关税税则委员会审定。发挥海关职能，加强对西宁市外贸趋势的分析研判和监测预警。多角度研究西宁市外贸进出口形势，就"地毯""冬虫夏草""报关单量下降""海北州外贸调研""通关时长"等专题开展调研，全年上报外贸统计分析8篇，完成形势分析7篇，为服务领导决策和外贸发展提供了第一手资料。

【"现场监管与外勤执法权力寻租"专项整治】2021年，印发《西海海关"现场监管与外勤执法权力寻租"专项整治工作方案》，通过党委会、形势分析例会、三会一课、警示教育大会等方式统筹推进。开展纪法和警示教育13次、纪法考试6次，组织重点岗位人员交流发言，全面开展个人事项申报，全员手写心得体会，分层级、全覆盖开展谈心谈话。梳理报送46个业务环节、15个风险岗位，制定112条廉政风险防控措施。层层压紧压实责任，全面实施整改，建立风险防范长效机制，巩固拓展专项整治成果。

【首次开展进境虹鳟鱼发眼卵监管作业】2021年6月5日至8日，西海海关首次开展对进境虹鳟鱼发眼卵的押运、证货核对、包装消毒、抽采样等监管作业，督促检疫隔离场做好相关防疫工作并如实填写《进出境动物隔离检疫场检验检疫监管手册》，确保虹鳟鱼发眼卵隔离期检疫安全，这是西海海关首次开展进境水生动物隔离检疫监管作业。

【首次对企业开展经营"零干扰"核查作业】2021年6月21日，西海海关通过采信中国质量认证中心出具的《良好农业规范认证证书》完成对青海民泽龙羊峡生态水殖有限公司出口食品备案养殖基地核查作业，这是"核查领域采信第三方出具报告制度"试点以来的首起对企业经营"零干扰"核查作业。试点模式下，企业仅需提供第三方认证机构出具的覆盖核查内容的审核报告及资料，西海海关通过采信第三方出具的报告就能完成对企业的核查工作，实现对企业生产经营"零干扰"、核查过程趋于"零成本"。

（撰稿人：冷措吉）

格尔木海关

【概况】格尔木海关隶属于西宁海关，于2018年12月14日批准设立，2019年3月1日开关运行，为正处级机构，下设综合科、业务科。2021年在编14人，其中中共党员8名，2名干部抽调参加乡村振兴与基建办工作，党委第一派驻纪检组1名同志在此派驻开展工作，干部平均年龄35岁。格尔木海关辖区为青海省海西蒙古族藏族自治州（以下简称"海西州"）全境，主要承担关区内的通关处置、现场验估、税收征管、业务统计、检验检疫、认证签证、企业管理等海关业务。2021年海西州外贸进出口总值3.2亿元人民币，同比增长54.3%。其中出口总值3.1亿元人民币，同比增长53.7%；进口总值0.1亿元人民币，同比增长68.2%。主要出口产品是焦炭、肥料、新能源原材料（以金属锂为代表）、传统优势农产品（以有机枸杞为代表）；主要进口产品是机电产品、木材、堆膜。2021年，格尔木海关办理进出口报关业务15票，提前申报率达60%。完成各类检验检疫签证101份。开展核查作业21起，查发率47.6%。开展企业稽查2起，查发率50%。获评海西州级文明单位、共青团青海省委"青年文明号"荣誉称号。

2021年，格尔木海关紧紧围绕学习贯彻习近平总书记重要讲话精神和党的十九届五中、六中全会精神，深入贯彻落实习近平总书记关于青海和海关工作的重要指示批示精神，坚定捍卫"两个确立"，坚决做到"两个维护"，在西宁海关党委坚强领导下，在地方党委政府关心支持下，以强化"高原海关精神高地"创建为抓手，优化五大机制，坚守安全监管底线，服务海西州"四地"建设，各项工作稳中提质，在重塑业务格局、服务开放型经济发展、做优后勤保障上实现新突破。

【党建工作】2021年，格尔木海关把学习贯彻习近平总书记重要指示批示精神作为"第一议题"第一时间传达落实，推进《格尔木海关学习贯彻习近平总书记来青考察重要讲话精神重点工作任务分工方案》。深刻认识"两个确立"的决定性意义，推动学习党的十九届六中全会精神走深走实。充分利用"三学"机制，抓好

《习近平谈治国理政》《习近平新时代中国特色社会主义思想学习纲要》学习，召开党委会议17次，党委中心组学习11次，主题党日活动12次。扎实开展党史学习教育，切实抓好四本指定书目学习，与地方部门开展联学联建，编制格尔木海关党史学习教育简报27期，开展"我为群众办实事"实践活动，民生项目清单"四大工程"10个项目30条措施全部完成，扶持金属锂产业发展入选总署"百佳项目"。

【"现场监管与外勤执法权力寻租"专项整治】2021年，格尔木海关大力推进清廉海关建设，开展"现场监管与外勤执法权力寻租"专项整治工作，对照《专项整治重点问题参考提纲》梳理出6个环节24条专项整治问题。配合派驻纪检组开展监督，定期研究全面从严治党工作，强化思想动态分析，创新形式开展纪法教育和"警示教育月"活动，营造浓厚"清风文化"。

【队伍建设】2021年，格尔木海关落实总署支持边关22条措施，建立导向鲜明的干部队伍管理机制。树立"岗位成才，全面进步"目标，高度关注青年关员成长，突出抓好新入职关员"传帮带"。加强人才培养和技能提升，有针对性采取借调、交流轮岗、互派锻炼、岗位练兵等方式开拓视野、增长才干，年内派出参加西宁海关机关跟班学习3人次，协调1名同志参加格尔木市委办公室跟班学习锻炼，选派1名同志参加总署执法一线科长互派锻炼。举办内务规范培训，定期开展内务督察，依托"内务规范强化月"活动强化准军事化意识。落实《西宁海关干部交流管理办法》，让干部愿意来、肯干事、能成事、受重视，让艰苦地区成为培养人才和输送人才的基地。

▲2021年10月25日，格尔木海关开展主题党日活动，帮扶慕生忠将军之女

【精神文明建设】2021年，格尔木海关在将军楼设立"高原海关精神"教育基地，有效发挥增信作用。拓宽学习平台，充分用好六大学习途径，开展《论中国共产党历史》读书会、"我要学党史"图书漂流活动，推进"书香支部"建设。精心策划主题党日活动，在格尔木市烈士陵园开展"缅怀英烈，不忘初心"主题活动，在可可西里索南达杰保护站组织开展学习领会习近平生态文明思想活动，全关干部职工向慕生忠将军之女慕七一同志进行帮扶捐款。参加格尔木市2021年元旦环城健步行，开展"观影学党史、砥砺炼初心"系列活动，"我和我的祖国·为中国奥运军团加油"文化活动，丰富关员"八小时外"精神生活。在"志愿中国网"注册成立格

尔木海关志愿服务队，进一步加强志愿服务活动，形成格尔木海关的特色和品牌。2021年获得海西州级文明单位、青海省"青年文明号"荣誉称号，连续3年获评格尔木市民族团结进步创建工作综合考核优秀单位。

【危险化学品专项巡察整改】 2021年，格尔木海关针对危险化学品专项巡察反馈问题，制定15条措施切实推进整改。针对常规巡察反馈意见，制订整改方案，落实整改责任，强化精品意识，汇总梳理整改措施65条，按照"四个融入"要求推进整改，立行立改7项，已整改并长期坚持8项，取得阶段性成效并持续整改2项。5人取得危险货物包装检验资质，3人取得动植检岗位资质。

【生态安全】 2021年，格尔木海关做实"蓝天2021""国门利剑2021"专项行动工作任务，持续加强对进口大型成套设备与旧机电查验力度，加强固体废物监管。持续关注国外动植物疫情信息动态，开展木质包装中病媒生物及进出境动植物疫情检验检疫，落实"国门绿盾2021"月报告制度。严把进出口商品质量安全检验关，首次查发出口肥料检验不合格2批次，签发《出境货物不合格通知单》2份。完成出入境检验检疫业务120批次，同比（下同）增长8.1%；货值合计819.9万美元，同比下降68.2%。

【海关监管】 2021年，格尔木海关接收稽核查指令23起，稽核查办结率与双随机作业率均为100%。其中，开展核查作业21起，查发问题10起，查发率47.6%；开展企业稽查2起，查发问题1起，查发率50%。稽查发现偷逃漏检嫌疑，向缉私部门移交案件线索，实现涉检稽查领域查发零的突破。落实核查领域业务改革，完成1家部门间联合抽查、2家"采信第三方报告制度"试点工作。

【风险监测】 2021年，格尔木海关完成2021年度目录外进出口商品、食品、农产品风险监测工作。其中，共计对9家有机枸杞出口生产企业采样99份，26项监测指标进行检测，均为合格；对2家出口商品生产企业采样2份，11箱监测指标进行检测，均为合格。

【业务改革】 2021年，格尔木海关深化"放管服"改革，落实全国通关一体化、"提前申报""两步申报"海关通关改革措施，在业务现场设置办事指南海报及"绿色窗口"。2021年海西州进出口贸易总值达到3.2亿元人民币，同比增长54.3%。办理进出口报关业务15票，其中，提前申报为9票，提前申报率达60%。实施"一次申报、分步处置""自报自缴"等税收征管改革措施，征收税款285.7万元，同比增长7.85倍。

【服务地方开放发展】 2021年，格尔木海关助推"四地"建设，强化提升统计分析研究，推进海西州季度外贸分析报告常态化，相关成果获得西宁海关和地方党委政府肯定。2021年部署开展关级课题研究2项，相关成果报海西州、格尔木市党委政府主要负责同志并获得批示。加大理论研究力度，向西宁海关学会上报征文 5 篇，获二等奖 2 篇、三等奖 2 篇、鼓励奖 1 篇，格尔木海关获优秀组织奖。

【国际陆港建设】2021 年，格尔木海关参与《格尔木国际陆港控制性详细规划》编制评审，与青海省社会科学院合作开展《中尼印国际商贸走廊建设助推格尔木市外向型经济发展研究》，拟定《海关支持国际陆港建设计划》，完成《海关视野中的格尔木国际陆港建设》课题，向海西州、格尔木市党政领导汇报国际陆港建设实行"三步走"建议。与格尔木市政府座谈并出台《关地共建促格尔木特色产品出口高质量发展机制实施方案》。

【政策分类指导】2021 年，格尔木海关联合海西州商务局对 61 家外贸企业开展外贸政策培训，取得良好成效。指导 6 家企业办理海关备案，其中 3 家企业实现出口报关报检业务。充分发挥关企联络员作用，帮助辖区 5 家企业办理货物出口检验检疫手续，实现关区企业在农药、化肥方面的首次出口。推进原产地"智能审单""零见面"签证服务，根据企业诉求提供证书寄递服务 30 余次。

【扶持特色产业】2021 年，格尔木海关将"四地"建设与促进外贸稳增长工作机结合。帮扶破解金属锂出口三大难题，为企业量身打造"一企一策"帮扶措施，实施"7×24 小时"预约通关服务，海西州金属锂海外市场进一步开拓，金属锂出口总值达到 2,586 万元人民币，为辖区内清洁能源产业发展起到良好示范效应。应对新冠肺炎疫情压力，对枸杞等农畜产品出口制定有针对性的扶持措施。

【政务办公】2021 年，格尔木海关处理收文 1,200 余件，起草发文 100 余件。整理 2019 年、2020 年收发文，完成档案归宗。强化督办职能，2021 年确定督办事项 105 项，办结率 95%。组织党委会议 18 次、党委中心组学习会 11 次、形势分析例会 12 次。在"海关发布"公众号、"中国海关"学习强国号刊发宣传稿 3 篇。上报关内动态信息 100 条。

【民生工程】2021 年，格尔木海关综合实施办公生活设施设备改造升级项目 13 项，配合西宁海关基建办推进格尔木海关职工周转房项目建设，结合实际购置配齐基本家具用品，协调解决宿舍 8 套。优化资产管理，推进黄河路办公区对外出租，联系专业评估公司出具租金评估报告，向西宁海关上报出租请示获得批复。公务用车改革方案批复通过，完成拟取消车辆拍卖过户和保留车辆涂装备案，严格按照车辆性质确定派车用途。

【科技建设】2021 年，格尔木海关派员赴西宁海关科技处跟班作业，培养科技人才。机房改造、视频监控升级、视频会议室等项目完成验收并投入使用，视频会议数量占比较 2020 年明显提高。落实《海关网络安全管理规定》，业务数据安全专项行动成果进一步巩固。

（撰稿人：李世豪）

第七篇

直属事业单位

西宁海关技术中心

【概况】西宁海关技术中心(以下简称"技术中心")隶属于西宁海关,下设综合业务部、动植物检疫与食品检测实验室、商品检测与鉴定实验室3个科室。拥有总署署级国家沙棘重点实验室1个,青海省食品安全研究重点实验室1个。主要承担进出口食品检验、商品鉴定与检验、进出境动植物检疫等工作。2021年,技术中心坚持以政治建设为统领,推进队伍建设,提升科技能力,做好技术支撑、落实新冠肺炎疫情防控和安全生产工作。完成技术中心岗位聘任工作,在研科研项目11项,完成科研项目4项、标准制定7项。通过中国合格评定国家认可委员会监督评审,扩项481项。

【政治建设】技术中心保健中心联合党支部是由技术中心、青海国际旅行卫生保健中心和中国检验认证集团青海有限公司组成的联合党支部,班子健全、组织完备,设1名书记,1名副书记兼组织委员,1名宣传委员兼纪检委员,共有中共党员15名。坚持"第一议题"制度,深入学习习近平新时代中国特色社会主义思想,及时跟进学习习近平总书记重要讲话精神,坚持学习党的十九大和十九届历次全会精神,教育引导党员干部增强"四个意识"、坚定"四个自信"、做到"两个维护"。加强"政治坚定 技术精湛"党建品牌建设,推进"强基提质"工程,加强"四强"党支部建设,发挥基层党组织战斗堡垒作用和党员先锋模范作用。坚持学史明理、学史增信、学史崇德、学史力行,高质量推进党史学习教育,在西宁海关组织的"学党史、知党情、担使命"知识竞赛中获得二等奖,学习《中国共产党简史》《论中国共产党历史》《毛泽东 邓小平 江泽民 胡锦涛 关于中国共产党历史论述摘编》《习近平新时代中国特色社会主义思想学习问答》4本书籍。围绕"新民主主义时期""社会主义革命和建设时期""学党史、悟思想、办实事、开新局"进行专题研讨。在党支部微信群中分享党员日课——"历史上的今天",做到党史天天读,邀请西宁海关副关长米登发讲授"马克思主义为什么行"专题党课。开展"我为群众办实事"实践活动10项,完成了聘用人员涨薪人均300元、更换白大褂等实事，结合"精品工程"活动打造对外服务精品科室，提升对外服务水平。落实好"三会一课"制度，召开支委会14次、支部大会6次，开展党课7次。召开意识形态分析会议2次，坚持向全体员工征求对中心各项工作的意见建议，并及时办理和回复。在技术中心微信群积极传播正能量，对重大事件、突发性问题，做好正确舆论引导。开展谈心谈话累积114人次。2名入党积极分子被列入发展对象，从中国检验认证集团青海有限公司转入2名党员，接收7名入党积极分子。开展党史好书分享活动，参观西宁智慧党建体验中心，参加西宁海关庆祝中国共产党成立100周年"学党史、忆峥嵘、诵经典"活动，组织观看党史电影《建军大业》，开展党史应知应会知识竞赛。7月，成立4个党小组，新建支部党建宣传栏。加强准军事化海关纪律部队建设，进行学习教育、队列训练、内务督察。深入开展"治慵治懒治散"教育整顿月活动，查摆问题7条，建立整改台账，制定整改措施，全面实施整改。开展党风廉政形势分析会议4次，开展警示教育月活动，参观青海省反腐倡廉警示教育基地，邀请西宁海关党委派驻第二纪检组组长熊立群为技术中心讲授题为"知敬畏、存戒惧、守底线"廉政党课。

【人才队伍建设】截至2021年年底，技术中心人员总计47人，其中在编人员13人、非在编人员34人，平均年龄35岁；高级职称5人，中级职称7人，初级职称9人；学历方面，博士研究生1人，硕士研究生5人。

6月，技术中心根据《西宁海关技术中心2021年岗位聘任工作实施方案》，通过岗位意向确认、管理岗位竞聘选拔、公示、聘任等程序，完成事业单位岗位聘任工作，聘任3名管理岗位和6名专业技术岗位，其中正科级2名，副科级1名，专业技术七级岗位2名，专业技术九级2名，专业技术十级2名，签订《西宁海关技术中心事业编制聘用合同》，并报西宁海关备案。10月，通过公开招聘方式招聘1名硕士研究生，并及时签订《西宁海关技术中心事业编制聘用合同》。12月，苏姗姗博士入选2021年度青海省"昆仑英才·高端创新创业人才"计划。根据业务需要，全年招聘编外人员共计7名，专业涉及食品检测、化工产品检测及综合管理类。

【体系管理】2021年，技术中心按照《检测和校准实验室能力认可准则》（CNAS-CL01：2018）《检验检测机构资质认定能力评价 检验检测机构通用要求》（RB/T 214-2017）进行实验室管理体系运行，完成内部质量控制25次，人员监督23次，能力验证23次，其间核查38次。围绕实验室安全、仪器设备使用、抽样工作、检测技术等，组织开展20次内外部技术培训，参加人数417人次，其中外部培训派6人次参加4次，43人次参加6次线上培训，统一安排内部培训8次，参加人数368人次。8月中国合格评定国家认可委员会派遣10名评审专家对实验室网上远程监督评审，9月提交整改报告并通过，10月完成实验室内审，12月完成实验室管理评审。通过自我承诺获得国家认证认可监督管理委员会481项资质范围。

【青海省食品安全研究重点实验室】青海省食品安全研究重点实验室是依托西宁海关技术中心的省级重点实验室，于2016年通过青海省科技厅验收。重点实验室瞄准国际食品安全发展方向、服务国内食品安全质量控制，开发青海特色食品资源，推动企业产品参与国内国际市场竞争。定位于保障青海省食品安全、研究食品安全相关问题的专业实验室。研究内容主要涉及食品中农药残留、兽药残留、食品添加剂、食品污染物及食品功效成分等方面检验及控制技术，为瘦肉精、三聚氰胺、毒胶囊、塑化剂等多次公共食品安全突发事件提供技术支撑。

2021年5月，根据青海省科技厅《关于组织开展2020年度青海省重点实验室年度评估的通知》要求，青海省食品安全研究重点实验室统计了2020年实验室研究水平与创新能力、队伍建设与人才培养、实验室条件、开放交流与运行管理和成果转化与应用情况，完成了2020年度青海省重点实验室年度评估工作。12月，根据《青海省（重点）实验室管理办法》和《青海省重点实验室评估办法》，青海省食品安全研究重点实验室完成了学术委员会的换届工作，新一届学术委员会委员由青海省内高等科研院所研究员、教授及高级工程师7人组成，并召开了2021年度学术委员会会议，对下一年度重点实验室工作进行了研讨和部署。2021年，为青海省工业职业技术学校、青海师范大学、青海大学、青海大学昆仑学院等共计66名学生提供了1～4个月不等的人才培训；技术中心两名青海大学研究生校外导师承担3名硕士研究生的培养工作。

【科研工作】2021年，技术中心参与承担的在研项目11项，其中主持总署科技项目2项，包括《非靶向技术在出口枸杞有机污染物筛查和产地溯源中的应用研究》和《出口沙棘油的总体质量与掺伪评价体系研究》；参与总署2021年度新立项科技项目《进出口水产品中抗抑郁类药物残留的测定研究》《区域全面经济伙伴关系协定（RCEP）建设中的区域进出口危险货物安全检验制度和关键检验技术研究》《基于高低场核磁共振技术在跨境特色农食产品品质鉴定中的研究与应用》《常见新冠病毒防控消毒剂在冷链食品中残留检测技术的研究及其污染情况调查》《不同来源的金黄色葡萄球菌对消毒剂抗性研究及其耐消毒剂基因和耐药性基因的筛选》《进口蜂产品中4种蜂螨检验检疫技术研究》等8项；参与《青海出口枸杞质量安全体系及品牌建设》项目1项。完成主持及参与的科研项目4项，其中主持完成《枸杞功能活性因子识别检测技术研究》《青海出口枸杞质量安全体系及品牌建设》和《黑果枸杞及其制品整体质量的评价研究》3项科研项目；完成参与的科技部项目《特色高值农产品新型甄别检测关键技术研究》子课题研究，建立1项基于品质分析的智能分级鉴定技术，开发了基本覆盖了枸杞质量全部要素的《枸杞品质智能分级鉴定系统》，获得授权1项软件著作权专利，撰写了1篇《枸杞品质鉴定出入境口岸应用示范基地建设规范》，课题财务执行率100%，考核指标完成100%。主持参与标准制定7项，其中主持完成《食品安全地方标准 枸杞》和《食品安全地方标准 青稞米》2项地方标准制定；主持新立项《超临界二氧化碳萃取枸杞籽油》地方标准制定1项，参与新立项《超临界二氧化碳萃取沙棘籽油》《青稞面粉》和《黄蘑菇》地方标准制定3项；参与总署技术规范《粮谷中唑啉草酯、单嘧磺隆、氯啶菌酯3种农药残留量的测定 液相色谱-质谱/质谱法》（2021B163）制定。发表科技论文2篇，其中，《UPLC-MS/MS快速筛查除虫菊素类农药中隐性成分尼古丁》发表在《中国口岸科学技术》杂志。获得实用新型专利授权3项，分别为《一种保健食品非法添加检测装置》（授权公告号：CN 212275716 U）、《一种黑果枸杞中花青素的分离纯化装置》（授权公告号：CN 212640341 U）和《一种沙棘农药残留-净化浓缩前处理装置》（授权公告号：CN 212301062 U）。

【检测业务】2021年，共完成检验检测6,810批次。其中进出口法检业务55批次，494项次，西宁海关关区监督抽检及风险监测业务285批次，1,425项次；政府委托业务5,489批次，2.87万项次；社会企业及个人委托981批次，4,824项次。按照样品分类，食品5,811批次，2.89万项次；食用农产品927批次，6,293项次；矿产品54批次，105项次；动植物检疫18批次，177项次。2021年，为市、州、县各级市场监督管理局、西宁海关动植物和食品检验检疫处、西宁曹家堡机场海关制订检测方案30余份，参与投标工作35次，制作标书272本，中标15家。发挥公共检测服务平台作用，参与青海省科学技术厅大型科学仪器共享服务平台建设，并获得16.5万元补贴资金。

【新冠肺炎疫情防控工作】2021年，严格落实疫情防控工作要求，压实责任，毫不放松做好内部疫情防控工作。制定《技术中心新冠肺炎疫情突发事件应急处理预案》，根据西宁海关统筹口岸疫情防控和促进外贸稳增长工作指挥部第15次会议要求，通过自查共列出8项问题以及西宁海关督查指出的2项共性问题，对10项问题全部进行整改。

【实验室安全生产工作】2021年，邀请消防知识宣传机构开展消防知识培训1次，开展内部全员实验室安全知识培训2

次，同时组织参加实验室化学品安全管理网络培训课、实验室生物安全等培训。对实验室存在的安全生产风险点进行全面梳理，共识别出45个风险点，并针对风险点完善实验安全生产管理制度。将日常实验室安全检查、节假日前安全检查和节假日期间安排专人巡检等安全检查方式制度化。5月，加装实验室门禁系统；依法将实验室产生的废液交由有资质废液处理公司处理，累计处理2.4吨；与西宁城投环境资源开发有限公司签订"医疗废弃物收集处置合同"1份，定期将生物实验室收集的经无害化处理的微生物废弃物交给有资质的单位进行处理；所采购的易制毒化学品均在在全国易制毒化学品管理信息系统上报备，对易制毒化学品严格执行双人验收、双人领取，并做好过程记录及时归档。12月，向西宁市城北区公安分局提交易制毒化学品使用年度报告。外出抽样11名人员均购买意外险，针对外出抽样中存在的安全风险点，修改车辆使用管理办法中有关车辆维护保养、驾驶员的管理内容。

【动植物检疫能力提升】2021年，为夯实动植物检疫能力基础，申请资金150万元对动物检疫实验室进行建设，并对植物检疫实验室进行改造，7月完成动物检疫实验室建设和植物检疫实验室改造项目。3月，开展从美国进境的木质包装集装箱检疫样品22批次；6月，完成从俄罗斯进口的1批燕麦中的杂草、昆虫和真菌等35项检疫工作；对5批次进境虹鳟鱼发眼卵进行传染病性造血器官坏死病毒（IHNV）、传染性鲑鱼贫血病病毒（ISAV）、病毒性出血性败血症病毒（VHS）、鲤春病症病毒（SVCV）、流行性造血器官坏死病毒（EHNV）、鲑鱼甲病毒（SAV）检疫工作。参加植物检疫测量审核两项，结果均为满意。联合湛江海关技术中心发表动植物检疫核心论文1篇。10月，招聘1名动物检疫专业硕士研究生。

【"现场监管与外勤执法权力寻租"专项整治】印发《西宁海关技术中心"现场监管与外勤执法权力寻租"专项整治工作方案》，结合实际开展"现场监管与外勤执法权力寻租"专项整治，组织中心42名全体工作人员参与。召开领导小组会议5次、全体在编人员会议4次、全体技术中心人员会议3次、结合专项整治工作党风廉政分析会议1次、支部相关会议4次。学习专项整治有关材料文件6次，观看警示教育片2次，参加纪法教育测试并撰写专项整治工作心得体会及警示教育心得体会19人，报送信息1条。向分管关领导书面汇报专项情况3次，西宁海关副关长米登发来技术中心专项调研1次。部门负责人与重点关注岗位人员谈话10人次。梳理研判确定重点关注对象19人、重点岗位3个，排查廉政风险3条，防范和化解执法腐败风险。对7家服务对象和3家法检业务企业以发放调查问卷方式进行调研，征求意见建议6条。外出抽样人员给商户发放《抽样问题反馈表》39份。建立风险防范长效机制，制定新制度2项，修订制度6项。

【**脱贫攻坚与乡村振兴衔接工作**】2021年1—2月，技术中心副主任张荣（青海省海西蒙古族藏族自治州乌兰县茶卡镇茶卡村驻村第一书记兼驻村工作队队长）带领驻村工作队根据乌兰县委组织部的安排部署，在前期调研和宣传的基础上，完成茶卡村新一届村"两委"及村监督委员会换届工作，实现村委会主任和村党支部书记一肩挑。3月，宣讲《中央及省委一号文件》，组织民族舞培训、开展三八妇女节文艺活动。4—6月，组织村民进行就业培训及家庭宾馆如何运营，为茶卡村申请并获批成为乡村振兴示范村和乡村旅游示范村，获批1,100万元发展资金。向乌兰县水利局和乡村振兴局申请解决茶卡村灌溉水库扩容问题。2名党员积极报名申请参加乡村振兴工作队。7月，组织党员和群众开展庆祝中国共产党成立100周年活动，完成与新任茶卡村乡村振兴驻村工作队交接工作。10月，支部派员对定点帮扶对象进行帮扶和慰问，解决帮扶对象的实际困难。

（撰稿人：魏玉海　张　荣）

青海国际旅行卫生保健中心（西宁海关口岸门诊部）

【概况】青海国际旅行卫生保健中心（以下简称"保健中心"）筹建于2001年，2005年根据中央机构编制委员会办公室批复正式设立，属于非营利性医疗机构，是省市医保定点医疗机构。保健中心是国家指定的承担出入境人员健康检查、预防接种、旅行健康保健咨询、口岸从业人员健康检查、口岸传染病监测等工作的单位，是负责签发《国际旅行健康检查证明书》《疫苗接种或预防措施国际证书》《境外人员体格检查记录验证证明》《预防接种禁忌证明》和《艾滋病检验报告单》5种执法证书的卫生机构。依法取得《医疗机构执业许可证》和《预防接种门诊执业许可证》等资质证明。

保健中心内设综合部、检验部，经批准开展的诊疗技术有预防保健科、内科、外科、妇科专业、儿科、眼科、口腔科、皮肤科、精神科、临床检验科、临床体液血液专业、临床微生物专业、临床化学检验专业、临床免疫血清学专业、临床细胞分子遗传学专业、医学影像科、X线诊断专业、超声诊断专业、心电诊断专业、健康体检业务。

主要医疗仪器设备有：DR数字放射摄影系统、彩色多普勒超声诊断仪、经颅多普勒超声诊断仪、心电图机、双能X线骨密度检测仪等设备。

【政治建设】2021年，保健中心持续学习习近平新时代中国特色社会主义思想。将政治建设摆在首位，坚定"四个自信"，做到"两个维护"。加强习近平新时代中国特色社会主义思想理论学习，按照"强基提质"工作要求，加快推动党建工作发展，组织党性教育学习、交流心得体会，努力培养入党积极分子，现已发展1名预备党员和2名入党积极分子。落实中央八项规定和实施细则，加强纪律作风建设、锻造忠诚干净担当的干部队伍，全面分析风险源头，形成专人负责、全员监督的机制。利用好纪律监督、监察监督、派驻监督、巡察监督的协助机制，落实好与第一派驻纪检组的协作机制，严守"一个不少、一个不倒"的法纪底线。

【人才队伍建设】保健中心现有职工39人，其中在编人员8人，聘用人员31人。本科及以上学历13人，其中具有高级职称的专业人员3人，中级专业技术职称的专业人员5名，初级及以下医务工作人员30人。选派人员赴上海学习PCR检测技术，开展专业技术业务培训20次，包括鼻咽拭子的采集方法、检疫传染病、标本采集案例分析及注意事项、常见超声疾病的讲解等。开展应急处置演练7次，包括医疗废物泄露、发现疑似新冠肺炎感染病人、突发火灾、预防接种异常反应应急处置及心肺复苏实操、防护服破损、实验室内操作人员突然晕倒、防护口罩松脱或防护面屏松脱的应急处置演练，全面提升中心专业技术理论及实操能力。

【健康体检业务】2021年，保健中心共计开展健康体检工作3,990人次，检后健康咨询服务3,621人次。开展"服务质量及体检质量提升精品工程"，共计开展12期"质量提升"培训，进一步提高服务意识，努力打造保健中心健康服务品牌。

【口岸卫生检疫业务】2021年，保健中心开展出境人员体检334人次、入境人员体检162人次，共计496人次；预防接种178人次，其中接种黄热病疫苗85人次、霍乱疫苗148人次、流脑疫苗14人次、流感疫苗3人次、水痘疫苗2人次；出具国际旅行健康证481份、预防接种证书312份、艾滋病证明47份；检出传染病共计37例，其中乙肝28例、丙肝4例、梅毒2例、艾滋1例、肺结核2例。

【国际旅行健康卫生宣教】2021年，保健中心通过发放宣传折页、体检大厅播放健康知识视频、张贴宣传海报、现场健康咨询、免费艾滋病筛查等形式，对出入境人员开展疟疾、艾滋病等常见传染病的传染源、传播途径、易感人群及预防方式健康知识宣讲。

【质量控制体系建设】2021年，保健中心建立健全医疗质量相关制度，通过不断完善修订《保健中心作业指导书》《保健中心感染管理制度与措施》《健康体检报告的管理》《健康体检报告的质量控制标准》，使保健中心的医疗质量管理工作规范化、科学化和系统化。

【实验室基础设施建设】2021年，保健中心在原有的医学实验室基础上，开展保健中心PCR实验室建设，1月15日保健中心移动P2+方舱实验室建成，为青海省首家引进方舱实验室的单位，2月5日获得青海省卫生健康委员会批复开展新冠病毒核酸检测工作。

【实验室质量管理体系建设】2021年，保健中心实验室通过ISO 17025标准认可，制定有《实验室作业指导书》《实验室质量控制手册》和《实验室程序文件》，从实验室组织结构、管理文件制度、管理有效性、管理的监督、预防和改进方面都有详细的规定，对实验室操作全流程进行有效管理及控制。2020年6月27日获得临床基因扩增实验室技术验收合格证书，在原有体系管理制度下,增加《生物安全管理手册》,有效实现PCR实验室的高效、规范运作。

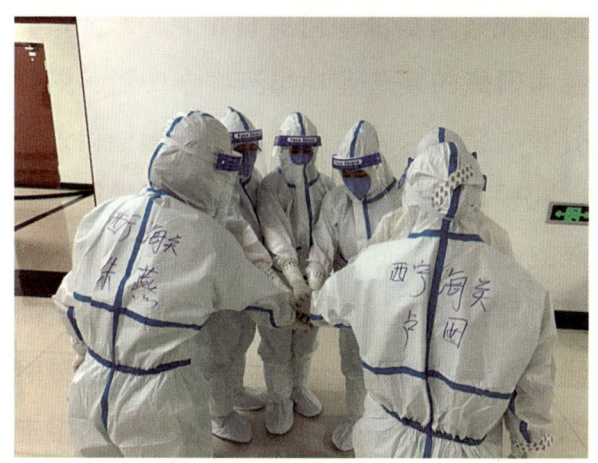
▲2021年11月12日,保健中心支援西宁市全员核酸检测

【**新冠肺炎疫情防控工作**】2021年,保健中心配合地方疫情防控工作,共计开展新冠病毒核酸检测80,271人次,新冠病毒抗体检测235人次,2021年11月6—8日,协助西宁市开展全员核酸检测,共计完成7.2万余人次检测任务,检测结果均为阴性。完成口岸集装箱货物45个样本及地方市场冷链物品24个样本的核酸检测工作,检测结果均为阴性。

(撰稿人:周　洁)

西宁海关后勤管理中心

【概况】西宁海关机关服务中心成立于2000年，2016年3月7日根据《海关总署关于西宁海关后勤服务机构设置及编制核定有关事项的通知》，更名为西宁海关后勤管理中心。2018年6月，西宁海关后勤管理中心和原青海出入境检验检疫局机关服务中心整合为西宁海关后勤管理中心（以下简称"后勤管理中心"）。

后勤管理中心设3个内设科室，现有事业编制人员8人，聘用人员55人。后勤管理中心为独立核算单位，经营活动、财务管理、项目投资等重大事项的审批受西宁海关事业单位监督管理委员会的指导和监督，主要承担西宁海关机关部分房产的日常管理和办公、生活基础设施设备的使用维护及服务管理；机关办公区物业管理及宿舍管理；干部职工食堂、招待所等机关内部生活服务的管理；各类会议及重大公务活动的服务保障；西宁海关委托的相关政府采购执行工作，如小型家具用具、通用电器、办公用品、房屋小型修缮及运行服务等；西宁海关涉案财物仓库、西宁海关私货精品仓库；保卫、环境卫生、绿化、消防、防灾减灾的管理；负责自身组织建设和队伍建设，按照管理权限承担本单位人员的岗位聘任和日常管理；西宁海关交办的其他工作。

2021年，后勤管理中心深入学习贯彻习近平新时代中国特色社会主义思想，不断增强"四个意识"、坚定"四个自信"、坚决做到"两个维护"，在西宁海关党委的坚强领导下，强化自身建设，履行职责使命，大力弘扬"马上就办、真抓实干"的工作作风，紧紧围绕关区重点任务，圆满完成全年各项工作。

【政治建设】2021年，后勤管理中心坚持以习近平新时代中国特色社会主义思想为指导，深入贯彻落实党的十九大及十九届历次全会精神，不断深化政治机关意识教育，坚决做到"两个维护"。全面贯彻落实《中共中央关于加强党的政治建设的意见》，严格落实《中共中央政治局关于维护党中央集中统一领导的若干规定》精神，教育引导支部党员干部增强政治意识，把握政治方向，提高政治站位。2021年，支部书记共上党课4次，开展主题党日活动11次，支部学习40次。支部书记黄红先被授予"西宁海关优秀党务工作者"称号。全年召开专题组织生活会2次，围绕党史学习教育及党性党风方面存在的突出问题，确定主题，切实把查摆问题摆在前面，强化问题整改落实。落实谈心谈话制度，共计谈心谈话12次。

【全面从严治党】2021年，后勤管理中心严格落实全面从严治党主体责任，成立以党支部书记为组长，副书记、兼职纪检监察员为组员的党风廉政建设领导小组，健全"党支部统一领导，兼职纪检监察员协调督查，各部门各负其责"的工作机制，全年召开党风廉政季度分析会4次，党风廉政月度例会8次，组织观看《国门卫士岂容违纪破法》警示教育片1次，为干部职工上廉政党课1次。

【党史学习教育】后勤管理中心依托"三会一课"，集中学习《中国共产党简史》《论中国共产党历史》等一系列党史著作2次，围绕党史学习教育开展知识竞赛、红色诗词欣赏、红色书信诵读、红色影片观看、红色教育基地参观学习、重温入党誓词等活动。在关区"学党史、知党情、担使命"知识竞赛中，后勤管理中心事业单位代表队获评二等奖。

【新冠肺炎疫情内部防控】2021年，后勤管理中心坚持常态化抓好疫情防控工作，严格实行疫情期间门卫出入登记制度，要求干部职工上下班必须佩戴口罩并配合门卫进行测温登记和消毒工作，其他外来车辆一律不得入内；建立健全日常防疫物资调拨、环境消杀等制度，不断完善生活服务、食堂供餐、公务用车等保障工作；建立疫情防控食堂常态化物资保障机制，按照疫情需求对储备物资进行整理登记，采购短缺物资，确保各类物资处于备用状态，为应对突发疫情提供强有力的保障。

▲2021年6月22日，西宁海关举办消防知识培训演练

【安全生产工作】2021年，后勤管理中心深入贯彻习近平总书记关于安全生产的重要论述，持续加强关区安全管理工作。开展"安全生产月"专项检查活动，分别对3个办公区的燃气设施安全、水电、消防及锅炉设施等进行安全生产检查，对设备日常管理和检修维护记录进行详细检查，重点做好燃气安全管理工作，加大燃气安全使用的宣传，针对检查中发现的问题，逐一提出整改要求，确保各项安全措施落实见效；加强对基础设施的维护保养，保证设备良好、正常运转，对设备进行定期检修、保养，发现问题及时解决，

并严格操作规范，防止人为原因造成设备故障而影响正常使用；对锅炉、电梯、水泵等专业设施设备，定期请专业人员进行保养检修，对电路、上下水等随时进行维护，确保运行正常无安全隐患；组织开展消防安全培训及逃生、灭火演练，提高全体关警员预防火灾及火灾事故的应急处置能力和消防安全意识；对消防设施系统进行维修改造，对办公区的消防警报系统、消防栓、灭火器等消防设备进行了全面检查、更换，夯实了关区预防、控制火灾的基础。

【车辆管理】2021年，后勤管理中心持续推进西宁海关安全生产专项整治三年行动，开展"严查隐患抓整改，预防事故保安全"百日安全行车无事故活动，并要求车队认真做好车辆日常保养、维护和年审工作，定期对驾驶员进行安全行车和职业道德教育，强化交通安全意识。严格按照《西宁海关公务用车使用管理规定》进行公车管理，每月通过海关政务办公系统向全关公示定向化保障车辆使用情况和各部门用车情况。对车辆进行安全专项检查，倡导安全文明驾驶，保证车辆出行安全无事故。

【审计整治】2021年，后勤管理中心根据《西宁海关党委第二巡察组巡察反馈意见》相关要求，成立巡察领导小组，对巡察反馈意见指出的5个方面14类36项主要问题，研究制定具体整改措施39条；对照《海关总署经济责任审计问题库》，逐项进行自查自纠及整改，对自查发现的4个方面9项整改问题，严格按照方案要求，狠抓问题整改，加强督促检查，深入剖析原因，形成自查自纠整改报告；贯彻落实《西宁海关关于开展"治慵治懒治散"教育整顿月活动的通知》，全面开展"三查"对照活动，召开专题会议，安排部署集中整顿月活动，建立部门及个人《"治慵治懒治散"教育整顿活动问题整改清单》，明确部门存在问题6项、制定整改措施19项，个人共计25项整改问题及措施，有效增强了干部职工的责任感和使命感。

【植树造林活动】2021年，后勤管理中心移植和购买苗木并组织关警员到荒山绿化区进行植树造林活动，春季共种植山杏、圆柏、丁香500余株，并做好树木养护工作；对管护房进行改造加固，健全其硬件设施，进一步增强森林管护员的责任感；结合特殊滑坡地质结构和往年经验，修复了部分喷灌管道，做到浇透水、浇活树、不滑坡，年内苗木长势良好，树苗成活率在90%以上。

【"我为群众办实事"实践活动】2021年，后勤管理中心制订"我为群众办实事"实践活动方案和项目实施清单，改善和解决关警员的"民生"问题共10项：为八一路办公区三楼指挥中心加装空调；解决了聘用制人员退休一次性医疗保险补缴工作；为西宁海关扶贫驻村干部配置生活用品；给八一路、海湖办公区配备水质净化饮水设备共 13 台；对礼让街 23 号院 4 套公有房、8 间商铺、8 个车库完成保温层加装；协调八一路办公区基站建设；为 3 个办公区安装道闸收费系统，规范车辆管理；为西海海关、曹家堡机场海关更换车况较好且适合外勤作业的执法车辆；对八一路办公区部分办公室进行改造；为礼让街干部宿舍配备生活用品并解决住宿问题。

【文明餐桌，消费扶贫】 2021 年，后勤管理中心积极开展以"强化环境卫生整治 倡导文明健康生活"的爱国卫生和文明创建活动，加强食堂卫生管理，营造文明、健康、环保、节约的就餐氛围，摆放宣传牌，张贴宣传海报，倡导干部职工人人争做"勤俭节约，文明用餐"的宣传者、实践者、监督者；要求干部职工遵守公共道德规范，不在食堂肆意喧哗，不在禁烟场所吸烟，制定《西宁海关无烟管理规定》，强化监督，落实制度，坚持做好禁止吸烟的宣传工作；参与消费扶贫活动，在扶贫网采购滞销农产品，营造"人人参与消费扶贫、人人宣传消费帮扶"的良好社会氛围，帮扶金额共计 125,600 元，为巩固脱贫攻坚成果、促进乡村振兴贡献了力量。

【涉案财物仓储管理】 2021 年，后勤管理中心制定涉案财物仓储管理制度，在科学存储上，建立精品仓库出入库登记本，针对不同类别和风险级别的涉案财物进行分类登记，提高存储精细化水平；在制度规范维护上，建立定期巡查登记本，确保每一件涉案财物仓储管理有章可循；强化全流程监管，不定期对仓库监控设备和防控报警设备进行维修管理，实现对涉案财物全流程、全时空、无盲区监管。办理 1 批入库手续，配合采样 2 次。

【经营创收】 2021 年，后勤管理中心以服务保障为导向、细化管理为手段，稳抓经营和管理，制定《后勤管理中心改革创收工作实施方案》，扩展招待所、食堂服务范围，多方面创效增收。进一步做好西宁海关食堂工作，规范食堂主副食采购供应渠道，强化采购制度，改进管理方式，提高工作效率，对食堂主副食供货商进行公开招商。西宁海关招待所分析和把握酒店业的发展趋势，克服疫情带来的不利影响，大力推进创收工作。加强公用房管理，车辆停泊管理，制定《西宁海关公有区域车辆停泊收费管理办法》，做好相关费用收取等工作。

【后勤保障】 2021 年，后勤管理中心保障西宁海关 3 个办公区会议 97 场次，提供维修服务 1,106 次，保障用车 204 次，保障 3 个办公区就餐 7.6 万人次，服务宿舍 28 套。

（撰稿人：赵晨皓）

中国电子口岸数据中心西宁分中心

【概况】中国电子口岸数据中心西宁分中心（以下简称"西宁数据分中心"）于2003年7月正式成立，为中国电子口岸数据中心设在青海的分支机构，同时作为西宁海关所属事业单位，实行西宁海关和中国电子口岸数据中心双重领导，以西宁海关领导为主。核定编制5名，2021年在编在岗干部1名，聘用制人员7名。主要承办青海电子口岸应用项目及联网企业的技术支持、操作培训、热线值班，及时收集、报告项目运行情况及各方反映；青海电子口岸系统运行、维护管理；电子口岸专网分中心节点网络系统和信息安全保障工作；青海电子口岸政务卡、企业卡入网的身份鉴别、录入、制作等项工作。协助做好中国国际贸易"单一窗口"标准版推广运维工作和海关信息系统项目开发、运行维护等工作；参与青海电子口岸和中国国际贸易"单一窗口"应用项目建设，做好相关技术支持。

2021年，西宁数据分中心深入学习贯彻习近平新时代中国特色社会主义思想，不断增强"四个意识"、坚定"四个自信"、坚决做到"两个维护"，在西宁海关党委的坚强领导下，强化自身建设，履行职责使命，大力弘扬"马上就办、真抓实干"的工作作风，紧紧围绕关区重点任务，圆满完成各项工作任务。

【政治建设】2021年，西宁数据分中心坚持以习近平新时代中国特色社会主义思想为指导，深入贯彻落实党的十九大及十九届历次全会精神，不断深化政治机关教育意识，坚定捍卫"两个确立"，坚决做到"两个维护"。坚持"第一议题"制度，持续深入学习贯彻习近平新时代中国特色社会主义思想，学习贯彻习近平总书记重要讲话和重要指示批示精神，不断增强"四个意识"、坚定"四个自信"、做到"两个维护"，切实把习近平总书记重要指示批示精神作为行动号令，以最坚决的态度、最迅速的行动、最有力的措施不折不扣落到实处。充分发挥后勤管理中心数据分中心联合党支部党建引领作用，牢记"国之大者"，聚焦政治建设，加强教育引导，着力思想引领，把握政治方向，提升"政治三力"。2021年，支部书记共上党课

4次，开展主题党日活动11次，支部学习40次。全年共召开专题组织生活会2次，认真落实谈心谈话制度，共计谈心谈话12次。深化"心馨服务驿站"党建品牌建设，推进"强基提质"工程，创建"党建+"工作模式，充分发挥基层党组织战斗堡垒作用和党员先锋模范作用。加强意识形态教育，打造"高原海关精神高地"，深入开展精神文明创建。坚决扛起结对帮扶政治责任，用心用情用力做好结对帮扶工作。开展多种形式的走访慰问活动，对乌兰县茶卡镇巴音村村民杨芳兰实施针对性帮扶，真正把党的温暖送到困难群众手中，从而做到"慰问一人、温暖一户、带动一片"。

【全面从严治党】2021年，西宁数据分中心严格落实全面从严治党主体责任制，成立以后勤管理中心数据分中心联合党支部书记为组长，副书记、兼职纪检监察员为组员的党风廉政建设领导小组，压实主体责任，明确责任分工，健全督查工作机制。全年召开党风廉政季度分析会4次，党风廉政月度例会12次，组织观看《国门卫士岂容违纪破法》警示教育片2次，意识形态工作分析会2次，持续整治形式主义、官僚主义，防止"四风问题"反弹回潮。配合支持派驻纪检组工作，扎实开展"内务规范强化月"活动和警示教育月活动，增强纪律观念、纪法意识和规矩意识，筑牢廉政拒腐防。定期研判中心党风廉政建设和反腐败工作面临的形势，稳妥运用"四种形态"，特别是"第一种形态"，坚持抓早抓小，防微杜渐，一以贯之、一体推进"不敢腐、不能腐、不想腐"，营造风清气正的政治生态。

【党史学习教育】制订《西宁数据分中心党史学习教育实施方案》，成立党史学习教育领导小组统筹部署推进。通过中心主任办公会议、联合党支部"三会一课"等形式，深读细研《中国共产党简史》《论中国共产党历史》等一系列党史著作2次，先后开展党史学习教育、学习"七一"重要讲话精神、学习十九届六中全会精神专题研讨2次。围绕党史学习教育开展知识竞赛、红色诗词欣赏、红色书信诵读、红色影片观看、红色教育基地参观学习、重温入党誓词等活动，激励中心干部职工继承弘扬伟大建党精神，牢记初心使命，坚定理想信念，筑牢政治忠诚。

【网络系统安全】2021年，数据分中心以高度的政治责任感顺利完成庆祝中国共产党成立100周年、"两会"等重大敏感时期的网络与信息系统安全保障工作。提高政治站位，牢固树立总体国家安全观，始终把网络与信息系统安全稳定运行作为数据分中心工作的"生命线"常抓不懈。严格落实各项安全防范措施，持续健全网络安全管理制度，完善网络安全防护体系，建立业务数据安全长效机制，应对各类突发情况处置措施，提高人员安全意识与技能，不断提升网络安全保障能力，落实网络安全工作责任制，做到责任到位、人员到位、措施到位、保障到位，确保各项工作要求落实到位。做好监测预警与应急处置，开展封网运行、零报告、应急值守等工作，其间系统不做变更、不做调整、不做升级等操作，减少故障诱发因素，并落实专人"7×24小时"对信息网络系统安全运行监控及巡查，及时排除安全隐患，确保突发事件得到及时、稳妥处置，坚决防止各类网络安全事件发生。全年数据分中心未发生网络安全事件，电子口岸专网可用率达到99.99%以上。

2021年，按照总署、西宁海关的统一部署，数据分中心积极组织参加网络安全攻防演习活动，扎实落实电子口岸专网分中心节点信息系统安全防护有关要求和措施，提前制定演习专项应急预案，准备好对各类突发情况的应对处置措施，切实做好电子口岸专网分中心节点信息系统的安全防护工作。全面梳理互联网应用情况，加强账号与口令管理，及时下线、关停老旧系统，清理无用账户，设置权限最小化管理。对经常爆出漏洞、风险较高的中间件和开发框架进行全面排查，做好安全补丁应打尽打。加强网络安全持续监控与分析，做好网络精细化管控，充分利用现有的网络安全产品，结合访问控制、入侵防范等技术手段，细化网络安全域间及边界的安全隔离策略，收敛了暴露面，特别是互联网出入口、与业务网对外接入局域网连接、电子口岸专网骨干网出入口等重要节点，严密防守网络通道，全力防止系统被攻陷情况的发生。此次对涉及的10台服务器、4台客户端进行了全面的风险评估和整改，梳理出网络端口53个。修补电子口岸专网服务器高、中危漏洞分别为13个和21个，逐台安装重要安全补丁及修复操作共达31余次。

【技术服务保障】2021年，数据分中心加强对信息网络系统安全的巡查和运行保障，切实做好海关12360服务热线电话技术保障，做好关区日常基础信息化办公设备的安装调试、设备维修及应用维护等工作。抽调176人次赴现场开展运维保障，确保第一时间解决正常作业遇到的技术问题，全年共计完成528余次技术保障。其中，分别为西宁海关处理服务请求418次、西海海关处理服务请求32次、机场海关处理服务请求62次、格尔木海关处理服务请求16次。主要服务内容有：办公及其他应用系统访问异常、办公配套电子设备维护、客户端联网传输故障等。顺利完成网络视频会议技术保障39余次。认真做好西宁海关二级指挥中心和缉私监控指挥中心信息系统技术保障工作，对视频监控、指挥调度、视频会议等系统进行运维保障。及时完成省政府疫情处置视频会议系统的维护及联调保障6余次。

做好与总署监控指挥中心视频监控联网保障工作。共计点位258个，分别为涉案财物保管场所仓库11点位、机场航站楼出入境场所53点位、西海海关报关大厅2点位、青海省曹家堡保税物流中心（B

型）177点位、西宁曹家堡机场监管业务场所14点位及西宁海关二级监控指挥中心1点位。此外，继续做好对缉私执法场所视频监控联网17个点位的运维保障。

【新冠肺炎疫情防控】2021年，数据分中心深入学习贯彻习近平总书记关于新冠肺炎疫情防控的重要指示批示精神和党中央、国务院有关决策部署，切实落实总署新冠肺炎疫情防控工作电视电话会议和关区工作会议工作部署，严格执行西宁海关党委和地方政府就疫情防控采取的措施，压紧压实"四方责任"，切实落实疫情内部防控单位主体责任，坚持落实"四早""五有"要求，把疫情防控作为首要头等大事，坚决守住"零感染"底线。主要负责人严格履行疫情防控第一责任人职责和安全防护主体责任，统筹抓好疫情防控，把防疫安全教育纳入经常性思想教育范畴，提升疫情防控意识，认真落实各项疫情防控措施，迅速完成各项排查及报告工作，将排查落实到每一个人，确保排查不遗漏，信息准确。加强日常风险监测，严格落实"日报告、零报告"制度，持续做好"应检尽检"和常态化核酸检测，推进新冠病毒疫苗接种工作，并为全体员工配备必要的防疫物资，督促员工按照属地要求，落实个人防疫责任，切实做好个人防护，勤洗手，科学佩戴口罩，落实防疫"三件套"，提高个人防护意识。

【跨境电商】2021年，数据分中心配合地方政府做好跨境电商综合试验区、特殊监管区域信息化建设及技术支持工作。开展曹家堡保税物流中心（B型）管委会首单"9710"跨境电商业务技术支撑，配合海东跨境电商公共服务平台与二级节点数据交换通道的配置和联调测试工作，建立报文数据传输通道并顺利完成报文传输，同时运用安全设备和技术手段做好网络安全防护，全力保障海东市首单"9710"跨境电商B2B出口业务顺利通关。配合西宁综合保税区管委会完成海关信息化系统上线工作，协助做好综合保税区金关智能卡口管理系统通道参数设置，联系协商西宁综合保税区完成园区网与电子口岸专网对接数据专线线路开通和调试工作。

【"关银一KEY通"业务】2021年，数据分中心积极贯彻落实党中央国务院"稳外贸"工作部署，切实落实"放管服"要求，大力推进电子口岸数据中心"关银一KEY通"服务创新项目试点工作，不断提高电子口岸贸易便利化水平，积极落实优化口岸营商环境措施，力促"企业跑腿"向"数据跑路"转变。针对属地电子口岸业务网点少，企业办理业务不便利，联合建设银行开展"关银一KEY通"业务，采用"一KEY双证"技术，推广使用"关银一KEY通"共享盾，方便企业就近办理电子口岸新企业入网及共享盾领取、证书更新、数据变更、解锁等业务，减少企业在办理业务过程中的人力成本、时间成本、交通成本。企业使用共享盾既可以登录中国国际贸易单一窗口、"互联网+海关"等渠道办理货物申报等海关业务，也可以登录建行企业网银（跨境E+）享受结算、结售汇、贸易融资等金融产品服务，"一站式"满足企业口岸入网+线上金融的综合业务需求。中国建设银行青海分行和中国电子口岸数据中心西宁分中心建立联合工作组，积极探索、通力合作，共同克服业务、技术困难，有序推进"关银一KEY通"项目试点工作。确定选取建设银行城北支行作为合作制卡代理点，派专人前往合作制卡代理点现场评估，确保制卡代理点具备软硬件及网络等基础条件，为建设银行员工开展电子口岸业务操作培训累计10人次，2次现场指导电子口岸业务作业。经双方共同努力，2021年1月4日该合作制卡代理点正式开展业务，先后为青海倍力甘草科技发展有限责任公司、青海远景新能源科技有限公司、青海丰麦国际贸易有限公司、青海高景太阳能科技有限公司4家企业成功办理电子口岸入网业务并配发"电子口岸共享盾"，开通了青海省"关银一KEY通"首笔业务。下一步将做好业务代理试点服务保障，加强合作创新，拓展"关银一KEY通"项目应用，不断拓宽合作领域，便利企业，助力优化青海省营商环境。

2021年，数据分中心共受理电子口岸新企业注册59家，比2020年下降39.8%，制发共享盾100个，变更电子口岸企业信息13家，为企业解锁4次，补发

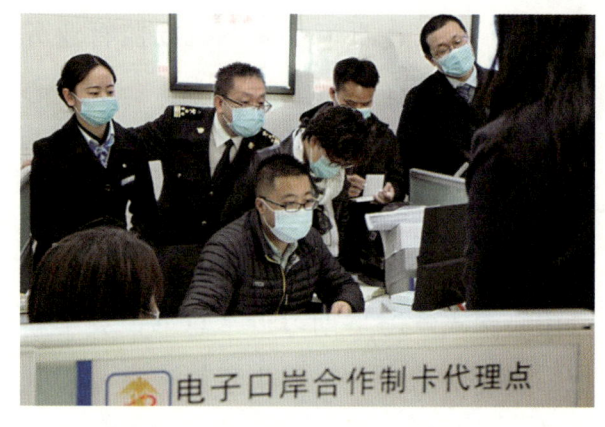

▲2021年3月11日，西宁海关助力青海省首笔"关银一KEY通"业务顺利开通

IC卡19张，更新IC卡5张。合作制卡代理点共受理电子口岸新企业注册6家企业，制发共享盾12个，为企业解锁1次，企业信息变更1家。

【国际贸易"单一窗口"业务应用及推广】2021年，数据分中心深入贯彻落实党中央国务院关于优化营商环境、促进贸易便利化的总体要求和国家口岸办的工作部署，认真落实总署数据中心关于国际贸易"单一窗口"运行服务管理平台试点、"单一窗口"热线查询系统等项目试点的工作部署，不断提高电子口岸贸易便利化水平，优化口岸营商环境；积极推进国际贸易"单一窗口"推广应用，切实做好国际贸易"单一窗口"标准版的相关拓展功能应用推广和宣传培训工作，主动服务"一带一路"建设及青海省口岸管理部门需求，积极配合省口岸办推进跨部门联网项目和跨境联网项目建设，主动服务青海省开放型经济发展，认真落实减轻企业负担政策。广泛应用微信群、门户页面等新

媒体平台开展宣传，及时更新最新资讯和办事指南等资料，确保企业第一时间获取"单一窗口"最新动态。做好国际贸易"单一窗口"标准版平台企业端业务指导及技术服务工作。保障"提前申报""两步申报"业务改革，保障出口退税业务，全年通过远程访问和电话服务方式为企业用户解决电子口岸相关业务及系统问题102个，得到进出口企业广泛好评，不断提升进出口企业获得感。

【海关12360服务热线】 2021年，数据分中心切实做好12360热线服务工作。全年共受理热线电话1,611个，同比增长26%，热线通话接通率为97.93%。其中电子口岸业务咨询电话106个、海关业务服务电话866个、其他类639个，问题解决率100%。主要涉及企业管理、关税征管、电子口岸、单一窗口、行邮监管、货物监管通关、跨境电商、知识产权保护、海关统计、商品检验、进出口食品安全等问题。认真落实总署关于提升12360热线工作效率和服务质量的要求，配合关办公室开展了热线接听人员电话服务质量抽查工作，共抽查"业务知识库"中33个业务知识点，进一步提升了热线服务人员业务水平。

为切实做好海关12360热线与地方12345热线归并工作，数据分中心积极联系地方政府协调沟通，于11月完成12345与12360后台数据的对接与测试，共受理12345工单2个。12360全国海关统一公益服务以"分中心"形式归并到所在地12345热线，提供"7×24小时"全天候人工服务，确保进出口企业、进出境旅客及其他社会公众既能拨打12360热线也可拨打12345热线进行业务咨询、通关求助、投诉举报、信访建议等。通过热线归并工作，进一步完善12360热线工作流程，优化资源配置，提升服务效能。

（撰稿人：任 锐 史艳红）

第八篇

大事记

2021年西宁海关大事记

1月

▲20日 青海藏羊国际地毯基地股份有限公司向西宁海关赠送锦旗和感谢信，对西宁海关助力企业复工复产，纾困解难表示感谢。

▲29日 西宁海关组织召开务虚会，对如何贯彻落实全国海关工作会议、全面从严治党工作会议精神进行研讨交流。

2月

▲4日 西宁海关以视频会议形式召开西宁海关2021年工作会议、全面从严治党工作会议，党委书记、关长扎顿传达倪岳峰署长在2021年全国海关工作会议、全面从严治党工作会议上的讲话精神，作西宁海关2021年工作会议主题讲话。

3月

▲9日 西宁海关党委纪检组学习贯彻习近平总书记参加十三届全国人大青海代表团审议时的重要讲话精神。

▲11日 西宁海关首批45个集装箱原箱进境燕麦在指定加工厂完成目的地检验检疫。

▲16日 西宁海关召开党委理论学习中心组学习（扩大）会议，第一时间传达倪岳峰署长在全国海关系统党史教育动员会上的讲话精神，落实总署党委关于党史学习教育的工作部署，安排部署关区党史学习教育工作。

▲18日 扎顿关长一行在格尔木市将军楼参加格尔木海关"高原海关精神"教育基地揭牌仪式并开展党史学习教育。米登发副关长主持揭牌仪式，扎顿关长致辞并和海西蒙古族藏族自治州委副书记、格尔木市委书记王剑锋共同为教育基地揭牌，格尔木海关关长徐岊作表态发言。

▲24日 西海海关顺利办理关区首票《海关准予办理减免税货物税款担保通知书》。

4月

▲1日 凭西海海关之前出具的《海

关准予办理减免税货物税款担保通知书》，某公司进口的荧光分光光度计顺利办理凭保放行等手续。该批货物是2021年3月1日新实施《海关进出口货物减免税管理办法》及新一代减免税管理子系统上线后西海海关办理的首票减免税担保货物。

▲23日 在全省扫黑除恶专项斗争总结表彰大会上，缉私局侦查处获评"青海省扫黑除恶专项斗争先进集体"称号，民警毛焱、张龙兴同志获评"先进个人"称号，受到表彰。

5月

▲28日 西宁海关完成"核查领域采信第三方出具报告制度"试点工作的首起核查任务。

6月

▲5—8日 西海海关在西宁海关动植食处的业务指导下，首次开展对进境虹鳟鱼发眼卵的押运、证货核对、包装消毒、抽采样等监管作业。

▲21日 西海海关通过采信中国质量认证中心出具的《良好农业规范认证证书》，完成对青海民泽龙羊峡生态水殖有限公司出口食品备案养殖基地核查作业。这是"核查领域采信第三方出具报告制度"试点以来西宁海关首起对企业经营"零干扰"核查作业。

▲24日 西宁海关代表队在西北文化协作区党史知识竞赛中获评第二名。

▲30日 格尔木海关在西宁海关企业管理与稽查处的指导下，首次以采信第三方报告制度的方式开展了出口备案食品生产企业核查。

7月

▲13日 综合业务一处完成机构改革后关区首例涉嫌走私货物物品税款计核工作。

▲26日 西宁泽尔商贸有限公司向西海海关申请，为一批出口至韩国的氯化镁签发出口货物《中国—韩国自由贸易协定原产地证书》，这是关区首份通过RCEP原产地管理信息化应用项目2.0版本签发审核的原产地证书，标志着该系统在关区平稳上线。

▲30日 青海省政府组织相关部门，在西宁海关召开专题座谈会，商讨走私冻品、非法入境固体废物、走私成品油归口处置工作事宜，并与青海省市场监督管理局签署了《走私冻品移交处置备忘录》，与青海省生态环境厅签署了《非法入境固体废物移交处置备忘录》，与中国石油天然气股份有限公司青海销售公司、中国石化销售股份有限公司青海石油分公司签署了《走私成品油定向变卖备忘录》，明确了海关执法过程中查获的走私冻品、非法入境固体废物、走私成品油移交处置主管单位、移交处置程序、相关部门职责等。

8月

▲4日 青海国际旅行卫生保健中心

实验室初步通过 ISO17025 评审。

同日，西宁海关实验室检测业务从在用的实验室管理系统已成功切换至实验室管理系统（V2.0 版）。

▲5 日 西宁海关联合青海省卫生健康委员会等 9 个部门在西宁曹家堡国际机场开展"西宁海关 2021 年度口岸新冠肺炎疫情防控应急处置联合演练"。

▲6 日 西海海关为深圳和宜通国际贸易公司顺利签发首份通过 H2018 新一代海关通关系统拟证出证子系统的入境货物检验检疫证明。

▲10 日 西宁海关组织省内 7 家单位的 8 名专家对西宁海关主管（项目）、中国检验认证集团青海有限公司与中检溯源技术服务有限公司联合承担的 2019 年"青海出口枸杞质量安全溯源体系建设项目"进行正式验收。

▲12—13 日 为进一步提高"12360 综合管理系统"稳定性，数据分中心完成了 12360 统一服务热线平台综合管理系统升级切换工作。

▲20 日 格尔木海关获评格尔木市民族团结进步创建工作 2020 年度综合考核优秀单位，实现连续三年考核优秀。

▲20—22 日 中国合格评定国家认可委员会派 10 名专家对西宁海关技术中心实验室进行远程线上评审复评审。经评审，予以推荐 2,205 个检测项目，顺利通过此次实验室复评审。

▲26 日 格尔木海关指导帮扶其辖下企业"金昆仑锂业有限公司"委托某公司顺利向格尔木海关申报出口"金属锂"一批，并及时放行，该批货物重量 4,232 千克，货值 29.60 万美元，出口至韩国，出境口岸为上海外高桥口岸。此为格尔木海关 2021 年来办理的首票出口报关单。

▲30 日 在格尔木海关帮扶下，青海乐斯药业股份有限公司生产报检的一批咪鲜胺原药顺利完成检验，该批货物共 250 吨、货值 1,500 万元。这是海西地区企业首次出口报检该产品。

9 月

▲10 日 西宁海关根据上海税管局福州片区工作要求，通过海关"进出口归类系统"整理上报"建议提高唐卡出口退税率"的税政调研报告，即将现行唐卡的出口退税率从 0% 提高到 13%。此前该课题已被总署关税征管司采纳，后期将由总署关税征管司上报国务院关税税则委员会予以最终确定。

▲14—15 日 西宁曹家堡机场海关对青海易联达供应链管理有限公司申报出口的价值 12,300 美元的座便器办理了进出青海曹家堡保税物流中心（B 型）手续，该批货物出区后通过公铁联运方式运输至霍尔果斯海关出境，是西宁海关办理的首票通过保税物流中心（B 型）出口货物。

10 月

▲15 日 西宁综合保税区顺利通过了

由西宁海关、青海省发展和改革委员会、青海省财政厅、青海省自然资源厅、青海省商务厅、青海省市场监督管理局、国家税务总局青海省税务局、国家外汇管理局青海分局8个部门组成的联合预验收组的预验收。

▲19日　西海海关依指令对两批出口三文鱼进行抽采样送检，检出菌落总数分别达190,000CFU/g、2,800,000CFU/g，超出俄罗斯标准（100,000CFU/g）上限不准出境。此次检出为西海海关承接动植食检验检疫业务以来首次检出出口不合格货物。

同日，总署审计组进驻西宁海关，对主要负责人开展经济责任审计。

▲25日　西海海关对一批进口旧冷冻机现场检验发现该批旧冷冻机无法保证后续正常安全使用，存在严重安全生产隐患，西海海关根据相关要求，现场监督企业对不合规配件完成销毁处理。这是西海海关首次对安全项目不合格进口旧机电产品实施销毁。

11月

▲12日　海东市辖区内的海东太逊智能通讯科技有限公司发往香港地区的货值约7.40万美元的数字式手机，通过西宁曹家堡机场海关（9703）口岸顺利通关。这是自西宁曹家堡机场海关承接海东市辖区内海关业务以来的首批电子产品出口。

▲16日　西海海关为某大学成功审核确认科技创新政策项下减免税"确认通知书"，这是西海海关办理的首份"十四五"期间免税证明，申报货物"组织流式微环境细胞显微成像系统"共计减免税款9.79万元。

同日，西宁海关2021年首票采用"两步申报"模式申报的报关单在西海海关顺利通关，从企业完成概要申报到海关允许提离仅用时36秒。

同日，格尔木海关对辖区某企业申报的两批出口化肥实施现场检验，发现该批出口化肥包装脏乱、无任何标签标识，不符合出口化肥检验要求和相关规定，该关判定其为检验不合格，并上报进出口商品质量安全风险信息。该批出口货物申报货名为硫酸钾镁肥，重量144,000千克，货值89,280美元，为2021年8月15日总署"81号公告"实施以来首批报检化肥。

▲19日　西宁海关牵头，会同西宁市政府、西宁市商务局及西宁综合保税区管理委员会组织开展了西宁综合保税区正式验收模拟演练。

▲29日　按照总署动植物检疫司、卫生检疫司开展第二批出入境检疫处理单位监督管理工作督查的相关要求，由南宁、济南海关相关业务专家组成的第六督查组对西宁海关落实相关工作情况进行了督查，督查组通过查阅电子档案、视频检查、实操演练等方式，对照检查表进行了逐项评审，并对中国检验认证集团青海有限公司进行了检查验证。

12月

▲2日 西海海关依托新上线的H2018新一代减免税管理子系统减免税审核确认管理模块，指导某企业完成减免税信息填报，签发首份H2018新一代减免税管理子系统《征免税确认通知书》，货值6.02万美元，审核确认减免税款5万元。

▲10日 西宁海关举办高级认证企业颁证仪式并召开关企座谈会，政治部主任柳陲为青海省第二家高级认证企业——青海百通高纯材料开发有限公司颁发AEO高级认证企业证书。

▲14日 西宁海关完成稽查改革后首次径行稽查作业。

▲20日 总署会同国家发展和改革委员会、财政部、自然资源部、商务部、税务总局、市场监管总局和外汇局组成联合验收组，通过视频方式对西宁综合保税区进行正式验收。

▲21日 西宁海关与青海省林业和草原局签署《青海省林业和草原局 西宁海关关于加强林草生态安全促进青海省林草高质量发展合作备忘录》。

同日，格尔木海关首次完成涉及危险货物偷逃漏检案件线索移交工作。

▲27日 西宁曹家堡机场海关在出口货运渠道查获一起侵犯知识产权商标权案件，查获侵犯权利人商标权的手提包一批，出口企业无法提供相关授权证明。经清点，该批涉嫌侵权的手提包共有9,083个。15个权利人确认这批手提包侵犯其商标专用权，并向海关提出采取知识产权保护措施的申请，这是该关办理的首起涉及侵犯知识产权案件。

▲28日 西海海关为某企业成功审核确认种子种源征免税确认通知书，这是该关2021年度办理的首份种子种源免税通知书，申报货物为"虹鳟鱼受精卵"，共计减免税款26,704.06元。

附录

全面加快构建新格局的步伐　持续推进青海对外贸易高质量发展

在中国共产党成立100周年之际，习近平总书记再次来青海考察，体现了习近平总书记和党中央对青海各族人民的深切关怀。对照习近平总书记考察时强调的要在推进青藏高原生态保护和高质量发展上不断取得新成就，奋力谱写全面建设社会主义现代化国家的青海篇章的新要求和习近平总书记在参加十三届四次会议青海代表团审议时作出的"高质量发展是'十四五'乃至更长时期我国经济社会发展的主题，关系我国社会主义现代化建设全局。各地区要结合实际情况，因地制宜、扬长补短，走出适合本地区实际的高质量发展之路"的指示，西宁海关认真组织学习讨论，深入开展调查研究，认为当前青海必须牢牢把握构建新发展格局的机遇，抓住"两个大局"交汇的新发展阶段，坚持"一优两高"战略，探索走出对外贸易高质量发展之路。

一、青海对外贸易现状

（一）数字里的青海对外贸易。

"十三五"期间，青海省委省政府坚持以生态保护为优先的战略思想，以高质量发展为主题，积极融入国家发展战略，发挥本地资源优势，持续加大产业结构调整升级，构建适合本地特色的现代化经济体系，经济发展有了新变化新气象。另外，我们从客观数据分析，多年来青海的对外贸易一直在低水平徘徊，贸易额长期排在全国末尾，外贸依存度跌破1%，已经影响到了全省经济全面高水平发展的目标。

2020年，青海省进出口总值22.8亿元，外贸依存度0.76%，较2015年下降4.2个百分点。2020年贸易顺差1.8亿元，较2015年减少97.84%。从进口货物情况来看，与2015年相比，2020年仍以大宗资源类货物和大型工程项目的成套机电设备为主，货物使用对象主要是青海有优势的有色金属冶炼企业和在建重大工程企业。从出口货物情况来看，与2015年相比，出口货值明显减少，传统的高耗能产品如硅铁等降幅巨大，在出口数据中占比进一步减少。让人惊喜的是，特色产业如枸杞、沙棘、虹鳟鱼、蜂产品、中藏药材等的出口占比从2015年的0.6%上升到2020的8.4%，盐湖化工产品如纯碱等从0.2%上升到5.3%，新能源产品如磷酸铁锂和金属锂等从0.02%上升到4.2%。

截至2020年年底，青海进出口注册企业1,315家，2020年有进出口业务企业113家，其中生产型企业55家，非生产型企业58家。

"十二五"末（2015年）、"十三五"（2016—2020年）时期青海省进出口数据详见附表1。

（二）瓶颈中的青海对外贸易。

1. 区位劣势无限放大。受对外贸易发展要靠边、要沿海思想的影响，再加上改革开放意识不强，习惯于把对外贸易看成是当地经济发展中的点缀，形成了内陆不发达地区外贸发展就先天不足的思想，自身优势被劣势遮掩，造成对外贸易发展环境的不佳。

2. 对外贸易发展没有远景目标。外贸是国民经济的重要组成部分，与青海毗邻的甘肃省制订了"十三五""十四五"开放型经济发展规划，宁夏制订了"内陆开放型经济试验区规划"，青海还没有制订专门的、长期的外贸发展规划，"十三五""十四五"规划中，对外贸易发展缺少纲领性目标指导，对外贸易具体目标碎片化特征明显。

3. 政策引导作用不佳。近年来，青海省在促进对外贸易发展方面出台了不少的政策，特别是2020年以来在"促进外贸稳增长""稳外贸稳外资""六稳""六保"等方面制定了很多扶持措施，包括培育市场主体、自主品牌、发展新业态等方面，但政策的导向作用发挥不强，扶持政策连贯性不强，如外贸扶持资金的使用，发挥作用不理想，没有在引导对外贸易企业固本培基、长远发展中发挥积极作用。

4. 对外贸易持续低质量发展。一是进出口货物运费明显高于中东部地区。青海地处西北，距我国海运港口、陆路边境都比较远，大宗资源类产品进出口运费成本明显高于沿海、沿边省份，运费挤压了企

附表1　2015年至2020年青海省进出口数据汇总表

年度	进出口总值（亿元）	增减（%）	进口总值（亿元）	增减（%）	出口总值（亿元）	增减（%）	贸易差额（亿元）
2015	119.8	13.5	18.1	-50.0	101.7	46.7	83.6
2016	100.6	-16.0	10.4	-42.6	90.2	-11.3	79.8
2017	44.5	-55.8	15.7	50.7	28.8	-68.1	13.1
2018	48.2	8.4	17.1	8.8	31.1	8.1	14.0
2019	37.6	-22.0	17.3	1.7	20.2	-35.0	28.6
2020	22.8	-39.4	10.5	-39.5	12.3	-39.2	1.8

业的利润空间，也制约了青海低附加值产品出口的发展空间（如硅铁，2018年青海出口量占全国的18.6%，至2020年出口量仅占全国4.3%。据测算，青海硅铁运到天津的铁路运费每吨约350元，仅运费就比天津当地货物出口成本高出250元，青海硅铁的价格竞争劣势明显）。二是国际物流业发展滞后。青海仅有1个机场航空口岸且没有国际货运包机或航线业务，疫情发生后国际客运业务也暂时停止。至此青海除不定期的中欧班列和西部陆海新通道铁海联运班列外，再无直接与国际接轨的物流运输方式。国际物流不通畅也间接引发如曹家堡保税物流中心作用发挥不足、青海进出口货物通关成本、运输成本过高等问题。三是青海出口商品的国际市场集中在日韩美等，中欧班列等的扶持政策难惠及企业。青海出口商品的主要市场集中在日、韩、美及东盟等国家。2020年，青海对日、韩、美及东盟十国出口占总出口值36.3%，对"一带一路"沿线国家和地区出口占总出口额26.3%，表明青海省外向型经济融入"一带一路"建设的程度较低，青海企业难以享受到中欧班列的补贴政策。

5. 外贸硬件设施落后，外向型经济缺乏平台支撑。一是青海省现有的对外开放平台不足。青海省已建成的开放平台仅有机场航空口岸、曹家堡保税物流中心（B型）、海东市跨境电商综合试验区3个，另有在建的西宁市综合保税区、西宁市跨境电商综合试验区2个，缺少能支持大宗货物直接进出口的常态化运营平台。二是重要物流通道如中欧班列、铁海联运班列始发地的铁路场站不具备口岸功能。中欧班列停运时，不需要有口岸功能的铁路场站。但在中欧班列、铁海联运班列正常运行时，如果铁路场站不具备口岸功能，会严重影响青海中欧班列、铁海联运班列的社会影响力和对周边货物的聚集能力，也影响中欧班列、铁海联运班列的常态化运行。三是海关指定监管场地不足。海关指定监管场地对能否直接进口如肉类、水产品、粮食、水果、种苗以及动物隔离检疫等具有决定性作用。无监管场地则意味着该类货物必须在进境口岸如天津港、阿拉山口口岸完成动植物检疫、卫生检疫后才能运至青海省。例如，青海省每天都有300~500吨从内地口岸进口的肉品运至省内，但如果青海省有自己的肉类海关指定监管场地，就可以通过曹家堡机场口岸直接从国外进口各种肉类，满足省内人民群众的消费需求。再如燕麦，2020年以来青海省已有3列中欧班列专列运输燕麦进口。作为粮食作物，必须在海关指定监管场地接受检疫。青海省因无指定场地，燕麦只能在霍尔果斯口岸检疫、滞留，导致进口成本大幅上升。3月上旬，青海省企业通过中欧班列进口了45个集装箱的燕麦，为推动青海中欧班列常态化运行和降低企业口岸滞留费用，西宁海关主动承担风险，制订专项工作方案，积极与霍尔果斯海关协调将货物原箱进境，运至格尔木实施检疫。没有海关指定监管场地，将极大制约青海省相关货物的进口贸易，甚至影响机场货运口岸、曹家堡保税物流中心（B型）的作用发挥。同时，国际邮件交换局和快件、邮件监管场所的缺失，也制约了跨境电子商务的发展。

6. 传统产品竞争力减弱，新兴特色产品没有形成规模。青海出口商品品种单一，以资源类产品为主，高新技术产品极少。一是传统大宗商品出口大减。2020年，青海省年出口额超过1,000万元的商品有27种，前5大出口商品占出口总值36.6%。如硅铁，长期占据青海出口商品榜首，2018年硅铁出口10.3亿元，占当年青海出口总值31.1%。2020年出口0.9亿元，较2018年下降91.3%，仅占出口总值的7.3%。再如藏毯，2020年出口额仅为2015年的23.62%。二是特色优势产品的出口未能体现出其在国内同行中的地位。如纯碱，近年来出口稳步增长，但与青海纯碱在国内的产能地位相比还有很大的提升空间。2020年青海纯碱产量约400万吨，占全国产量14.2%；出口仅5.8万吨，占全国出口量4.1%，出口量与青海纯碱在国内的行业地位不符，出口增长空间巨大。另如青海枸杞，2019年种植面积已达74.8万亩，年产干果量9.68万吨，是仅次于宁夏的全国第二大产区，但2020年青海枸杞出口380吨，仅为宁夏的8.5%。青海有机枸杞种植面积18万亩，位列全国第一，但出口占产量的份额仍很小。这既有青海有机枸杞品牌不响亮、影响力不大的原因，也有出口有机枸杞受国际有机认证结果彼此不互认以及进口检测项目增多（由400余种增加到600余种）的原因，企业出口成本高，不愿继续突出有机的品牌优势去开拓国际市场。再如锂系列产品（金属锂、磷酸铁锂、锂电池），锂资源是青海的优势资源，几年来青海锂产业发展迅猛。锂系列产品2020年出口0.54亿元，比2020年同期增长84.5%，出口增幅大但总体出口量较小，对外贸数据贡献不大。三是高新技术产品出口值极少，2020年出口仅0.43万元，占总出口值的3.5%。

7. 外贸主体培育不足，外向型经济发展缺乏持久能力。一是缺少龙头企业带动。青海出口企业数量少、规模小。二是缺少品牌效应。青海省企业在品牌建设方面投入不够，政府在品牌建设方面的扶持力度不大。如枸杞，青海枸杞还没有形成有影响力的公共品牌，更没有形成像"宁夏红""杭州龙井""景德镇陶瓷"等耳熟能详的公共品牌。公共品牌宣传需要政府主动作为，持续进行宣传、推广。从目前青海枸杞的影响力来看，民众对青海枸杞的优势、有机与非有机之间的区别认知不多、感受不深，甚至青海枸杞被冠以"宁夏枸杞"的品牌销往国内外市场。另如：青海进出口货物均以中性包装货物出口，货物外包装上没有自己的商标、品牌、生产单位，也没有企业在海关进行知识产权备案或申请知识产权保护，产品出口到国外后，形不成品牌影响力。三是有机特色农畜产品发展缺乏科学规划。以枸杞为例，有机枸杞产业是青海省"生态立省战略"的重要支柱产业，柴达木盆地也具备发展有机农产品的天然优势，但目前青海省枸杞种植主要以土地出租给农户种植或家庭为单位的分散式种植为主，管理模式落后，导致青海枸杞的绿色有机无污染品质受到挑战，农药残留超标屡有发生，甚至土壤和环境都有不可逆的污染和破坏。青海有机枸杞产业在种质资源引进与改良、田间操作、生物农药与用肥、标准化管理、深加工产品研发、品牌价值提升与推广还有很长的路要走。四是部分特色产品缺少发展规划引领。如冬虫夏草是青藏高原最具特色的资源型产品，也是传统的优势出口商品，2020年出口590千克，货值4,729万元，占全国的40.4%，位居全国第一。但缺乏省级层面产业发展规划引领和产品质量标准支撑，该行业始终处在销售虫草原材料的初级阶段，产业链短，附加值低，消费者利益难以维护，消费市场难以扩大做强。五是行业协会的管理、推动、自律作用未得到发挥。如蜂产品协会、虫草协会等，受协会运转资金、运管能力、推动发展能力限制，应发挥的行业自律、引领产业发展的作用未能得到有效发挥，各会员或进出口企业存在各自为战、竞相压价进出口的情况，行业管理较为混乱。

二、准确理解和把握新发展格局内涵，抓住机遇，努力实现青海对外贸易高质量发展

（一）构建新发展格局必须在解放思想上用力。

改革开放以来，青海对外贸易经历了出口农牧资源产品、高耗能产品甚至依靠补贴政策增加外贸数据的几个阶段。近年来，青海对外贸易虽然有了一定的发展，但因为受旧的观念影响，没有很好解决对外贸易定位问题，没有找到好的出路，到今天对外贸易发展依然举步维艰。

十九届五中全会审议通过的《中共中央关于制定国民经济和社会发展第十四个五年规划和二〇三五年远景目标的建议》（以下简称《建议》）明确指出："当前和今后一个时期，我国发展仍然处于重要战略机遇期，但机遇和挑战都有新的发展变化""要加快构建以国内大循环为主体、国内国际双循环相互促进的新发展格局"。战略机遇期的判断与构建新发展格局的决策，以及对"世界百年未有之大变局"的形势分析，为青海对外贸易发展提供了全新的思想，只要我们抓住机遇，乘势而上，一定能够迎来青海对外贸易大发展的新阶段。

加快构建新发展格局是新发展阶段下贯彻新发展理念、推动高质量发展的战略选择，也是青海对外贸易高质量发展的必由之路。全面掌握和理解新发展格局的内

涵，以全新的思维谋划青海对外贸易发展的近期和远景目标，是我们当务之急，也是贯彻落实习近平总书记关于青海经济发展一系列重要指示批示精神的具体体现。

进入新时代，促进青海外贸高质量发展，我们认为必须要转变传统的发展观念。要从新发展理念出发，从过去的"有没有"向"好不好"进行转变，青海外贸的发展思想也要转变到质量第一、效益优先上来。要从过去的为了外贸而做外贸，从过去单纯注重数字增长的观念转变到培育完整的内外需体系，提升供给质量和水平，做大做强国内外市场，促进进出口的高质量发展。

（二）构建新发展格局必须在发挥优势上用力。

新发展格局提出的"双循环"分别是"国内循环"和"国际循环"，循环就是供给和需求的相互满足。"双循环"的提出为类似青海内陆省份彻底融进国内国外两个市场提供了百年难得的机遇，"双循环"实际上是对传统对外贸易的重新界定，内外贸交织在一起，没有对外贸易地理优势的青海，有了极大的发展空间。构建新发展格局实际上是生存力、竞争力、发展力、持续力的比拼，是优势力的竞争。青海的优势，习近平总书记不仅在参加青海人大代表团审议时亲自进行了界定，在6月初来青海考察时再次强调要立足高原特有资源禀赋，积极培育新兴产业，加快建设世界级盐湖产业基地、打造国际清洁能源产业高地、国际生态旅游目的地、绿色有机农畜产品输出地。习近平总书记为青海的经济发展指明了方向，这也是我们发挥青海优势，构建新发展格局所要遵循的基本要求。习近平总书记的要求体现了保护与发展并重的思想，既有经济体系建设的定位要求，又有具体产业发展的方向指引，为青海未来经济发展指明了道路。

（三）构建新发展格局必须在增强内生动力上发力。

习近平总书记来青海考察时强调要增强经济发展的内生动力。科技是国家强盛之基，创新是民族进步之魂，科技创新是驱动发展的内生动力。对一个地区来讲，没有创新就意味着要落后。青海新时代宏伟蓝图已经绘就，"四地"建设的要求吹响了青海创新发展的号角，这就需要我们矢志自主创新，突破青海对外贸易发展的各种瓶颈和桎梏。我们唯有创新，才能加快发展具有青海特色现代产业体系，为青海对外贸易发展强基提质。唯有创新，才能突破现有政策的束缚，解放思想，实现青海对外贸易的凤凰涅槃。唯有创新，才能贯彻落实新发展理念，实现青海"双循环"背景下的高质量发展。

新发展格局理论是对以"创新、协调、绿色、开放、共享"为主要内容的新发展理念的坚持、深化和拓展。构建新发展格局最本质的特征是实现高水平的自立自强，青海有200多家高新技术企业，凭着自身优势和竞争力跻身国内行业前列，现在需要的是把创新发展主动权牢牢掌握在自己手中，瞄准全球产业高标准和技术，制定推动产业联动发展的路线图，合理规划布局区域产业链、供应链和创新链。国内超大规模市场优势和内需动力，意味着更多的创新场景、更低的创新成本、更高的创新收益与更好的创新，有利于畅通创新资源的国际大循环。参与国内大竞争，以国内促国外，在开放中推进自主创新，实现青海的价值。

（四）构建新发展格局必须在高质量上发力。

"十四五"规划和2035年远景目标纲要提出"以推动高质量发展为主题"，分析研判青海经济特别是对外贸易面临的形势，我们的产品已经不缺数量，缺口是质量，我们的经济发展不缺速度，缺口的同样是质量。习近平总书记要求青海走出适合本地区实际的高质量发展之路，为我们解决经济长期低水平发展，对外贸易增长乏力，指明了方向。

推动高质量发展必须坚持新发展理念，落实"一优两高"战略部署，坚持"三个最大"守护"中华水塔"。青海对国家生态安全、民族永续发展负有最大责任，维护生态安全，就是最高标准的高质量发展。生态是我们青海经济发展不可或缺的元素，青海对外贸易发展也离不开生态的促进作用。

推动高质量发展必须坚持抓住"十四五"战略机遇期，锚定远景目标。我国"十四五"时期经济社会发展指导方针是党中央在全面总结中国特色社会主义发展实践经验、准确把握当前和今后一个时期国内外发展大势、深入分析我国发展环境面临的深刻复杂变化、统筹考虑2035年远景目标的基础上提出来的。指导方针意义重大，为我们发展青海对外贸易提供了理论基础、创新观点和实践要求。《建议》明确指出的关于当前和今后一个时期，我国发展仍然处于重要战略机遇期的论述，为我们深刻认识错综复杂的国际环境带来的新矛盾新挑战，抓住机遇，乘势而上，走出青海对外贸易低谷明确了方向和任务。

推动高质量发展必须坚持提高对外开放水平，加快改革步伐。《建议》提出：要"坚持实施更大范围、更宽领域、更深层次对外开放，依托我国大市场优势，促进国际合作，实现互利共赢"。坚持对外开放是构建以国内大循环为主体、国内国际双循环相互促进的新发展格局的基本要求，要把国内国际优势结合好、发挥好依靠的就是对外开放。青海的对外开放改革欠账较多，对外经济循环堵点多，必须依靠全面深化改革加以解决。

三、准确理解和把握新发展格局内涵，真抓实干，努力实现青海对外贸易可持续发展

（一）牢固树立正确的对外贸易发展观，实现思想观念大转变。

青海对外贸易发展几十年的经验充分

说明，没有强大经济基础的对外贸易，如无根之树，是不能长久发展的。

过去我们一味追求对外贸易数字上的成绩，忽视培元固本的基础工作，最后导致外贸数字连续负增长，有限的资金没有用在刀刃上，对外贸易发展方面做了很多无效功。

《建议》告诉我们，各地方要想对外贸易有高质量发展，必须把新发展理念贯穿发展全过程和各领域，加大科技创新力度，着力提高效率和质量，保持国民经济合理增长速度，还要持续扩大内需。

青海对外贸易要想搭上构建新发展格局的快车，首先需要改变传统的思维方式，树立正确的政绩观，以功成不必在我的崇高境界，推动青海对外贸易的发展。青海的对外贸易必须建立在自身强大的经济基础之上，没有畅通的国内大循环，就不可能有畅通的国际循环。

（二）依托生态大省的地位，加快推进青海自贸区申报，构建创新发展的试验田。对标"三个最大"的省情定位，按照自贸区是制度创新核心，带动投资、金融、贸易、政府管理等制度创新，形成可复制可推广制度经验的要求，建议由商务厅牵头，组织发改、工信、其他政府单位及海关等，用好社会智库等资源，落实"一优两高"部署，深入省内各大厅局及国内已批建自贸区开展调研，突出绿色、生态这个特点，紧抓投资与贸易自由化、便利化这个关键，加快申报，构建创新发展的试验田，复制推广已有经验制度，高质量建设绿色丝绸之路上的青海自贸区。一是梳理、明确青海自贸区制度创新的方向、领域和范围。全面理顺青海外向型经济发展思路，结合省"十四五"规划，提出较为科学的外向型经济发展的指导思想、重点任务、发展规划等，确定青海自贸区制度创新的方向、目标和任务。二是按照一区三片区（西宁片区含环青海湖地区、海东片区、海西片区）的构想，以现有产业园区为基础，围绕"生态经济""循环经济""数字经济""飞地经济"4种经济形态，在有机农畜产品生产基地建设和产品深加工，盐湖资源综合利用和循环经济产业链构建、清洁能源设施设备加工与制造和民族文化产业发展与弘扬方面加大产业布局与优化，做为自贸区建设与发展构建产业基础。

（三）依托连疆络藏的区位优势，加快陆空开放平台建设，构建双循环交通枢纽。一是加强顶层设计。建议由省商务厅牵头，会同发改、工信等部门，合理规划省内口岸开放平台布局，重点依托西宁曹家堡机场口岸和双寨铁路场站，建设粮食、水果、肉类等指定监管场地，筹划进境动物检疫隔离场建设，为省内相关货物直接进口奠定场地条件。其次是紧抓格尔木陆港城市建设机遇，适度超前规划建设国际陆港，建设海关指定监管场地，赋予铁路场地口岸功能，利用库格铁路通车便利，发挥中欧班列西通道国内铁路货运能力，在格尔木开展公铁联运、集拼集运、内外贸货物混编运输等业务。积极推进与尼泊尔等南亚国家的 TIR 跨境公路运输，畅通青海向西向南开放通道，构建支持青海双循环发展的交通枢纽。同时建立国门生物安全、食品安全保障机制和重大动物疫病、重大植物疫情、重大食品安全事件等突发事件的应急处理机制，以及检疫风险的联防联控制度，维护好青海省的生态安全。二是扎实抓好西宁综合保税区建设。综合保税区是我国目前"开放层次最高、政策最优惠、功能最齐全"的海关特殊监管区，西宁综合保税区建成运营后，将为青海外向型经济创新发展提供新引擎，建议省政府协调西宁市政府，进一步清晰综合保税区目标定位，充分利用综合保税区的口岸功能，围绕西宁区位、产业优势，在统筹两个市场、推动创新创业、推进贸易便利化、延伸产业链、打造新动能新优势方面，深入开展调研，落实好省政府关于促进综合保税区高水平开放高质量发展的实施意见，加大招商引资力度，确保将优质项目引进入驻。协调市政府担负起综合保税区建设的主体责任，建设单位加快建设进度，确保按期验收和封关运营。西宁海关将在前期支持综合保税区发展措施的基础上，进一步加强监管模式研究探索，积极借鉴内地综合保税区监管的先进理念和做法，全力支持西宁综合保税区发挥带动区域经济发展的作用。三是推动曹家堡保税物流中心和机场口岸联动发展。曹家堡保税物流中心作为青藏高原上第一个保税监管场所，自建成以来运营举步维艰，作用发挥不佳，六大功能除保税仓储功能外，其他如"简单加工和增值服务、国际物流配送、进出口贸易、国际中转和转口贸易、物流信息处理"的五大功能没有发挥作用。建议由省商务厅牵头，会同海东园区管委会、机场公司、青海物产集团、海关等，加强沟通协调，进一步统一思想，齐抓共管，形成合力，推动曹家堡保税物流中心协调有序发展。同时在中心内适当增加冷链贮存设施，建设肉类、水产品、水果等监管场地，将机场货运监管场所功能拓展至保税物流中心，机场公司与保税物流中心合作发展冷链进出口业务。叠加海东跨境电商综合试验区的功能，积极复制、创新业务模式，实现联动发展，共同发展。四是支持跨境电商业务健康发展。2020 年疫情以来，借助政策支持，外贸企业通过跨境电商拓展出口业务，跨境电商业绩逆势增长，有力带动了中国制造的出口。建议由海东园区管委会牵头，省商务厅、海关配合，协调物产集团尽快完成网购保税进口查验场地问题整改，确保在海东跨境电商综合试验区能顺利开展网购保税进口业务。由西宁市、海东市政府牵头，出台青海省跨境电商综合试验区扶持政策，海关支持青海企业开展跨境电商企业对企业出口业务。

（四）积极推动国际物流业发展，构建畅通的双循环通道。

一是推进中欧班列/国际联运本地化

运营。建议由青藏铁路公司牵头,商务厅、海关配合,对大宗货物进出口企业进行调研,梳理国际联运集散与分拨路径,建设班列本地化运营平台,吸引东中部省份在青海省设立"出口贸易仓",带动本地产品进出口和降低物流成本,培育陆港产业集群。抓住库格铁路、敦格铁路开通契机,利用其沿途站点少、车辆密度小、通过能力强的优势,吸引、争取更多的中欧班列改道走格库铁路,使格尔木成为中欧班列的重要站点,带动青海产品更方便地搭乘中欧班列走出国门。二是加强与班列沿线海关和口岸通关协调,由海关牵头,积极跟进中哈"关铁通"项目上线实施情况,加大数据共享、信息互换、监管互认,建立区域性海关与铁路运营人、货运代理人、收发货人的合作关系,提高中欧班列的全程通关效率和便利化水平。三是推动口岸客货运业务发展。由机场公司牵头,在疫情结束前,探索"客改货"的可行性,推动青海省国际货运航线、包机开通。在疫情结束后,探索开通至"一带一路"重要节点城市的国际航线,发展国际货运固定航线、货运包机、客机"腹仓带货"及客运业务。同时补齐一线口岸前置拦截作业区设施设备,满足海关监管条件,提升通畅效果。发改委对实施"客改货"的航线及货机给予资金支持。

(五)依托资源和产业优势,坚持创新,夯实双循环发展之路。一是强化特色产品品牌培育,扶持行业龙头发挥带动作用。如枸杞,建议商务厅牵头,以公共品牌(如昆仑杞、昆仑天杞等)、原产地地理标志品牌铸造为目标,高标准开展策划,持续加强国际国内宣传,加强在"一带一路"和中欧班列沿线国家和地区的宣传,帮助青海产品拓展国际国内市场,努力打造类似"宁夏红"这样的公共知名品牌,以地域的独特优势支撑产业发展。遴选优势特色产品,政府与企业共同投入,持续创新开发新产品,延伸产业链,迅速打造龙头企业,以龙头企业带动产业发展。鼓励本地企业共享区域公共品牌,免费甚至补贴企业在产品外包装上加贴区域公共品牌标识,提升品牌影响力。支持行业协会在品牌共建、质量提升、价格维护、诚信经营等方面积极发挥作用。二是全力打造绿色有机农畜产品输出地。以枸杞产业为例:建议省林草局牵头,支持企业开展良好农业规范(GAP)等国际标准认证,鼓励建立质量管理体系(ISO9000)、良好生产规范(GMP)、危害分析与关键控制点(HACCP)等管理体系,推动传统农业生产方式与国际先进管理模式接轨。加强质量检验监测与风险评估平台建设,建设产品质量安全实验室,免费定期为枸杞种植区土壤、水质、环境等开展质量安全监测,及时开展种植、用药、生产加工等方面安全风险评估,帮助企业保持良好产品质量的能力,同时为企业免费提供质量报告服务。三是建议推动取消虫草出口濒危证管制。"世界虫草看中国,中国虫草看青海",青海省是虫草的主产区,产量占全国40%以上,位居全国之首,2018年产量约41.2吨,产值近60亿元,占青海省GDP的2.1%。鉴于采挖虫草已经成为青海牧区群众脱贫增收的重要手段,建议省林草局牵头,积极推动取消虫草出口濒危证管理,在青海省促进冬虫夏草产业发展工作领导小组的领导下,制定产业发展规划,完善产品标准支撑,紧抓大健康产业机遇,推动虫草产业健康、快速、有序发展,实现保护与发展的统一。四是推进"三同"工程,优化双循环供给质量和水平。政府工作报告指出"鼓励企业创新产品和服务,便利新产品市场准入,推进内外贸产品同线同标同质"。建议市场监管局牵头,海关配合,简化出口转内销产品认证,加快市场准入,发挥超大规模市场的空间广阔优势,鼓励优质产品转销国内,激发国内市场和有效需求。海关支持综合保税区企业承接区外委托加工、出口转内销方面,进一步简化账册核销、内销缓税、提供归类等预裁定服务,帮助区内企业发展。建议召开"青海省技术性贸易措施工作委员会"专题会议,提升各厅局对技贸措施的重视度。设立公益性机构跟踪研究青海省特色产品国内国际市场动态。推进西宁藏毯、海西枸杞技贸措施评议基地建设,协调专项经费,配置专门人员开展技贸措施研究、应对与反制。以"三同"推动国内国际双循环相互促进,培育参与国际合作和竞争的新优势。

（六）加大扶持政策力度,持续优化营商环境,激发市场主体活力和内生动力。一是强化外贸政策扶持力度。建议由省政府设立外贸发展专项资金,列入省级预算予以保障,用于支持口岸基础设施和开放平台建设,"单一窗口"建设运维以及报关企业报关补贴扶持等方面。例如龙羊峡虹鳟鱼在2020年下半年起在青海报关出口,当年就产生出口数据1,400万元,对高质量推动青海外贸数据增长产生良好效果。建议对类似生产型企业委托的报关业务费用,从专项资金中给予报销或全额补贴。建立优惠政策落实督察机制,定期检查通报落实情况,保证青海省企业及时、足额享受。二是制定更加优惠措施助力本地特色产业发展,同时加大政策宣传,建议商务厅牵头,主动开展进州县、进牧区等基层培训,提升社会整体的发展意识,激发创业潜能。把扶持政策宣传到社会各个角落,帮助企业了解、会用,推动企业成为特色产业创新发展的内在力量。在西藏、新疆等向南、向西开放口岸,设立青海企业服务平台、外贸仓,服务企业有效融入开放型经济中。三是大力吸引内地大型外贸企业来青海省开展业务,利用通关一体化便利,培育外贸产业集群。四是建立政策研究联合工作机制。建议商务厅牵头,集商务、农业、林业、市场监管、海关等部门依据职能,信息共享、政策互通,共同开展调查研究,为开放型经济服务。发挥青海省对外贸易发展联席会议的作用，强化联络员作用，每季度召开联络员会议，收集和解决青海外贸的具体问题，沟通重大政策落实情况，向联席会议提出意见建议。五是齐心协力营造更优的口岸营商环境。口岸营商环境是地区对外开放市场化、法制化、国际化的名片，也是吸引跨境贸易的重要基础条件，口岸各单位应依托职能、深化改革，努力打造更优的青海口岸营商环境。

（撰稿人：扎 顿）

基于新冠肺炎疫情"十四五"期间国境口岸公共卫生体系建设的思考

国境口岸卫生检疫工作是海关的重要职责之一。在全球传染病疫情防控新形势下，进一步筑牢口岸检疫防线、确保国境口岸公共卫生安全，织牢国家公共卫生防护网，是对海关工作提出的新挑战。深入开展国境口岸公共卫生体系建设研究，在实践中建设既符合我国国情，又更为牢固完备的国境口岸公共卫生体系，已成为维护国家公共卫生安全战略的重要课题。

本文从国境口岸公共卫生体系建设出发，分析口岸卫生检疫监管机制和模式变化，并结合青海省口岸特点，提出建立国境口岸公共卫生体系新思路，为不断提高口岸公共卫生安全建言献策。

一、国境口岸公共卫生体系建设的重要性

近年来，全球范围内各类突发公共卫生事件不断，口岸公共卫生工作面临的形势复杂多变，每年约有近100万人死于各类自然源性传染病。鼠疫、霍乱、黄热病等传统传染病疫情持续暴发，新型冠状病毒肺炎、埃博拉出血热、中东呼吸综合征、寨卡病毒病等新发突发传染病不断涌现，伴随着快速便捷的交通网络、数量巨大的全球贸易、日益频繁的人员往来，重大烈性传染病跨境传播和暴发流行风险空前严峻。截至2020年6月底，我国开放口岸达到312个，传染病入侵途径日趋扩大，生物技术快速发展形成的新型生物安全威胁不断增多，口岸核生化恐怖事件防范压力也越来越大，给我国口岸公共卫生安全带来严峻挑战。新型冠状病毒疫情暴发以来，人们对公共卫生安全的理解和认识进一步提高，从疫情发生初期以美国为首的多国对我国进行国门封锁，到我国提出"外防输入"防控策略，国境卫生安全已与国家安全、政治安全、经济安全和社会安全已经紧密连接在一起。

二、国境口岸公共卫生体系建设存在的问题及原因

（一）青海国境口岸公共卫生体系现状分析。

西宁曹家堡国际机场口岸公共卫生安全对服务于青海社会经济发展、维护民族地区稳定、扩大对外开放有着重要的意义。随着多年持续建设，曹家堡国际机场口岸已经成为西北地区参与国家对外开放、开展国际交流合作的重要窗口，先后开通了西宁至曼谷、首尔、台北、香港、东京、吉隆坡、麦地那、芽庄8条国际（地区）航线。长期以来，青海省委、省政府高度重视西宁曹家堡国际机场口岸公共卫生安全建设工作，制定了一系列有利于提升口岸公共卫生体系建设的政策措施，持续推动口岸基础设施建设。各联防联控单位加强合作，加大投入，口岸基础设施保障能力显著提升，口岸公共卫生体系建设实现了常态化、长效化。西宁海关承担着青海口岸突发公共卫生等应急事件的相关工作，在总署的统一领导下，发挥着守卫国门第一道防线的作用。同时，也在地方政府主导下，根据自身职责配合其他相关单位和社会力量建立对进出境人员分类管理、分级负责、条块结合、属地管理的横向联动配合机制，发挥着国门联防联控的整体优势。

口岸公共卫生建设往往涉及流行病学、生物统计学、卫生经济学、医疗卫生管理等一系列学科领域，也与交通运输、治安管理、医疗保障机构等部门紧密相关。新冠肺炎疫情以来，虽然我省病例数较少且无境外输入病例，但也暴露出在应对突发公共卫生事件时的短板与弱项，一是西宁曹家堡国际机场口岸设施设备相对薄弱。曹家堡机场口岸卫生检疫查验通道、疑似病例转运通道等设备设施不能满足口岸核心能力要求；存在功能用房面积偏小、布局不合理的情况，无法做到红黄绿区完全分开。二是疫情防控队伍建设有待进一步加强。此次疫情防控工作中凸显出西宁海关医学专业相关背景人才紧缺的问题。因口岸医学排查、实验室检测分析工作都对专业、资质要求非常严格，这种情况下一人多岗的情况较为普遍，工作压力较大。三是疫情防控人员实战能力不足。目前，我关关区国际航班尚未复航也没有进口冷链食品业务，工作人员缺乏实战经验，应对能力不足，联防联控机制仍需定期调整完善和进行实战检验。四是应对大规模人员入境和输入性疫情爆发思想准备和能力储备不足。由于国内防疫形势持续平稳，加之我关关区国际航班未复航，工作人员对发生输入性疫情如何应对预计不足，侥幸心理、松劲心态在关区内部分干部职工中不同程度的存在。同时我省属于高海拔民族地区，具有社会经济发展水平较低、医疗卫生服务能力弱等共性，因此更不能轻视国境口岸公共卫生体系建设工作。

（二）当前我国国境口岸公共卫生体系建设存在的问题及原因。

1. 决策指挥体系亟需优化。当前我国国境口岸公共卫生体系的行政和专业的关系处理存在疏漏，各个部门建立了相对完善的应急体系，但未能体现出整体性、协同性，尚未完全建立相互协调与统一指挥的工作机制。

2. 国境口岸卫生检疫原有法律法规不适应现在需求。《中华人民共和国国境卫生检疫法》与当前中国国境口岸公共卫生建设工作面临的形势不相适应，难以满足新时代新形势疫病疫情防控需要；也与国际公约规定的责任和义务不相适应，需要尽快参照《国际卫生条例（2005）》，全面修订《中华人民共和国国境卫生检疫法》履行国际义务和责任；与现行行政管理体制不相适应，存在卫生检疫机关、地方政府和其他主体在口岸突发公共卫生事件中职责不清的情形。

3. 当前对国境口岸公共卫生体系建设认知和理念存在偏差。一是卫生检疫的主要依据和对主要对象的判断未能与国际接轨，口岸公共卫生应急体系总体规划和顶层设计薄弱的问题凸显。二是入出境旅客和外贸企业不理解国境口岸卫生检疫的意义，出现抵触，甚至有"闯关"行为。同时，有一些外贸企业，通过各种方式要求简化或不实施检疫，对口岸公共卫生安全工作造成了干扰。

4. 各口岸公共卫生体系综合能力建设不足，水平参差不齐。一是重视程度不够，经费投入不足，部分设施设备老旧。如旅检口岸未设置卫生检疫通道或设置不够科学，导致口岸的卫生检疫查验能力不足。二是信息化水平不高。国境口岸卫生检疫智能化水平还跟不上时代的步伐，大数据、5G等新一代信息技术在卫生检疫领域应用度低，风险预警监测网络还不完善，对于境外传染病的识别和研判不足。三是联防联控机制亟需落实落细，与地方政府部门联防联控机制缺乏落实落细长效机制。四是卫生检疫人员专业水平有待提升。存在一线卫生专业人员短缺、知识储备、工作经验欠缺，防疫防控意识不强，甚至有非医学专业背景人员或临时聘用人员通过短暂培训即充实一线工作的现象等。五是应急保障物资储备明显不足，口岸应急物资与设备保障滞后于疫情发展速度，导致很难检出新发传染病。

三、新冠肺炎疫情背景下"十四五"期间提升国境口岸公共卫生体系建设的建议

（一）完善口岸公共卫生体系建设顶层设计，科学实施口岸监管。

完善海关疫情防控标准化处置流程，不断加强总署内各部门间工作的协同性，梳理协调方式和相应流程，优化疫情处置中的管理、参与、配合的具体要求，科学监管。

（二）深化与地方协作配合，协同完善联防联控机制。

总署层面应当完善与国家卫生健康委

员会相关的应急合作机制,包括应对口岸传染病疫情和公共卫生事件合作机制、传染病疫情和公共卫生事件通报交流机制、口岸输入性疫情通报和协作处理机制,确保形成部门间联动机制,最大力度联防联控。各直属关要加强与地方的沟通协作配合,进一步明确出入境人员转运、治疗、隔离、留观等防控措施,形成了无缝对接、闭环管理的工作机制;共享信息机制,实现申报核验前置;定期开展联合实战演练,保持应急状态不松懈。

(三)完善法律法规内容,建立更加科学的口岸疫情防控治理机制。

针对本次疫情中的司法实践具体法律适用问题,及时修订相应法律法规,统一裁判尺度。从法律层面进一步完善和明确卫生检疫人员在口岸现场所能采取的措施和手段,使当前在疫情防控工作中行之有效的具体做法、措施规范化,明确各部门的职责和任务,提高可操作性。认真总结和梳理口岸疫情防控成功经验并加以固化,适时上升到法律层面,完善重大突发疫情应对预案,为疫情防控提供有力保障。

(四)加强基础设施建设,统筹协调口岸发展。

大力加强基础工作,完善口岸各项措施。改善基础设施陈旧老化、实验室技术支撑能力不足、信息化建设落后等问题。优化配置防控物资,有效应对突发公共卫生事件。此外,由于西部与东部、沿海与内地、经济发达与发展中地区有着巨大差别,建议完善小口岸功能,规范口岸综合治理,促进口岸健康、协调、可持续发展。

(五)加强信息化建设,统筹科技力量强支撑。

加快建立适应当今大数据管理技术要求的数据管理平台,适应口岸卫生检疫执法职能和监管程序需求的信息管理系统。同时,对现有工作进行大胆创新,研发出入境人员健康管理信息系统并在各口岸推广使用,借助信息化系统来开展大量人群流行病学调查工作,让科技代替人力,不断推动口岸卫生检疫信息化。

(六)加强应急队伍专业化建设,科学配备口岸卫生检疫专业力量。

口岸突发公共卫生事件成因的多样性、表现的多态性、评估的多元性、处置的多面性,决定了突发公共卫生事件的应对需要一支技术全面、素质过硬的专业队伍。建议充分发挥海关人力资源优势,为突发事件应急处置提供有效的技术支撑和重要保障。进一步完善选人用人机制,科学调配人员队伍,避免现有的人才流失及出现非医学专业背景人员或临时聘用人员通过短暂培训即充实一线工作的现象等。在加强口岸队伍建设方面,建议在全国推广保健中心口岸工作部的长效机制,保障口岸一线的医学专业人员配置,实现口岸传染病快速检测。

(撰稿人:高 鸿 赵子婧)

国门生物安全治理体系现代化建设思考

在新发展阶段，国家面临的国门生物安全问题内涵和外延更丰富，时空领域更宽广，内外因素更复杂。海关深入贯彻落实总体国家安全观，完善海关国门生物安全治理体系，提升治理能力，积极应对外部环境和内部条件变化带来的国门生物安全冲击挑战，有效防范、化解各类国门生物安全风险隐患，在防控重大新发突发传染病、人类遗传资源与生物资源安全管理、防范外来物种入侵与保护生物多样性、防范生物恐怖袭击威胁等方面履行好法律赋予海关的职责和使命，维护国家安全。

一、维护国门生物安全新要求

（一）新发展阶段总体国家安全新要求。

党的十九届五中全会审议通过了《中共中央关于制定国民经济和社会发展第十四个五年规划和二〇三五年远景目标的建议》（以下简称《建议》），标志着中国进入了中国特色社会主义现代化建设新阶段，规划《建议》是开启全面建设社会主义现代化国家新征程、向第二个百年奋斗目标进军的纲领性文件，是今后五年乃至更长时间中国经济社会发展的行动指南。规划《建议》部署国家发展重大任务的同时，围绕安全作出部署，坚持系统观念，在布局高质量发展的同时，就统筹发展和安全、建设更高水平的平安中国明确提出了安全是发展的前提，发展是安全的保障。要统筹发展和安全、坚持总体国家安全观、防范和化解影响我国现代化进程的各种风险。

《中华人民共和国生物安全法》自2021年4月15日起正式施行，从法律层面和国家发展战略高度明确了维护国家安全，防范和应对生物安全风险的总体要求，以保障人民生命健康为根本目的，以及保护生物资源和生态环境，促进生物技术健康发展，推动构建人类命运共同体，实现人与自然和谐共生等主要任务。

生物安全关系到国家公共卫生、社会稳定、经济发展和国防建设，《中华人民共和国生物安全法》的实施是构建系统全面的国家生物安全战略防控体系、生物安全纳入国家安全体系的重要举措和遵循。这既是确保人民生命健康、维护社会稳定和国家安全的应有之义，也是国家生物安全治理体系和治理能力现代化的必然要求，更是实现国家治理能力和治理体系现代化的必然要求。

国门生物安全是国家生物安全的重要组成部分，国门生物安全即进出境和过境生物安全，就是国家出入境管理职能部门有效防范和应对与进出境和过境相关的危险生物因子及相关因素威胁，生物技术能够稳定健康发展，人民生命健康和生态系统相对处于没有危险和不受威胁的状态，生物领域具备维护国家安全和持续发展的能力。

维护国门生物安全是海关的重大职责，是海关保障总体国家安全的重大职能和使命。在新发展阶段履行好这一使命对国家经济社会发展具有重大意义和影响。

海关高度重视国门生物安全，严格按照一系列与生物安全相关的法律如《中华人民共和国传染病防治法》《中华人民共和国国境卫生检疫法》《中华人民共和国进出境动植物检疫法》《中华人民共和国野生动物保护法》《中华人民共和国食品安全法》《中华人民共和国种子法》《中华人民共和国农产品质量安全法》《中华人民共和国突发事件应对法》《中华人民共和国森林法》《中华人民共和国草原法》等开展工作，并起到了明显成效。有效防范了H1N1猪流感病毒疫情、埃博拉病毒疫情、寨卡病毒疫情、高致病性禽流感（H5N1、H7N9）、中东呼吸综合征（MERS）等这些传染性强、传播速度快、传播范围广的全球多地新发、再发和突发的各类流行性疾病、传染病、动物疫病等生物安全事件。海关在国际形势日趋复杂，传统安全和非传统安全相互交织，各类安全风险复杂，维护国门安全任务艰巨繁重情况下，维护国门安全有力有效，特别是贯彻落实习近平总书记重要指示批示精神坚决迅速。在全力打好新冠肺炎疫情口岸防控阻击战、防范非洲猪瘟、打击洋垃圾和象牙等濒危野生动植物及其制品走私等方面工作成绩突出、效果明显。

在新发展阶段，国家发展面临的国门生物安全问题内涵和外延比历史上任何时候都要丰富，时空领域比历史上任何时候都要宽广，内外因素比历史上任何时候都要复杂。客观要求海关要深入贯彻落实总体国家安全观，完善海关国门生物安全治理体系，提升治理能力，积极应对外部环境和内部条件变化带来的国门生物安全冲击挑战，有效防范、化解各类国门生物安全风险隐患，在防控重大新发突发传染病和动植物疫情、开展生物技术研究和开发与应用、病原微生物实验室生物安全管理、人类遗传资源与生物资源安全管理、防范外来物种入侵与保护生物多样性、防范生物恐怖袭击与防御生物武器威胁等方面必须履行好法律赋予海关的职责和使命。

（二）全球生物安全新挑战。

随着国际形势和环境变化，国门生物安全的内容和形式也在不断发生变化。与传统的国门生物安全风险相比，现代生物安全在形成结构、危害程度、作用机制等方面都表现出了新特点。生物安全问题从偶发、单一源头、区域性向频发、多源头、全球性转变。随着全球一体化进程不断深入、人类对自然的干预不断加深、人口的全球流动性不断增大、生态环境破坏、全球气候变暖、前沿新兴生物技术快速、颠覆性发展，生物体改造方法和工具不断更新、战略性生物种质资源、人类遗传材料和生物信息序列数据为目标的跨境生物资源非法交易、传递，甚至掠夺和剽窃行为等等。以上情况导致世界范围内生物安全风险环节和不安定因素明显增多，出入境和过境生物安全威胁表现出复杂化、极端化发展趋势，生物安全风险一旦失控或暴发将对国家政治、经济、社会、生态、环境等各个方面产生重要影响。2019年12月底暴发的新冠肺炎疫情，被世界卫生组织于1月30日宣布为"国际关注的突发公共卫生事件"。我国采取应对措施，得以在全世界首先有效控制了疫情，而在全球范围内，新冠肺炎疫情仍然在肆虐，对全世界发展产生着持续而严重的影响，中国外防输入任务异常艰巨，对维护国门生物安全提出了更高的要求和挑战。

二、海关国门生物安全治理体系现代化建设

落实规划《建议》提出并确定的国家安全目标要求和战略任务，依据相关法律法规，要结合海关工作实际，按照总署提出的工作要求，可以在以下五个方面做好工作，确保国门生物安全，筑牢国家安全屏障，为国家高质量发展保驾护航。

（一）加强海关国门生物安全防控整体战略布局与谋划。

在国家安全领导机构指导下建立海关国门生物安全工作协调机制，健全完善与中央及所有相关政府部门的协同联动国门安全工作机制。建立海关国门生物安全委员会，健全完善国门生物安全组织架构。以保障人民生命健康为根本目的，以建设更高水平的平安中国为任务，以进入世界海关前列、建设社会主义现代化海关为远景目标，开展海关国门生物安全工作的决策和议事协调，研究制定、指导落实国家生物安全战略和有关重大方针政策，统筹协调海关国门生物安全的重大事项和重要工作。制订和实施《海关中长期国门生物安全战略规划》及行动计划，系统规划海关国门生物安全治理体系，全面提高海关国门生物安全治理水平和治理效能。

制定完善相关机制和制度，定期开展国门生物安全风险评估、联合外部评估和战略研究，研判可能存在的国门生物安全风险并作出战略调整和部署。

充分发挥海关垂直管理体制优势，建

立完善部门、隶属海关国门生物安全工作协调机制和制度，认真执行总署战略部署和工作安排，持续强化国门生物安全防控。加强与相关部门在国门生物安全方面的长期战略合作和协调联络，建立智慧化国门生物安全预警机制和多渠道监测预警机制，拓展境外疫情监测哨点网。严格出入境和过境动植检和卫生检疫，动态调整国门生物安全防控措施。

（二）建立健全海关国门生物安全风险防控机制。

建立健全海关国门生物安全风险监测预警、调查制度、信息上报、共享、发布制度；建立海关统一领导、协同联动制度以及追溯、准入等制度；建立健全国门生物安全应急制度、建立并实施境外重大生物安全事件应对制度；建立健全国门生物安全公共教育和宣传制度。这些制度将进一步提高国门生物安全风险识别和分析能力、实现生物安全数据、资料等信息共享、提升生物安全事件应急处置水平、生物安全风险因素溯源得到强化、境外重大生物安全事件得到防控、国门生物安全风险得到有效防范和化解、加强舆情监控与宣传引导，提高全民应对国门生物安全的意识与行动自觉。通过这些制度建设，建立健全完整的海关国门生物安全治理体系，提高国门生物安全治理能力和效能。

（三）强化海关国门重大突发疫情疫病防控。

建立完善新发突发传染病、动植物疫情、进出境检疫、生物技术环境安全等监测网络，组织监测站点布局、建设，完善监测信息报告系统，开展主动监测和检疫检测，并纳入国家生物安全风险监测预警体系。加强国境、口岸传染病和动植物疫情联合防控能力建设，建立完善传染病、动植物疫情防控海关国际合作网络，尽早发现、控制重大新发突发传染病、动植物疫情。建立完善境外发生重大生物安全事件处置预案，境外发生重大生物安全事件时，海关依法采取国门生物安全紧急防控措施，加强证件核验，提高查验比例，暂停相关人员、运输工具、货物、物品等进境。必要时经国务院同意，采取暂时关闭有关口岸、封锁有关国境等措施。

（四）严格管控海关国门生物安全相关技术研究、开发及应用。

海关加强对国门生物安全技术研究、开发与应用活动的安全管理，从事生物技术研究、开发与应用活动，应当符合国家相关要求。各级海关应当对本单位国门生物技术研究、开发与应用的安全负责。分类采取生物安全风险防控措施，制定生物安全培训、跟踪检查、定期报告等工作制度，强化过程管理，严格遵守国家生物技术研究开发安全管理规范。对生物技术应用活动进行跟踪评估，发现存在生物安全风险的，应当及时采取有效补救和管控措施。

（五）加强海关国门生物安全基础能力建设。

按照规划《建议》研究制订海关国门

生物安全事业发展规划，加强国门生物安全基础能力建设，提高应对国门生物安全事件的能力和水平。主要加强以下方面工作：

一是国门生物安全监测网络的构建和运行；二是应急处置和防控物资的储备；三是关键基础设施的建设和运行；四是病原微生物实验室建设；五是检验检疫关键技术的研究、开发；六是法律法规规定的其他重要国门生物安全工作。

海关采取措施支持国门生物安全科技研究，加强生物安全风险防御与管控技术研究；加强动物学、植物学、医学、微生物学、病毒学等国门生物安全基础科学研究和专业技术人才培养，形成高水平的稳定、专业的国门生物安全人才队伍，积累、储备全面系统的海关生物安全技术；建立完善海关科技合作机制，整合海关系统优势力量和资源，联系科研院所、企事业单位，建立多学科、多部门协同创新的联合攻关机制，推动国门生物安全核心关键技术成果产出与转化应用，提高国门生物安全的科技引领、支撑和保障能力。

（撰稿人：李连通）

以机构改革为契机强化海关内控管理的途径

2018年，按照党和国家机构改革部署，出入境检验检疫管理职责和队伍划入海关。关检业务融合改革后，原有的管理理念被打破，管理模式重新设计，行政权力进行重新分配，各种风险因素重新组合、集聚，原有的执法风险、管理风险、廉政风险的重点也随之发生变化。总署党委高度重视内部控制工作，认真贯彻落实习近平新时代中国特色社会主义思想，按照全面依法治国和全面从严治党要求，完善海关权力运行的制约和监督体系，提升风险防范化解能力，提高海关行政执法和内部管理水平。2019年，总署出台了《海关内部控制基本规范（试行）》，要求全国海关系统结合关检融合改革实际，不断完善顶层设计，加强对重大改革措施及配套制度的内部风险研判，着力解决好基层执法的"关键点"、内部管理的"薄弱点"、问题易发多发的"敏感点"。

全国各级海关单位认真贯彻落实党中央重大决策部署，紧紧围绕服务重大决策落实、全面深化海关改革和促进法治海关建设，在海关内控机制建设"五个一"框架下，积极引入原出入境检验检疫系统ISO 9000质量控制体系建设理念和成果。梳理完善检验检疫业务内控节点，综合应用"制度＋科技＋人工"手段，着力事前的前置审核，事中的刚性控制，事后的监控评估，进一步强化海关内控工作，积极探索强化监督制约，发挥好内控"免疫系统"功能的新方法和新途径。

一、海关内部控制的概述

海关内部控制简称"海关内控"，是指海关系统各单位、各部门通过对海关行政执法行为及内部管理活动采取的一系列方法、措施和程序，用于防范执法、管理和廉政三大风险。海关内控的对象是各项执法行为和管理活动，主要表现是权力的使用和运用，包括决策权、审批权、许可权、处罚权、自由裁量权、财务管理权等各项行政执法权和内部管理权，内控的防控范围主要包括海关自身执法风险和内部管理风险，以及由这些风险滋生的廉政风险。

内控机制建设是一个系统工程，涉及所有层级、部门和岗位，需要各级领导和广大关警员的广泛参与。在内控机制的组织分工上，总署、直属海关、隶属海关三个纵向管理层级和行政职务序列中，体现出"一级抓一级、一级对一级负责"的布局，各海关单位按照"谁执行、谁控制""谁主管、谁负责"的原则，履行内部控制主体责任。同时，各海关单位的主要负责人是内部控制工作的第一责任人。

总署层面负责贯彻落实党中央关于加强对权力运行制约和监督的部署，研究完善海关内部控制机制，规划全国海关内部控制体系建设，深化科技控权、协调解决内部控制工作相关重大问题。直属海关在总署内控领导小组和业务职能部门的指导下，推动本关内控机制建设工作。结合本关业务、管理特色组织落实总署部署和要求，将内控机制建设与职能管理工作深度融合、同步开展，加强对关区内控工作的指挥和监督。隶属海关是内控机制建设的主阵地。基层单位在内控机制建设中重点把握好"重在自控"的原则，不折不扣地落实总署、直属海关层面的各项部署和要求，加强自查自纠。将内控要求深度融入作业流程，把提高自我监控、自我纠错、自我提高的能力和水平放在首要位置，按照"谁执法、谁控制""谁实施、谁控制"的原则，对自身面临的风险进行自我控制和自我纠错。

二、西宁海关内控机制建设面临形势及问题

西宁海关的内控机制建设面临的环境，与沿海海关相比，具有其独特性。主要表现在以下几个方面：

（一）一人多岗现象突出。

"关小人少"是西宁海关比较突出的特点，机构改革后，虽然业务量仍然较小，但业务种类大幅增加。与沿海海关的"一岗多人"不同，西宁海关"一人多岗"的现象普遍且长期存在，导致部分人员业务权限过多，岗位之间的分离制约机制欠缺必要基础，内控部分环节容易出现缺失或移位。

（二）风险分析能力不足。

随着改革的不断深入，西宁海关面临的新形势新环境不断变化，非执法领域的风险也更加突出，使得风险防控工作难度丝毫不弱于沿海海关。关员的外部成长和内部成长环境较为单一，对自身岗位潜在的风险把握不足，内控管理容易流于形式，无法切实抓住关键点。

（三）内控意识较为薄弱。

关检业务融合改革后，原有的管理理念被打破，管理模式重新设计，行政权力进行重新分配。转隶人员和部分基层关员对海关内控机制建设了解不够深入，对内控工作开展缺少办法，业务条线管理满足于落实上级要求，自主开展内控意识不强。隶属海关内控管理缺乏总结提高，内控管理缺乏系统性。

内控机制建设方面存在的问题主要有：一是制度规范更新不够及时，部分管理制度缺失或者可操作性不强，用制度管权管事管人的力度不够。二是内控职责分工不清、责任不明，没有形成逐级衔接、环环相扣的内控格局。基层科室内控措施落实不到位现象比较突出，自控力度不够，对风险的防范能力不足。三是职能部门缺少日常监控和处置，实际监控能力较弱，发现问题及提前预警的能力不强。内控手段单一，立足自身实际的创新监控方法较少。四是内控与其他考核评估机制的衔接不够紧密，内控处置的过程尚未按照纠错、评估、奖惩这一过程有序实施。

三、提升西宁海关内控机制建设的建议

要切实提升西宁海关内控机制整体效能，必须就充分认识新形势下加强和完善海关内控机制建设的重要性和紧迫性，要以对海关事业高度负责的态度进一步强化内控机制建设，做到决策更加科学、执行更加有力、监督更加到位。

（一）狠抓内控机制建设组织推动。

充分发挥内控工作领导小组对内控机制建设的领导作用，健全各级内控工作机构，发挥领导核心作用和班子成员的模范带头作用，提高内控机制建设的自觉性和主动性。建立健全以基层科室为单元的自查自纠机制，设立科室内控岗位，强化科室内控防范机制的协调管理和自查自纠的组织推动工作。

（二）牢固树立全员内控意识。

内控机制建设是一个系统工程，涉及所有层级、部门和岗位，要树立"抓业务就必须抓内控，抓管理就必须同步强化内控"的工作理念，形成人人参与内控、支持内控、接受内控的良好氛围。组织专题培训，推动各级领导干部掌握内部控制工作的原理、技巧和方法，提高内部控制能力和水平。完善考核机制，将内部控制成效作为评完善考核机制，将内部控制成效作为评价领导干部工作实绩的重要内容，列入年度考核范围。

（三）高度重视制度建设工作。

各项制度规范是开展内控的基础，执行控制、职能监控和专门监督的开展都必须以规章制度为依据。要不断加强执法和非执法领域制度建设，实现制度对所有业务和事项的全覆盖，让事事都有制度可依、有规章可循，通过制度强化业务管理，明确岗位职责，严格作业标准，优化工作机制，提升执法统一性和管理规范性。

（四）充分发挥"三道防线"作用。

建设好内控机制的前提是各管理层级、各执法环节都要切实落实内控要求，真正把提高自我监控、自我纠错、自我提高的能力和水平放在首要位置。发挥"三道防线"监督作用，后一环节的监控，应当建立在前一环节自控的基础上，是对前者自控的监督和再控制，实现执行控制、

职能监控、专门监督一环控一环、环环再控，环环互相调整，切实增强内控机制的实效性，及时发现问题，控制风险。

（五）建立必要的监督处置机制。

处置评估是落实内控要求、提高内控效能、保持内控机制活力的有力保障。要建立健全对制度规范、执行控制、职能监控、专门监督运行情况和结果的分析评估、纠错问责和激励机制。做到所有风险必须监控，所有监控结果必须处置，所有处置情况必须评估。通过在评估中也要适当设定目标，体现"跳起来摘桃子"的精神，对改革创新予以鼓励，从而引导和鼓励各单位自觉完善内部控制机制，促使各内控主体尽职尽力，不断提高内控机制的有效性和内控主体的能动性。

四、值得注意的几点事项

（一）内控机制不能"另起炉灶"，也不能"包打天下"孤立地发挥作用。

在关检融合改革的大背景下，内控机制要与各项业务管理制度实现"同步设计、深度融合"。要按照改革的方向和实施进度，重新审视和优化各管理层级、各职能部门在内控上的功能定位、职责分工、运转方式，在海关业务改革、业务制度、监管模式、作业流程的运行和调整过程中，同步设置必要的内控措施；在海关职能管理中充分强化内控功能。

（二）内控机制要与其他监督制度实现"风险共防、功能互补"。

内控机制并非防范风险的唯一手段，党风廉政建设责任制、行政执法责任制以及"一案双查"、机动核查等相关制度，在防范风险中也有重要作用。内控机制要与其他监督方式之间实现"互补不包办，督促不替代，协调不越位"，现行各类监督制度要充分发挥其应有的作用，在教育引导、监督管理、激励保障等方面为内控机制的运行构建良好的大环境；内控机制也要通过其运行中的监督作用，使关员对于违法违规和廉政问题，既"不能为"，也"不敢为"，更"不愿违"。

（三）内控机制要与现有的考核、纠错、问责机制实现"紧密对接、刚性联动"。

加强和完善内控机制不是"越俎代庖"，另建一套考核、纠错、问责制度，而是将内控处置结果、内控工作绩效作为必不可少的要素，纳入一个单位、部门的干部考核、纠错、问责机制，与干部考核、奖惩、任免挂钩，促使各内控主体尽职尽责。

（撰稿人：许　宁）

2021年度荣获青海省先进名录

西宁海关所属西海海关党委书记、关长卓玛措荣获"青海省优秀党务工作者"荣誉称号

西宁海关缉私局魏晓君同志在省直机关庆祝中国共产党成立100周年暨表彰大会上被评为"省直机关优秀共产党员"。

"中国海关史料丛书" 编委会

主 任 委 员　　胡 伟

副主任委员　　黄冠胜　杨振庆

编委会委员　　刘学透　赵燕敏　吴瑞祥　刘书臣　黄秀生
　　　　　　　李海勇　王晓刚　田 壮　王 虹　刘先中

执 行 主 编　　谢 放　詹庆华　郭志华

编　　　　辑　　房 季　王 虎　解 飞　范嘉蕾　李 多
　　　　　　　刘金玲　贺 红